아마꾸루, 르완다
Rwanda

안녕! 잘 지냈니?
아마꾸루, 르완다
Rwanda

초　　판 | 2010년 10월 11일 발행
저　　자 | 황원규, 제프리 리, 최남희, 김호선, 로즈 루즈, 김성현, 김보혜, 진성호
　　　　　정외식, 사사키 가즈유키, 박유란, 무토 사에리, 숀 초우, 백주흠
펴 낸 이 | 이은경
교정교열 | 구혜영, 황인규
편　　집 | 마응민
일러스트 | 최은영, 박유란
사진협찬 | 양국주, 나지훈
펴 낸 곳 | 도서출판 세경
주　　소 | 서울특별시 서초구 반포본동 1313 반포프라자 403호
전　　화 | 02-596-3596
팩　　스 | 02-596-3597

정가 : 14,500원

잘못된 책은 언제나 바꾸어 드립니다.
이 책의 모든 권리는 세경에 있습니다.
본 출판사의 동의 없이 내용을 복제하거나 전산장치에
저장·전파할 수 없습니다.
Printed in Korea
ISBN : 978-89-92280-74-7 03040

아마꾸루, 르완다
Rwanda

추천사

대한민국 최초로 르완다에 관련된 단행본에 축사를 쓰게 되어 무척이나 기쁩니다. 저는 2002년부터 2008년까지 르완다의 외교협력부 장관으로 일하는 동안 폴 카가미 대통령의 지시를 받들어 르완다와 대한민국 간의 긴밀하고도 생산적인 관계 구축을 위해 열심히 노력하였습니다. 이 책은 2008년 카가미 대통령의 한국 국빈 방문, 장관급 방문 및 주한 르완다 대사관 개설 이후에 이루어진 것으로 우리들의 노력이 헛되지 않았음을 보여주는 또 하나의 증거입니다.

2006년 르완다 통상산업부에서 정책자문을 시작할 때부터 이 책의 주 저자인 황원규 교수를 알고 있었습니다. 2007년 황교수가 대통령실 정책자문을 위해 초청받아 왔을 때 우리는 한국의 발전 경험을 공유함으로써 르완다의 개발에 어떻게 기여할 수 있느냐는 문제로 자주 의견을 교환하였습니다. 그리고 한국의 개발 경험이 르완다의 모델이 될 수 있다는 점에 의견이 일치되었습니다.

황교수의 르완다 정부와의 긴밀한 협력은 많은 한국인들과 그의 학계, 전문가 친구들이 르완다에 대해 관심을 갖도록 격려하였습니다. 그는 이 책을 통해 그의 경험이 다른 사람들과 공유하게 되기를 원하였고 다른 지인들에게도 책 발간에 함께 참여할 것을 권고하였습니다.

이 책은 르완다의 각계각층에서 활동하였던 여러 나라에서 오신 14분들의 봉사활동에 대한 이야기입니다. 이 분들의 르완다와 르완다인들을 위해 헌신한 사랑의 이야기들은 읽는 이의 흥미를 유발할 뿐 아니라 다음 세대의 자선활동에 대한 관심을 불러일으킬 것입니다. 또한 독자들에게 인생에서 무엇이 소중한가에 대한 지적 양식을 제공해 줄 것입니다.

저는 이 책을 통해 르완다에서 진행되고 있는 엄청난 변화에 대해 자그마한 안목을 가질 수 있기를 희망합니다. 1994년 대학살의 잿더미에서 르완다 국민들은 다시금 깊은 존엄성, 자신감 그리고 도전정신으로 가득 찬 새로운 나라가 탄생되었습니다. 이러한 가치와 발전적 지도력이 르완다가 궁핍하고 내전으로 망가진 나라로부터 단합되고, 평화롭고, 민주적이고, 번영하는 나라로 변화하게 된 숨은 엔진입니다. 이러한 변화가 아무 문제없이 달성될 수는 없습니다. 그러나 르완다의 국민들과 지도자는 한국인들이 그랬던 것처럼 산적한 과제들을 회피하지 않고 극복할 수 있다고 확신하고 있습니다.

저는 이 책의 저자들이 일정 기간 르완다에 체류하면서 현재 진행 중인 국가건설사업에 기여했다는 사실뿐만 아니라 그들의 경험을 글로 써서 전 세계 많은 분들에게 선한 감명을 줄 수 있다는 점에서 깊이 감사드립니다. 우리는 이 책의 저자들 같은 많은 분들의 호의, 동정심, 기여를 바탕으로 르완다가 거의 사라질 뻔했던 나라에서 성공적이고, 평화롭고, 단합된 국가로 탈바꿈하는 기적을 한 세대 안에 만들 수 있다고 확신합니다. 그때가 되면 진정으로 르완다는 '천개의 산과 백만의 미소'가 있는 나라로 지칭될 것입니다.

경제개발의 기적은 존재하고, 다른 곳에서도 또 되풀이될 수 있다는 사실을 보여준 살아있는 증인들이신 대한민국의 독자들에게 저 자신의 미소를 보내 드립니다.

찰스 무리간디 Dr. Charles Murigande
르완다공화국
교육부 장관

Congratulatory Remarks

It is my pleasure to write the congratulatory remarks for the first monograph on Rwanda to be published in Korea. Indeed, when I served my country as Minister of Foreign Affairs and Cooperation from 2002 to 2008; under clear guidance from His Excellency Paul KAGAME, President of the Republic of Rwanda, I labored hard to build a strong and fruitful relationship between Rwanda and the Republic of Korea. The publication of this book is yet an another evidence, coming after the State Visit to Seoul by His Excellency President Paul KAGAME in 2008, the exchange of Ministerial visits and the opening of a Rwandan Embassy in Seoul, that our labor was not in vain.

I have known Professor Hwang, the main author of the book since he started consulting services at the Rwandan Ministry of Trade and Industry (MINICOM) in 2006. When in 2007, he was invited to continue his consulting services this time in President's Office, we quite often exchanged ideas on how he could contribute to the development of Rwanda by sharing South Korean development experience. We would agree that South Korea's development experience could serve as a model.

Prof. Hwang's involvement with Rwanda has encouraged many of his compatriots and his academic and professional friends to take interest in Rwanda. He has decided to share his experience with Rwanda by writing this book and encouraged many of his friends to contribute to it.

I was informed that, in addition to Prof. Hwang's own story with Rwanda, the book is about volunteering activities of about 14 people from different countries in various sectors of Rwanda's socio-economic life. The stories of their great devotion to and affection for Rwanda and its people should bring forth not only interests in reading, but also arouse philanthropic challenges for future generation. In this sense, the book will provide the readers with food for thought of what is valuable in life.

I hope that readers of this book will get a glimpse of the profound transformation that Rwanda is undergoing. From the ashes of the 1994 genocide, a new country characterized by a people with deep sense of dignity, self-confidence and a can do attitude, is emerging. These values together with the visionary leadership are the engine behind the transformation of Rwanda from an impoverished and conflicts stricken country to a united, peaceful, democratic and prosperous nation. Of course this transformation is not without challenges, but the people and the leadership of Rwanda are confident that they will confront and overcome these challenges and build a successful country, as South Koreans did.

I would like to convey my deepest appreciation to the writers of this book for not only spending some of their time in Rwanda contributing to the ongoing exciting nation-building exercise but also for deciding to share in writing their experiences so that they can inspire many other people around the world. We are certain that with the goodwill, sympathy and contribution of people like the authors of this book, Rwanda shall soon be known as a country which miraculously transformed itself from being near extinction to a successful, united, peaceful and prosperous country, in less than a generation. Only then will it rightly be referred to as the country of thousand hills and millions of smiles.

I send my own personal smile to the readers of the Republic of Korea, a living proof that miracles do exist in development and that they can be replicated.

Dr. Charles Murigande
Minister of Education
Republic of Rwanda

Contents

추천사 ··· 04p

황원규
서럽도록 아름다운 나라, 르완다
··· 012p

제프리 리
마이크로파이낸스, 르완다의 무지개
··· 038p

최남희
르완다에서 이루고 싶은 나의 소원!
··· 062p

김호선
나의 또다른 이름 Manzi
··· 084p

로즈 루즈
필리핀 의사의 아동생존 프로그램
··· 104p

김성현
아마꾸루
··· 116p

김보혜
르완다의 북소리
··· 136p

진성호
Little White Shell
… 168p

정외식
르완다에서 보내는 편지
… 192p

사사키 가즈유키
머지않았음을
… 212p

박유란
르완다에도 눈이 올까요?
… 228p

무토 사에리
1996과 2007 사이
… 248p

숀 초우
나의 르완다 도전기
… 264p

백주흠
아프리카로 간 소프트웨어 개발자
… 280p

황원규 정책자문 – 동방의 불빛을 찾아라 … 306p

Rwanda

The Country of Sorrow and Beauty, Rwanda

황원규

강릉원주대학교 국제통상학과 교수이며 현재 국제개발협력학회의 학회장이다. 2006년 르완다 통상산업부 정책자문관으로 파견되어 2007년부터 2009년까지 르완다 대통령실 정책자문관으로 활동하였으며 주한르완다 명예 총영사를 역임하기도 하였다. 현재 대통령 직속 지역발전위원회 위원 및 국제개발협력위원회 위원이기도 하다.

서럽도록 아름다운 나라, 르완다

일체의 문명에서 벗어난 단순한 사회. 작은 호의에도 활짝 웃는 순박한 인심. 처음 본 사람에게도 가진 것 모두를 줄 수 있는 소박한 삶. 어느 날 갑자기 내게 다가온 아프리카의 최빈국 르완다는 그런 나라였다.

2006년 6월말, 르완다의 수도 키갈리 공항에 도착하였다. 한국국제협력단KOICA에서 르완다 통상산업부의 산업정책 전문가로 파견된 길이었다. 인터넷에서 살펴본 르완다는 1994년 대학살로 점철되어 있었다. 모든 이미지는 해골과 난민, 고아 그리고 빈곤과 절망이었다. 공항에서 시내로 들어가는 길가의 집들도 남루한 차림새의 현지인들도 그 이미지를 벗어나지 않았다. 내게 다가온 르완다의 첫

인상은 전문가 파견요청을 수락할 때 예상했던 것처럼 '지옥의 문턱'에 있는 바로 그 나라 같아 보였다.

미리 예약한 밀콜린스 호텔에 투숙하였다. 르완다 종족 대학살을 영화로 만든 "호텔 르완다"의 실제 배경이 되었던 바로 그 곳이다. 에어컨도 없는 자그마한 방의 하루 숙박비가 할인하여 160불이다. 르완다의 1인당 연간 소득이 260불이라고 했는데 이건 말도 안 되는 사치라는 생각이 든다. 당시 우리나라의 국민소득에 비례하여 환산하면 하루 밤에 1,300만원하는 호텔방에서 잔다는 얘기다. 호텔은 언덕 위에 위치하여 키갈리 시가지가 멀리까지 내려다보인다. 낮은 구릉으로 겹겹이 쌓여 있는 지형은 목가적으로 보일 뿐 절대빈곤의 참담함은 전혀 느낄 수 없다. 호텔 밖으로 산보를 나서니 열대성 나무에 각양각색의 꽃들이 피어오르고 그 사이사이 넓은 정원을 끼고 큰 집들이 이어져 있다. 외국인들이 많이 사는 부자촌이었다.

르완다는 높은 산과 맑은 호수를 가진 아름다운 나라이다. 전라도보다도 작은 땅에 1,000만 명이 모여 살아 아프리카에서 가장 인구밀도가 높은 나

라이다. 동서남북의 지형이 완연히 다르고 최고봉인 카리심비산이 해발 4,507미터에 이르는 산악국가이기도 하다. 적도 부근이지만 수도 키갈리는 해발 1,600미터에 위치해 있어 햇살은 따가우나 그늘에 가면 시원하여 우리나라의 5월, 아니면 6월 초의 날씨가 지속되는 곳이다. 23개의 큰 호수가 있고 우기엔 꽤 많은 비가 내려 수자원도 부족하지 않다. 원래는 농작물도 풍부하고 인심도 후했기에 르완다를 상징하는 구호가 'The Country with a Thousand Mountains and Millions of Smiles' 이다. 나는 이를 한자로 의역 '천산만소千山萬笑의 나라'로 부르기로 했다.

아침이면 구릉 사이사이 골짜기로 안개가 피어오르고 독수리들이 하늘 높이 빙빙 날아오른다. 우리 애국가의 가사처럼 하늘은 늘 공활하고 푸르며, 열대지방 특유의 밑단이 일직선으로 잘린 하얀 뭉게구름이 한없이 피어올라 낭만적인 분위기를 자아낸다. 열대성 집중호우라도 지나면 골짜기 너머로 선명한 무지개가 곧잘 펼쳐진다. 자연만 본다면 르완다는 지옥이라기보다는 천국에 훨씬 가깝다.

외부세계에 비친 르완다는 1994년에 자행된 대학살로 점철되어 있다. 강대국의 지배와 독립이 오가는동안 다수민족인 후투족과 소수민족인 투치족 간의 인종분규로 단 하루도 잠잠할 날이 없었다. 그 중에서도 1994년의 대학살과 그에 이은 300만 후투족의 집단탈출은 르완다 인들의 가슴 속에 돌이킬 수 없이 깊은 상처를 안겨 주었다. 가해자건 피해자건 르완다에서 이 사건으로부터 자유로울 수 있는 사람은 단 한 명도 없다. 지금도 대학살이 자행되었던 4월, 제노사이드 기간이 되면 나라 전체가 추모의 슬픔에 빠진다.

외부인들이 이해할 수 없는 것은 정말 따뜻하고 다정다감한 르완다 인들이 어떻게 그렇게 끔찍한 학살에 가담했냐는 사실이다. 르완다 인들은 참 잘 웃는다. 길에서 아는 이를 만나면 다정하게 껴안고 사돈의 팔촌까지 안부를 묻는다. 돌아서 가다 되돌아 와서 처음부터 다시 인사를 할 정도로 예절도 깍듯한 사람들이다. 게다가 90%가 넘는 대다수 르완다 인들은 독실한 기독교 신자로 하나님을 경외하고 성경의 가르침을 흠모하는 민족이다. 매주 일요일이면 르완다 전역에 있는 교회마다 신도들이 꽉꽉 들어차서 하루 종일 예배드리고 찬송하는 광경을 쉽게 찾아 볼 수 있다.

이렇듯 따뜻한 정서를 가진 민족이 선동에 휩쓸려 이웃은 물론 자기 가족까지도 죽이는 집단 광기 속으로 빠져 들었다는 사실이 믿기지 않는다. 더욱 놀라운 것은 대량학살의 장소가 그들이 성스럽게 여기는 교회 안이었고, 일부 후투계 성직자들은 투치인들을 성당으로 끌어들인 후 10대 민병대 소년들에게 동료 신도들을 십자가 앞에서 거침없이 살해하도록 부추겼다는 점이다. 이런 대량학살이 자행된 교회들은 당시의 아픔을 보여주기 위해 국가 추모장소로 지정되어 있고 아직도 유골이 수북이 쌓여 있다.

르완다 서쪽에 자리한 키부예Kibuye는 넓고 푸른 키부호수가 펼쳐진 호반도시이다. 키부예 성당은 호수 쪽으로 돌출된 절벽 위에

세워져 호수의 수려한 풍광이 한 눈에 들어오는 곳이다. 1994년 당시, 이 성당에서 민병대들의 손에 의해 11,500여명이 안타까운 목숨을 잃었다. 성당에 들어서면 무자비하게 정글도를 휘두르는 민병대 앞에서 도망갈 곳도 없이 마지막까지 기적이 일어나기를 간구하며 절규했을 희생자들의 단말마의 외침이 들리는 것 같아 소름이 돋는다. 해질녘 절벽에 서서 석양의 햇살로 눈부신 호수에 드리운 작은 섬들 사이로 여유롭게 배를 저어가며 길게 늘어지는 곡조의 르완다 민요를 부르는 어부들을 바라보면, 처절한 역사의 비극을 간직한 서럽도록 아름다운 풍경에 가슴이 서늘해진다.

믿음과 현실 사이의 괴리는 르완다 도처에서 발견되고 있다. 밀 콜린스 호텔이 대표적이다. 그 당시 후투족의 광기에 몰린 수많은 투치인들이 피난처를 찾아 키갈리 시내의 교회에 숨어들었다. 일부는 국제기구 건물이나 특급 호텔로 숨어들었고 여기서 아이러니한 생사의 갈림길이 만들어졌다. 밀콜린스 호텔로 피신한 2,500명은 전원 생존하여 유엔의 보호 하에 안전지대로 후송될 수 있었다. 반면 그 호텔에서 불과 200미터 떨어진 성당으로 피신한 15,000명은 주교의 배반으로 십자가 앞에서 한 명도 남김없이 죽음을 당했다. 더욱 이해할 수 없는 사실은 그 주교가 프랑스로 망명하여 아직도 성직자로 봉직하면서 주님의 사랑을 설교하고 있다는 것이다. 투치족들은 키갈리 시내 곳곳에 있는 유엔 관련 기구 건물로 피신하기 위해 결사적으로 돌진하였고, 민병대들은 골목 어귀마다 정글도를 들고 이들을 잡아 죽이는 살인 게임이 펼쳐져 길바닥에 발 디딜 틈 없이 시체가 즐비했다고 한다. 이런 비극을 떠올리며 르완다를 걷노라면 골짜기마다 피어오르는 아름다운 안개가 지옥의 유황불 연기 같고, 공중에 나는 매들과 어울려 '아골 골짝 빈 들'이라는 생각이 든다.

달콤한 커피향은 근로자의 땀 냄새

르완다는 평균 해발 1500m의 나라이고 키갈리는 산꼭대기에 도심이 형성되어 있다. 독일인 수비대가 있던 성채를 중심으로 식민 지배구조가 형성되면서 근대식 도시화가 이루어졌기 때문이다. 이러다 보니 모든 도로가 능선을 따라 건설되어 건물보다 도로가 위에 있는 경우가 대부분이다. 첫 주말을 밀콜린스 호텔에서 지내고 현지인들이 투숙하는 모텔로 숙소를 옮겼다. 계곡 아래로 빈민기 마을이 자리해 있고 더 아래 골짜기에 공장지대가 있다. 집진설비 하나 없는 공장들을 가동하다 보니 저녁 무렵이면 매연이 골짜기 전체에 차고 꽤 위에 있는 우리 모델까지 올라온다. 잠자리에 누우면 먼지와 퀴퀴한 냄새가 방안으로 스며든다. 중간지대에 살고 있는 빈민들은 어떠하며 그 공장에서 일하는 근로자들은 어떨지 상상조차 힘들다.

실제로 골짜기 아래에 있는 공장을 몇 군데 방문할 기회가 있었다. 르완다 최대의 커피가공 공장인 르완덱스Rwandex는 최상급 커피를 정제하여 스타벅스에 납품하는 제법 유명한 공장이다. 그러나 우리가 마시는 커피가 실은 저임금 노동자의 무수한 피와 땀이 어려 있다는 사실을 절감할 수 있는 곳이었다. 아프리카의 커피공장을 둘러본 후 경제학자의 무망한 꿈을 접고 빈곤현장 사진작가가 된 브라질 출신 세바스치앙 살가도를 이해할 수 있었다.

르완덱스 공장 내부는 커피향은 없고 매캐한 먼지 냄새뿐이다. 커피 원두에서 이물질을 골라내는 작업을 위해 아줌마들이 바구니를 하나씩 들고 새벽부터 줄을 선다. 선착순 500명만 입장이 허용되는데 하루 종일 커피 원두만 골라내는 양에 따라 수당이 지급된다. 하루 평균 미국돈 1달러 정도를 받는다. 그녀들이 앉아 원두를 골라내는 뒤편에는 커피자루가 5-6미터 높이로 제멋대로 쌓여있다. 지나가면서 무너지면 바로 깔려 죽겠다는 생각이 든다. 실제로 그런 사고도 있었다고 한다. 그런데도 그 앞에 주저앉아 오늘 하루 돈을 벌 수 있음에 감사하며 바구니에 받아온 원두를 뚫어지게 보고 있다. 이러한 커피공장이 페인트 공장보다 훨씬 더 양호한 편이다. 르완다 최대의 페인트 공장인 아메키의 페인트 배합실은 안이 잘 보이지 않을 정도로 분무가 자욱한데도 마스크도 쓰지 않고 일하고 있었다. 하루 임금이 대략 80센트였다. 아메키 플라스틱은 플라스틱 성형사출기 노즐이 막혀서 라인이 부분적으로 가동되고 있었다. 별 정밀한 기계도 아닌 것 같은데 자체 수리를 못하고 프랑스에서 기술자를 불러와야 된단다.

호루라기도 외국인이 분다

르완다는 대학살 시기에 기술 인력이 대거 희생되면서 사회 각 분야에서 심각한 인력부족현상을 겪고 있다. 대통령 정책수석비서관인 힘바라 박사의 얘기를 빌면 "초등학교 졸업생이 초등학교 교사를, 중등학교 졸업생이 중등학교 교사를, 학부 졸업생이 대학교수를 하는 나라가 르완다"라고 한다. 2006년 콩고에서 40년 만에 선거가 실시될 때 르완다의 이발소와 미장원이 대거 휴업에 들어갔다. 대부분의 미용 기술자가 콩고인이기 때문이다. 다시 힘바라 박사의 표현을 빌면 "건설공사장에서 점심식사 시간을 알리는 호루라기 부는 사람까지 우간다 인들"이라고 쓴웃음을 지었다. 모텔에 함께 투숙했던 케냐 엔지니어가 르완다 인부들이 하루에 심는 전봇대가 케냐 인력의 삼분의 일에 불과하다고 한심한 투로 얘기하기도 했다.

멀리서 볼 땐 아프리카에 있는 나라라면 그 나라가 그 나라일 것 같지만 르완다와 비교하면 케냐나 우간다는 선진국이란 기분이 든다. 사실 그 나라 출신들은 르완다 인들을 눈 아래로 보고 얼마나 뻐기는지 옆에서 보면 참, 가소로운 웃음이 나온다. 르완다 정부의 고위관리들은 정말 해박하고 인격적으로도 성숙한 사람들이 많다. 그들과 일하다 보면 생각보다 국제화되어 있고 시야가 넓다는 생각도 든다. 많은 사람들이 미국과 영국, 프랑스에서 공부한 경험이 있고 국제기구 등에서 활동하는 르완다 인도 많다. 당시 세계무역기구의 사무차장, 아프리카개발은행의 총재, NEPAD, 아프리카 신개발 협력 계획 사무총장도 르완다 사람이었다. 인력의 간극이 무척 큰 나라이다.

　르완다 국민들이 갖고 있는 강점 중 하나는 다국어 구사 능력이다. 웬만큼 교육을 받은 사람들은 자국어인 키냐르완다어는 물론 불어, 영어 그리고 스와힐리어에 능통하나. 어려서부터 다국어로 교육받고 말할 때도 다국어를 섞어 쓰기 때문이다. 내가 만난 관리들도 영어로 토론을 시작했다가 불어로 언성을 높이고, 다시 키냐르완다

어로 소식을 물었다가 스와힐리어로 대답하는 모습을 보기도 하였다.

르완다의 교육은 유럽의 영향을 받아서 어려서부터 토론식 수업을 많이 하는 편이다. 한번은 현지 초등학교 수업을 참관한 적이 있다. 시설은 정말 열악하기 짝이 없었다. 벽과 바닥은 시멘트도 바르지 않아 울퉁불퉁했다. 조그만 창문에 컴컴한 교실, 삐걱거리는 벤치식 책걸상, 하도 낡아서 글씨 쓰기도 힘든 칠판이었지만 영어로 수업을 하고 있었다. 교사가 약 10분 정도 설명하고 학생들을 두 편으로 나누어 토론을 하는데 활발한 의견이 개진되고 학생들이 이를 잘 정리하는 것을 보고 놀란 적이 있다. 외국에 유학하는 르완다 인들 또한 훌륭한 성적을 올리고 있는 것으로 알고 있다. 2008년 이후 우리나라에도 약 10여명의 르완다 학생이 정부 장학생으로 초청되었는데, 모든 학생들이 거의 최상급의 성적으로 학위과정을 수료하였다. 르완다 통상산업부에서 일할 때 내 보좌역 공무원의 학부 졸업논문을 볼 기회가 있었는데 우리나라 석사학위 논문 이상의 수준이었다.

슬픔을 춤으로 승화시키는 민족

르완다 인들은 부지런하다. 아침 일찍 길거리에 나가면 많은 사람들이 바삐 움직인다. 전기도 TV도 없으니 일찍 잠자리에 들고, 돈이 없어 걸어서 출근해야 되며, 먹거리도 많지 않으니 아침 한 끼는 굶고 집을 나서는 사람이 비일비재하다. 우리 아파트에 근무하는 경비원 뭉구라도 매일 한 시간 이상 산비탈을 걸어 출퇴근한다. 아파트 입구에 도착하면 땀으로 범벅되어 있다. 그래도 뭉구라는 유니폼도 주는 직장에 다니고 한 달 봉급도 25불을 받으니 행복한 사람이다. 더 적은 봉급에 2~3시간 걸어서 출퇴근하는 이들도 허다하다. 정부 부처도 아침 7시부터 일을 시작한다. 그런데 대부분 점심시간이 정확치 않고 구내식당도 없다. 그러다 보니 점심 먹으러 밖에 나가서 오리무중이 되는 직원들이 많다.

르완다 인들은 잘 어울린다. 사석에서는 엄격한 위계질서를 강요하지 않는다. 르완다에는 우무간다Umuganda라고 우리의 새마을운동처럼 직장이나 마을 별로 청소와 정비 등을 실시하는 날이있다. 르완다에 있으면서 몇 번 이 운동에 참여해 본 적이 있는데 한번은 대통령실에서 인근 야산에 나무를 심으러 갔다. 대통령도 함께 가서 약 2시간 정도 묘목을 심었다. 작업 후에 참가자 전원이 야산 꼭대기에 빙 둘러 서서 재미있는 얘길 하고 춤추고 노래했다. 한 사람이 노래하면 다 같이 장단을 맞추고 이어서 다음 사람이 나선다. 대통령도 함께 박수치며 즐거워한다. 우리나라에선 보기 드문 위아래 허물없는 광경이었다. 행사가 끝난 후 카가미 대통령은 손수 차를 몰고 귀가했다.

르완다 인들은 슬픔을 몸짓으로 승화시킬 줄 아는 사람들이다. 2008년 르완다 대통령의 독일방문 길에 대통령 의전실장이 독일공항에서 대학살 관련 인사로 구속되었다. 정상외교로 초청해 놓고 수행원을 구속해 버리는 독일 정부의 무례한 처사에 대한 국민적 분노

감이 폭발하여 전국적으로 시위가 일어났다. 대통령실 직원들도 독일대사관 앞에서 열리는 규탄대회에 참여한다기에 나도 참여하였다. 수만 명의 사람들이 저마다 피켓을 들고 항의시위를 하고 있었다. 독일대사관 직원들은 전원 국외로 피신하고 인근 외교가도 다 대피시켜서 만약의 폭력사태에 대비하고 있었다. 일본대사관은 자국인 소개대책까지 수립한 상황이었다. 그러나 외국인들이 우려하던 폭동은 전혀 일어나지 않았다. 나는 데모대 제일 전면에서-대통령실이 제일 앞으로 배치되었다- 외국 언론인들과 함께 사태를 지켜볼 수 있었다. 엄청난 데모였지만 너무나 질서정연하고 평화스러웠다. 사람들이 구호를 적은 피켓만 준비했을 뿐, 개인적으로 구호를 외치지도 않고 폭력적인 행동도 일체 없었다. 잠시 후 주최 측에서 음악을 틀자 수천 명의 데모대가 춤을 추기 시작했다. 대통령 비서실장도, 장관도, 민간인들도 모두모두 한데 어울려 덩실덩실 춤을 춘다. 마치 아내의 외도를 목도한 처용이 복수의 칼날 대신 앞마당에서 덩실덩실 춤을 추었다는 처용가의 고사가 떠오르는 장면이었다.

르완다에는 아직도 훌륭한 전통이 많이 남아 있다. 그 중 하나가 전통적인 공동체 재판제도, 가차차Gacaca이다. 마을 사람들끼리 분쟁거리가 생기면 모든 마을 사람들이 둘러 앉아 당사자들의 의견을 듣고 대화로 해결방안을 마련하는 제도이다. 물론 마을 연장자나 존경받는 이들이 회의를 주재하지만 누구나 의견을 개진할 수 있다. 한 사람이 얘기를 끝낼 때까지 발언권을 존중해주고 어느 누구도 그의 말을 중단하거나 야유를 보내지 않는다. 그러다 보니 재판은 하루 종일 계속되기도 한다. 르완다 정부는 1994년 대학살 가해자 중 비교적 죄가 가벼운 자들에 대한 재판을 가차차를 통해 해결하고 있다. 토요일 시골길을 가다보면 많은 사람들이 벌판에 둘러 앉아 있고, 분홍색 옷을 입은 재소자가 가운데 서있으면 영락없는 가차차 재판이다. 마을의 재판관은 때론 재산으로 때론 노력봉사로 피해보상을 요구하는 판결을 내리는데 지혜로운 분쟁해결제도인 것 같다.

비닐봉지가 없는 자연보호 선진국

르완다는 아프리카에서 인구밀도가 가장 높은 나라이다. 가난한 사람들이 먹고살 길이라곤 노동력 밖에 없는데 땅이 없으니 까마득한 산꼭대기 정상까지 경작하여 농사를 짓고 있다. 농민들은 길도 없는 아득한 비탈길을 바나나 고구마를 머리에 이고 내려온다. 해발고도가 높은 나라이니 우리로 치면 백두산 꼭대기까지 농사를 짓는 나라이다. 토양 유실이 큰 문제로 대두되고 있지만 생존을 위한 투쟁을 막을 길이 없다. 그런데 한 뼘의 경작지도 아쉬운 나라에서 국토의 약 4분의 1을 국립공원으로 보호하고 있다. 특히 남쪽의 늉웨Nyungwe숲은 열대우림이 가장 잘 보존되어 있어 짙은 밀림 사이로 태고의 정적이 감도는 곳이다. 크고 작은 호수를 끼고 구릉지로 이루어진 아카게라Akagera 국립공원도 아프리카의 사파리 관광지 중 아름다운 지형으로 손꼽힌다. 농토에 대한 갈망이 큰 나라이지만 굶으면서도 자연을 보호하니 국제사회가 르완다에게 빚을 지고 있는 셈이다.

르완다에는 비닐봉지 사용을 금한다. 못살아서 쓰지 않는 것이 아니고 국제환경 단체의 권고로 비닐사용을 금지하는 정책을 펴고 있기 때문이다. 르완다에 입국하는 외국인은 공항에서 '웬 야만인들이 이런 것을 들고 다니냐'는 듯 다소 거칠게 비닐을 수거하는 공무원들을 본다. 먹고살기도 힘든 나라에서 환경보호를 우선으로 하니 비닐포장을 해야 하는 식품수출에도 큰 지장이 있다. 하지만 이 모든 것을 떠나서 비닐공화국 대한민국에서 배워야 할 일이다.

머리에 짐을 이고 가는 남자들

르완다에는 키 큰 투치족, 통통한 후투족, 아주 작은 피그미족인 투와족이 있다. 그러나 인구의 5% 미만인 투와족을 빼고는 우리 동양인들에 비해 대체로 날씬하고 키가 큰 편이다. 머리통도 작아서 팔등신이다. 내 키의 웬만한 사람들은 다리가 나보다 한 뼘은 위로 올라와 있다. 나도 한국인 중에서 키가 큰 편이나 우리 딸의 표현을 빌면 허리만 긴 요롱에 얼굴만 긴 장두란다. 한번은 현지인들이 잘

타는 오토바이 택시를 탔다가 헬멧이 안 빠져서 애를 먹은 적이 있다. 르완다 애들과 같이 찍은 사진을 보면 내 머리가 하도 커서 소인국에 온 걸리버 같다는 생각도 든다.

　르완다는 남자들도 무거운 것을 들 때면 죄다 머리에 이고 간다. 작은 물건 뿐 아니라 가구 같은 큰 물건, 쇠파이프도 머리에 이고 간다. 이들의 골상이 동양인처럼 넓적한 것도 아니고 차라리 뾰족한 상임에도 균형을 잘 잡아 큰 물건을 이고 산길을 잘도 걷는다. 우리 돈 200원만 주면 책상 1개를 혼자서 머리에 이고 수 킬로 떨어진 곳까지 갖다 주기도 한다. 한번 머리에 올리면 끝까지 가야지 중간에 짐을 내리면 혼자서는 다시 올리지 못하니 땀을 비 오듯 흘리면서도 목적지까지 쉬지 않고 가는 것이다. 더 놀라운 것은 이들이 머리에 일 때 쓰는 똬리를 사용하지 않는다는 점이다. 르완다 인들은 머리로 물건 이는데 선수들이다.

길에 엎드려 손님 맞는 아보카도의 나라

르완다에는 좋은 것도 많지만 있어야 할 것이 없는 경우가 많다. 전기 보급률은 7%에 불과하고 수돗물이 없는 마을이 대부분이다. 다행히 아주 건조한 나라가 아니기에 어딘가에 샘은 있다. 그러나 잘 관리되지 않는다. 이용자가 하도 많아 불결하고 소독하지 않은 생수를 그냥 마시니 수인성 질환이 많을 수밖에 없다. 농촌에 사는 사람들의 상당수가 신발이 없어서 맨발로 다닌다. 발바닥이 굳어서 웬만한 충격에는 잘 견디지만 트고 갈라지는 것은 어쩔 수 없다. 그 틈새로 세균이 감염되어 종종 염증을 일으키는데 치료시기를 놓치면 절단해야 하는 사태가 발생하기도 한다.

보통사람들의 집은 정말 열악하다. 흙바닥에 흙벽이고, 창문도 아예 없거나 있어도 조그마하게 만들어 채광과 통풍이 전혀 안 된다. 방안으로 들어서면 완전한 암흑에 퀴퀴한 냄새가 코를 찌른다. 왜 이런 구조로 집을 짓고 사는지 이해가 안 될 정도이다. 농촌은 더하다. 피그미족들이 사는 집은 지름 3미터, 지붕 높이가 2미터 남짓한 원추형 초가 토담집이다. 방안은 가축 우리같이 생겼다. 실제로 그 안에서 닭이나 염소, 돼지와 함께 생활한다.

집안이 답답하니 사람들은 길거리에 나와 있기를 좋아한다. 르완다 시골에 가면 사람들이 길 가에 죽 누워서 서로 얼굴을 마주 보며 담소하는 장면을 쉽게 볼 수 있다. 길 먼지나 배기가스는 아랑곳 하지 않고 낮잠을 자기도 하고 엎드려 풀뿌리를 씹기도 한다. 할 일도 놀 거리도 없는 무료한 생활인 것이다. 이들에겐 지나가는 차들을 바라보는 것도 꽤 큰 재미일지도 모른다. 하긴 내가 어린 시절이었던 60년대 시골에서도, 저 들판 너머로 뽀얀 먼지를 일으키며 버스가 오면 어디서 오는 차고, 번호판은 무엇인지 알아맞히곤 했다. 그러다 미군 지프차가 지나가면 휘발유 배기가스를 무슨 특별한 냄새인양 흠흠거리며 뒤따라 달리곤 했었다.

　가축을 이용할 줄 몰라서 안타까울 때가 많다. 농촌에 가면 물소가 많지만 그냥 방목하였다가 나중에 도축해서 고기로 먹을 뿐 소를 이용하여 농사를 짓거나 운송수단으로 사용하지 않는다. 지게도 없다. 머리에 이거나 짊어질 뿐이다. 물통도 절묘하게 머리에 이고 갈 뿐 물지게로는 나르지 않는다. 야채도 생으로는 먹지 않는다. 우리네 시금치 요리하듯 푹 삶아서 으깨 먹는 것이 대부분의 요리법이다. 나라밖 경험이 풍부한 고위직들도 야채샐러드를 좋아하지 않는다. 어릴 때부터 입맛이 길들여진 탓인 듯하다.

나무로 만든 자전거지만 생각보다 잘 굴러간다.

르완다는 열대과일이 풍부한 나라는 아니다. 그러나 몇 가지 맛있는 과일이 있다. 우선 길거리 가로수로도 아보카도 나무를 심어서 열매가 주렁주렁 달려 있다. 남쪽으로 가면 작은 수박만한 아보카도도 있다. 그런데 르완다 인들은 아보카도를 별로 즐기지 않는다. 아보카도는 양질의 식물성 기름이 주성분이라는데 이것을 잘 활용하면 영양 상태를 개선할 수 있다. 또한 그 자체로 혹은 화장품의 원료 등으로도 수출할 수 있는데 방치되고 있다. 또 패션이라 불리는 작은 과일이 있다. 딱딱한 껍질을 자르면 가운데 씨가 있고 노란색 액즙이 있어 이것 자체가 훌륭한 오렌지 맛이 나는 주스이다. 가장 훌륭한 과일은 이비뇨모로란 계란형의 빨간 과일이다. 칼로 자르면 핏빛의 진홍색 액즙이 가득하다. 보기에도 매우 특이하면서 영양소가 많다. 맛은 달기보다는 신맛에 가까운데 먹을 때마다 뭔가 굉장히 몸에 좋은 기분이 든다. 현지인들은 이 과일을 많이 먹으면 말라리아에 안 걸린다고 생각하고 있다.

슬픈 아마조네스, 슬리퍼 프로젝트

르완다에는 과부와 고아가 많다. 2006년 3개월 동안 체류하고 수당으로 받은 돈이 약간 남았다. 비록 이 나라에서 받은 돈은 아니지만 이 나라로 인해 번 돈을 가져가고 싶진 않았다. 뜻 있는데 돈을 사용하고자 하여 그 방법에 대해 르완다 통상산업부의 친한 공무원에게 물어보았다. 자기가 아는 과부마을이 있으니 그 곳을 지원해 주면 어떻겠냐고 한다. 흔쾌히 수락한 다음 그 공무원과 시내에서 약 30분 거리에 있는 외곽의 산등성이 마을을 찾아갔다. 주민 전원이 대학살 때 남편을 잃어버린 과부들이었다. 말하자면 슬픈 아마조네스였던 것이다. 이들은 정부에서 지어준 엉성한 주택을 한 채씩 분양받아 살고 있었다. 과부연합회 회장은 제법 교육을 받았는지 영어도 잘했다. 컴컴한 골목길을 한참 더듬거리고 올라가서 그녀 집으로 들어섰다. 벌써 연락을 받고 과부 12명이 기다리고 있었다. 그녀들은 삼麻가닥 같은 것으로 '희망의 바구니'를 만들어 시내에 나가서 팔고 있었다. 원료인 삼 줄을 살 돈이 없어서 수공업이 중단될 지경이었다. 준비해 간 300불을 내놓으니 정말 고맙게 받는다. 하루 반 걸려 꼬아서 만든 바구니는 시내에 가면 5불에 팔 수 있단다. 많지 않은 돈을 그토록 고마워하는 그녀들을 만나고 밖으로 나시니 밤하늘이 별 밭이었다. 그 다음해에도 힘닿는 대로 지원하였다.

아무도 없는 길을 향해 슬리퍼를 흔들면
 어디서 보고 나오는지 또래 애들 수십 명이
  전속력으로 달려와서 슬리퍼를 낚아챈다.

르완다 시골에 가면 신발 없는 아이들이 많다. 2006년 교외로 놀러 가면서 슬리퍼 100켤레를 샀다. 차타고 가다가 신발 없는 어린이를 발견하고 차를 세우면 대부분 놀라서 달아난다. 그런데 아무도 없는 길을 향해 슬리퍼를 흔들면 어디서 보고 나오는지 또래 애들 수십 명이 전속력으로 달려와서 슬리퍼를 낚아챈다. 정작 필요한 어린이에게 분배하기도 용이한 일이 아니었다.

어떤 때는 슬리퍼를 한 쪽씩 들고는 잡아당기느라 끈이 망가지기도 한다. 나눠주는 것도 기술이 필요했다. 2007년에는 300켤레를 샀다. 이젠 요령이 생겨서 대통령실 직원을 데리고 가면서 혼자 걸어가는 아이들이나 할머니 옆에서 차를 서행하면서 친절한 목소리로 "아키라"하고 부른다. 돌아보는 사람에게 얼른 슬리퍼 1켤레를 주고 가속해서 달아나곤 하였다. 2008년 가족들이 왔을 때는 슬리퍼 대신 빵을 나눠 주었다. 근본적인 대책을 도외시한 얄팍한 자선에 불과하지만 필요한 것을 나눠 줄 수 있어서 작은 위로를 삼기로 하였다.

2006년 르완다에 가는 길에 생전 처음 디지털카메라를 샀다. 틈날 때마다 사진을 찍으니 차츰 실력도 늘었다. 이때쯤 교회에서 대단한 미국 여성 사진작가를 만났다. 아프리카 고아들의 수심에 찬 얼굴만 전문으로 찍는 여자다. 어찌나 성품이 따스한지 그녀가 나타나면 어린애들이 수십 명 우르르 몰려온다. 아이들 이름을 하나씩 부르며 번쩍 들어 포근히 껴안아 주는데 그 모습이 얼마나 자연스러운지 보는 이들로 하여금 감탄을 금치 못하게 만든다. 몇 주 지나 그녀에게 물어볼 기회가 있었다. "당신은 왜 고아만 찍습니까? 르완다의 아름다움과 밝은 모습을 찍어서 소개하면 좋지 않을까요?" 그녀는 미국인다운 명쾌함으로 대답하였다. "나는 그 일에는 관심이 없습니다." 그녀에 대해 잘 알고 있는 분에게 물어보니 "그녀의 사진은 고객이 미국의 자선단체이고, 슬픈 사진이 그녀의 수입원이자 자선단체의 모금원입니다. 아름다운 사진은 안 찍을 겁니다."라고 설명해 주었다. '그렇다면 내가 해보자'는 오기가 발동했다. 허나 내 실력으로 찍을 수 있는 것이라곤 야생화 밖에 없었다. 이렇게 하여 두 달 동안 찍은 사진을 취합 정리하여 "Flowers of Rwanda"란 이름의 CD를 만들었다. 르완다에선 제작비도 무척 비싸게 들었다. 우선 수십장을 만들어 대통령 보고 시 영부인을 위한 것이라며 증정하였다. 지면이 있던 관광청장에게 찾아가 "지적재산권을 당신네 기관에 드리니, 외국 관광객들에게 나눠줘서 르완다에 대한 긍정적인 이미지를 심는데 사용하십시오."하고 CD를 증정하였다. 르완다 신문

사진을 취합 정리하여 "Flowers of Rwanda"란 이름의 CD를 만들어 대통령 보고 시 영부인을 위한 것이라며 증정하였다.

에 그 사실이 보도되었다. 2009년에 개정판을 만들어 대통령과 관광청장에게 또 다시 증정하였다.

선샤인 크리스마스

르완다에 크리스마스가 다가 왔다. 딸아이가 집을 장식하자는 아이디어를 냈다. 베란다 창문에 잡지를 오려 글씨를 붙이고 강아지의 흰털을 모아 눈송이 모양을 만들었다. 시내 중국인 슈퍼에서 반짝이 조명을 사다가 베란다 난간에 둘러 장식하였다. 밤이 되니 작은 전구가 깜박거리며 분위기를 돋우었다. 인근 동네에서 유일한 크리스마스 장식이다. 집안의 분위기도 좋아졌지만 거리를 지나는 르완다인들에게 아름다운 볼거리를 제공할 수 있어 뿌듯했다.

2008년 12월 19일 대통령실에서 르완다 어린이들을 초청하여 파티를 개최하였다. 대통령 공보수석이 우리 식구를 유일한 외국인 손님으로 초대하였다. 그냥 가서 파티를 즐기기는 미안하다는 생각이 들었다. 어린이를 위해 뭔가 재미있는 이벤트를 연출하기로 계획하고 KOICA 봉사단원으로 미술선생을 하고 있는 박유란 단원과 함께 가기로 하였다. 김보혜 선교사에게서도 풍선을 수백 개 협찬 받았다. 나도 빨간 산타 모자를 썼다. 약 200여명의 어린이들이 초청받아 대통령궁 잔디밭에서 자유롭게 뛰놀고 있었다. 안타깝게도 불우 어린이들이 아니고 유력인사의 자제들이었다. 박유란 양과 아내는 아이들 얼굴에 페인팅을 해주고, 나와 딸 경인이는 풍선을 불어서 모자, 칼, 개, 쥐 같은 여러 형상을 만들어 주었다. 경인이는 별도로 비누방울 놀이도 해주었다. 아이들이 너무너무 재미있어 한다. 뒤늦게 등장한 대통령 내외분, 수상 내외분, 각료들도 근년에 개최된 파티 중 가장 재미있는 행사였다고 감사를 표하고 함께 기념촬영을 하였다.

디니던 교회에서도 긴단한 크리스마스 축하 저녁이 마련되었다. 우리가 보기에는 정말 소박한 간식이 전 교인에게 제공되었다. 일본인 선교사 카즈네와 함께 성탄찬송을 다국어로 부르기로 하고 모여서 연습하였다. 두 가정의 식구들이 무대로 나가서 '고요한 밤, 거룩한 밤'을 불렀다. 1절은 일본어, 2절은 한국어, 3절은 영어로 불렀다. 엉성한 화음이었지만 르완다에서는 보기 드문 일이라서 많은 박수갈채를 받았다. KOICA 봉사단원인 황양하 군이 색소폰 연주를 하여 분위기를 한껏 북돋아 주었다. 연말에는 르완다 거주 한국인들을 우리 집으로 불러 저녁을 대접하였다. 없는 재료로 한국 입맛 비슷하게 음식을 준비하느라 집사람과 딸이 고생을 했다. 이렇게 우리 가족의 선샤인 크리스마스가 지나갔다.

웃고 왔다, 웃고 가는 땅, 아프리카

여러 번 경험한 일이지만 아프리카로 향하기 전에는 정말 마음이 내키지 않는다. 그러나 아프리카 공항에 도착한 순간 마음은 지극히 평화로워진다. 마치 타임머신을 타고 40여년 전 고향마을로 돌아온 듯한 평온함에 젖어드는 것이다. 여러 사람들이 "당신은 왜 후진국에 가서 정책자문을 하느라 사서 고생을 하느냐?"고 물어오곤 한다. 대개 내 대답은 "팔자소관입니다."로 그치지만 속으로는 '당신들은 내가 얼마나 행복해하는지 모를 거야' 하고 생각한다. 후진국의 생활은 우리를 동심의 세계로 되돌려 준다.

아프리카를 떠나는 것도 용기가 필요하다. 아프리카를 떠나며 느끼는 아쉬움은 카렌 블릭센Karen Blixen의 유명한 소설 『아웃 오브 아프리카, Out of Africa(1937)』의 한 대사에서 잘 묘사되어 있다. "아프리카는 요부와 같다. 떠난다고 마음먹고 난 후에야 속살을 보여준다"란 구절이 있다. 그래서 아프리카를 다녀온 사람들은 모두 AIDS 환자가 된다는 농담도 한다. 질병이 아니라 "Acquired Immemorability Deficiency Syndrom", 즉 '후천성망각결핍증후군'으로 아프리카의 잔상을 잊지 못하는 증세이다. 그래서 아프리카를 한번 다녀오면 거듭해서 찾게 되고, 그러다가 정착해서 사는 외국인들이 많은가 보다.

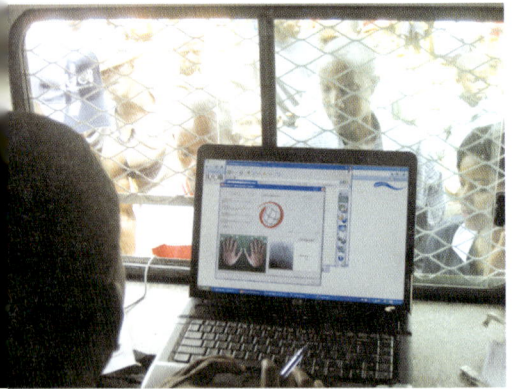

제프리 리

한국계 미국인인 이종흠은 연세대 경영학과를 졸업하고 남가주대에서 MBA를 수료했다. 1979년 수출입은행에 입사한 뒤 한국과 미국에서 30여년 금융업에 종사했다. 미국의 두 은행에서 은행장으로 일한 뒤, 2009년 2월부터 르완다에 있는 마이크로파이낸스 UOB의 은행장이 되었다.

마이크로 파이낸스, 르완다의 무지개

에스페란스는 르완다 동부 쪽 응고마^{Ngoma} 지역, 키붕고^{Kibungo}에 산다. 그녀는 손재주가 아주 뛰어나다. 남들이 쓰던 침대보나 홑이불을 사서 다양한 색깔의 무늬를 넣은 다음 다시 시장에 내다 판다. 그런 그녀에게 밑천이 좀 있으면 장사를 잘 할 수 있을 것 같았다.

그러던 2000년에 UOB^{Urwego Opportunity Bank}에서 운영하는 신용그룹에 가입하게 되었다. 신용그룹이란 20~50명 정도의 가난한 사람들이 서로를 보증하는 조건으로 소액대출을 받아 경제적 자립을 이루어가는 마이크로 파이낸스, 즉 극빈자 구제금융 대출 방법이다. 그녀가 처음 받은 대출금은 35달러였다. 적은 돈이었지만 그 돈으로 좋은 실을 사서 침대보와 식탁보에 수를 놓아서 팔았다. 장사는 잘 됐다. 에스페란스는 대출금을 4개월 뒤 갚았다. 그리고 계속 대출금을 받을 수 있었다.

그러나 UOB 신용그룹에 가입한지 1년 만에 운전기사로 일하던 에스페란스의 남편이 교통사고로 팔을 심하게 다쳤다. 완치하는데 2년이 걸렸다. 그녀가 가족의 생계를 도맡아야 했다. 남편 뿐 아니라 6명의 자녀까지 그녀만 바라보았다.

마이크로파이낸스는 대출만 해주는 것이 아니라 저축하는 법도 가르친다. 저축을 하면 그것이 신용이 되어서 더 많은 대출금을 받을 수 있다. 에스페란스는 저축도 꾸준히 잘하고 있었다. 그래서 2002년에는 1,232달러를 대출받을 수 있었다. 이 대출금으로 복사기와 컴퓨터를 한 대씩 구입했다. 그리고 새로운 사업을 시작했다. 근처에 대학교가 있어서 학생들을 상대로 서비스업을 시작한 것이다. 장사는 별 어려움 없이 성공이었다. 이 서비스업으로 그녀는 한 달에 143달러를 더 벌게 되었다.

장사에서 나오는 꾸준한 이익금으로 에스페란스 가족들은 훨씬 더 나은 생활을 할 수 있었다. 지붕과 창문을 개량하고 소와 염소도 샀다. 그녀와 남편에게는 6명의 자녀가 있었는데 형편이 나아지자 고아 7명을 입양하다시피 하여 같이 생활하였다. 그들에게 먹을 것과 입을 것은 물론 교육비를 제공했다. 그녀에게는 이제 자녀가 13명이 된 셈이다. 그 중 1명은 남아프리카공화국에서 장학금을 받고 대학교에 다니고, 4명은 르완다에서 대학교에 다닌다. 6명은 고등학생, 2명은 아직 초등학생이다.

그러나 그녀는 자기만의 성공으로 만족하지 않고 마을에서 직업 없는 여자들에게 수공예를 가르쳤다. 5명씩 그룹으로 만들어 침대보, 식탁보 등에 수놓는 법을 가르쳤고, 바구니와 가방을 만들게 했다. 그녀의 집 베란다가 바로 직업훈련소었다. 너무 가난해서 구호기관의 손길만을 바라던 여인들이 돈을 벌기 시작했다. 이제 자녀들을 학교에 보내고 가족의 생계를 도왔다. 경제적 자립의 희망이 보이기 시작했다.

그녀는 UOB의 신용그룹으로부터 사업 운영과 확장, 저축하는 법을 배웠고 리더십도 배웠다. 2004년에는 UOB에 처음 가입했던 신용그룹의 회장으로 추대되었고 지역에서 설립한 여인들을 위한 보증기금 Women's Guaranty Fund의 회장까지 추대되었다. 사회적으로 존경받는 리더가 된 것이다.

또한 UOB의 고객이 되면서 재정적인 혜택뿐 아니라 다른 사람과의 관계도 향상되었다. 그룹 멤버들과 가족처럼 지내게 되었고 다른 이웃에 대한 배려와 사랑도 깊어졌다. 그룹 멤버의 남편이 자살한 일이 발생하자 다른 그룹 멤버들과 함께 그녀의 남은 대출금을 대신 상환해 안정을 찾을 수 있도록 도왔다.

올해 그녀의 계획은 프린터를 한 대 더 사는 것이다. 프린터 값이 2,143달러이니 잘하면 올해가 가기 전에 살 수 있을 것이다. 사업이 확장되면 더 많은 고아를 도울 수 있을 거라며 환하게 웃었다.

뉴욕에서 키갈리로…

뉴욕에서 은행장을 그만 둔 게 2008년 12월 31일, 그리고 2009년 2월 1일 아내 크리스틴과 함께 르완다 키갈리에 도착했다. 숨 가쁜 한 달이었다. 그 사이 부모님이 계신 한국을 다녀왔고, 시카고와 덴버 그리고 뉴욕을 왕래하며 주변을 정리하고, 살던 집도 다른 사람에게 맡겼다. 콜로라도 대학을 상대로 의료서비스 사업을 하던 아내는 11월에 이삿짐을 부치고, 사업 뒷정리를 위해 동분서주했다. 몸은 피곤했고 정신은 산만했다. '이렇게 정신없이 떠나도 되는 건가?' 의구심마저 들었다. 그러나 이미 엎질러진 물, UOB은행 이사회에 2월 1일까지 도착하겠다고 약속을 했고 그 약속은 꼭 지켜야 한다.

"좋은 일 위해 떠단다니 말릴 수는 없지만…. 꼭 아프리카까지 가야 하냐?"

팔순이 넘어 연로하신 부모님은 자식이 그것도 장남이, 결혼해서 멀리 미국으로 떠난 것도 서운해 하셨을 것이다. 근데 이제 한술 더 떠 아프리카로 간다고 한다. 마음 한구석 어디 편하실까? 하지만 하나님께 드린 약속은 지켜야 한다고 말씀드렸다.

"얼마나 가 있을 예정이냐?"

"최소한 3년입니다."

"왜 하필 3년이냐?"

"제가 거듭난 지 30년 되었습니다. 그 인생의 십분의 일, 3년을 십일조로 드린다고 약속했어요. 그리고 무엇이든 주님이 시키시는 일을 하겠다고 했고요."

"준비는 언제부터 한 거냐?"

"한 9년 됩니다. 굳이 아프리카에 가려고 준비한 것은 아닙니다. 나라에서부터 제가 가는 오퍼튜니티 인터내셔널Opportunity International 은행이든, 제가 선택한 것은 하나도 없습니다. 그리 인도하셨고, 확신을 주셨기 때문에 그냥 가는 겁니다. 항상 옳은 일만 예비하시리라 믿고 갑니다."

"살만은 하냐?"

"……."

"하긴, 거기도 사람 사는 곳인데, 기도밖에 할 게 없구나."

해야겠다고 맘먹으면 꼭 하고 마는, 아들의 고집을 꺾을 수 없음을 잘 아시는 분들이시다. 그래도 죄송하고 고맙고 송구스럽다. 자식의 불효를 믿음으로 받아들이고 축복을 해주신다.

Urwego Opportunity Bank

그렇게 도착한 르완다의 수도 키갈리. 쉴 겨를도 없이 2월 2일부터 바로 업무 인수를 받았다. 1주일 내에 끝내야 했다. 내가 부임하기 전 임시은행장으로 있던 아취 미어즈Archie Mears는 스코틀랜드인으로 은행계에서 40년 이상 몸담았던 베테랑이다. 아프리카에만 20년, 방글라데시, 타이완 등 여러 곳에서 근무한 전형적인 국제금융인이다. 그는 은퇴를 했다가 공석인 르완다 UOB 은행장을 임시로 맡아 내가 오기 전까지 직책을 수행했다.

어르웨고 오퍼튜니티 은행Urwego Opportunity Bank, 이하 UOB는 마이크로 파이낸스 은행이다. 1994년 르완다의 종족대학살 이후 구호사업의 일환으로 1997년 미국의 크리스찬 구호기관인 월드 렐리프World Relief에 의해 마이크로 파이낸스, 극빈자들을 돕기 위한 은행이 시작되었다. 2004년에는 월드 렐리프에서 독립하여 마이크로

파이낸스 금융기관Micro Finance Institution, 이하 MFI로 르완다 중앙은행에 등록되었다. 2007년에는 미국 오퍼튜니티 인터내셔널, 이하 OI가 세운 신규 마이크로 파이낸스 은행과 합병하여 현재의 UOB가 탄생했다. 기독교 계통의 은행이라면 어차피 같은 목적을 가지고 있으니 서로 경쟁할 필요가 뭐 있겠느냐는 것이 합병의 이유였다.

그러나 보다 실질적인 이유가 있었다. 어르웨고 커뮤니티 은행은 전국적인 지점과 명성이 있었지만 자금이 부족해 어려움이 많았고 모든 자료를 손으로 직접 적는 옛날 방식이어서 성장에 한계를 겪고 있었다. 반면 OI는 기독교 계통의 극빈자 구제은행으로 가장 큰 기관이며 자금력도 있고, 금융 시스템도 갖췄다. 하지만 르완다에 이제 막 진출해 현지에서 경영할 사람도 없고 조직도 새로 구축하고 어떻게 뿌리내릴지 고민하고 있었다.

서로의 장점을 살리고 단점을 보완할 수 있는 합병은 보다 높은 효율을 낼 수 있는 좋은 기회였다. 많은 우여곡절이 있었지만 2007년 7월 1일, 드디어 합병이 이루어졌다. 그리고 탄생한 것이 바로 현재의 UOB이다. 그동안 기독교 계통의 다른 기관들이 함께 일하면서 성공하는 사례가 별로 없었는데 좋은 본보기가 될 수 있을 것이다.

UOB는 합병을 거치면서 보다 전문적인 은행이 되었다. 그러니 초기 NGO처럼 가볍게 운영할 수가 없었고 전문 금융인을 필요로 하게 되었다. 이익을 창출하는 은행이긴 하지만 종교적 사명을 잊어서도 안 되었다. 이사회는 이러한 UOB의 은행장으로 선교사 같은 사명감을 지닌 전문금융인을 구하고 있었다.

2004년, 월드 릴리프의 CEO인 새미 마흐Sammy Mah와 우연히 점심을 함께 하게 되었다. 그때 나는 지나가는 말로 30년에 대한 십일조 봉사를 얘기하였다. 그리고 2007년 합병이 이루어지면서 새로운 CEO를 구할 때 그는 내가 한 이야기를 기억하고 연락을 해 온 것이다.

UOB는 2009년에만 50% 성장을 이루어 2009년 말 현재 고객은 63,000명이다. 고객의 90%가 여성이며 평균 저축금액은 60달러, 평균 대출금액 200달러이다. 총자산은 1,000만 달러가 넘으며 직원 수는 220명. 르완다 전역에 25개의 대출사무소가 있고 7개의 지점과 1개의 이동지점이 있다.

"CEO가 우리를 만나러?"

기본적인 업무의 윤곽만 잡고 처음 시작한 일이 지방에 있는 직원들을 만나러 다니는 일이었다. 지방에서 일하는 직원은 100명 정도로 새로운 조직을 맡으면 직원들과의 만남은 필수다. 지방에 있는 직원들을 먼저 만남의 대상으로 삼은 이유는 현장에서 일하는 직원들이 바로 은행의 얼굴이고 은행장의 대리라고 생각했기 때문이다. 현장을 제대로 읽기 위한 목적도 있지만 그들을 만나서 우리가 하는 일이 단순한 직장이 아니라 소명을 가지고 해야 하는 일임을 강조하고 싶었다. 무엇보다 우리에게 맡겨진 일을 충실하게 수행하여 고객들의 삶에 본질적인 변화Transformation를 일으키도록 하고 싶었다.

결과는 예상했던 것보다 훨씬 좋았다. 지금까지 은행의 CEO가 지방에 있는 직원들을 만나러 온 적은 한 번도 없었다고 한다. 솔직히 지방의 열악한 사정을 생각하면 발길이 잘 떨어지지 않는다. 전기도 제대로 들어오지 않는데 멀쩡한 숙박시설이나 식당이 있을 리 없다. 만약, 그런 시골의 사정을 좀 더 깊이 알고 있었다면 시작할 엄두를 내지 못했을지도 모른다.

루시지 마을은 차로 한 5시간 가야하고, 길도 늉웨Nyungwe 밀림 지역을 통과해야 하기 때문에 보통 힘든 길이 아니고 하루 만에 갔다 올 수도 없다. 시속 10km이상은 도저히 달릴 수 없는 험한 길을 또 한 시간 반이나 가서 도착한 깊은 산속 마을, 전통의상을 차려입은 40명의 여인들과 일일이 얼굴을 세 번씩 부비며 인사를 나누고 대화를 시작했다. 그들의 따뜻한 환영은 더없이 고마웠지만 오고 가는 길은 험난하기 그지없었다.

그렇게 힘들게 찾아다닌 지점 아닌 작은 사무실이 20개이고 대출

사무소는 25개였다. 그러면서 다닌 지역의 지명들과 직원들의 이름도 거의 다 외웠고 그들이 본점에 왔을 때 어디서 온 "누구 씨"라고 이름을 부르며 반갑게 맞아 주었다. 시골의 작은 사무실을 찾고 그들의 얼굴과 이름을 외우고, 본점을 오면 반갑게 맞아 주는 일들이 그들에게는 엄청난 감격이었나 보다. 다른 조직도 비슷하겠지만 본점에 있는 사람들은 괜한 우월감에, 지방에 있는 직원들은 괜한 열등감에 싸여 있기 쉽다. 그래서 은근히 차별받는 느낌을 가지기 쉬운데, 은행장이 찾고 기억함으로써 본점이나 지점 직원들의 기세도 서로 비슷해지는 효과를 보기도 하였다. 꼭 그런 효과를 의도한 것은 아니고 현장에서 일하는 직원들이 고마워 그들을 만나 격려하고 기억하고 싶었을 뿐이다. 그렇게 알게 된 이름들을 르완다 사람들과 나누면 놀라워한다.

바이오매트릭스

미국의 금융업에 종사하면서도 보지 못했던 일을 UOB에서 보았다. 첩보 영화에서나 볼 수 있는 바이오매트릭스를 사용한 고객신원확인 시스템이 바로 그것이다. UOB에 계좌를 개설하는 고객들은 일반 은행과는 다른 과정을 거친다. 기본 사항을 적는 신청서도 단순하고 카메라로 사진을 찍고 그들의 지문을 채취한다. 그래서 예금하거나 인출할 때에는 다른 신분증이 필요없다. 손가락을 아주 작은 지문감식기에 올려놓으면 컴퓨터 화면에 고객의 사진이 뜬다. 이렇게 거래하는 시간이 1분 정도면 끝난다. 르완다 중앙은행 관계자들이나 방문하는 사람마다 놀라며 감탄한다. 기술자체는 그다지 놀랄 일이 아니지만 영화에서나 보았던 기술을 르완다의 은행에서 직접 적용하고 있다는 사실에 더 놀란다. 물론 이 기술을 도입한 은행으로는 르완다에서 UOB가 유일하다.

2009년,
직원들을 대상으로 실시한
리더쉽 수련을 끝내고.
이들이 바로 UOB의 주역들이다.

선교조서의 사업 Business As Mission

은행은 수익을 내기 위한 금융기관이다. 자본대비 이익을 극대화하기 위한 것이 보통 사업의 목적이다. UOB도 수익을 내기 위한 금융기관으로 분류되지만 여러 가지 측면에서 일반 사업체와 다른 특성이 있다.

먼저 기업의 목적이다. 일반은행의 목적은 수익성 Profitability 이다. 수익성이 어느 정도냐에 따라 우수기업이냐 아니냐가 결정된다. 그런데 UOB의 1차적 사업 목적은 유지성 Sustainability 이다. 자본금이 고갈되지 않고 유지만 되면 사업의 목적을 달성할 수 있다. 얼핏 듣기에는 쉬워 보이지만 사실 그렇지도 않다.

지금의 UOB가 있기 전의 역사를 포함해서 과거 13년 동안 한번도 수익을 낸 적이 없다. 직원들이 엄청나게 보수를 많이 받는 것도 아니다. 타 은행에 비해 월급이 적어 요즘도 숙련된 직원을 다른 은행에 뺏기고 있다. 그렇다고 대출손실이 많아 그 충당금을 적립하기 때문도 아니다. 지금 르완다에서 대출자산이 가장 건전한 은행이 오히려 UOB이다. 도대체 왜 수익을 못 내는가. 우선 시골 구석구석 들어가 업무를 보기 때문에 인건비를 포함해 영업비용이 많이 든다. 그 비용으로 효율성마저 낮다. 그러니 수익을 많이 내지 않고 자본을 잠식하지 않고 유지만 해도 다행이다.

다음으로 투자의 목적이다. UOB도 투자자에 의해 세워진 은행이다. 일반적인 은행은 그 투자의 목적이 투자된 자본에 대한 재무적 수익성의 극대화를 기대한다. 자기자본수익률 Return on Equity 이라고 불리는 이 수치가 최대가 돼야 투자자나 경영진이 만족한다. 그러나 UOB는 다르다. 투자자가 기독교 사역을 감당하는 비영리 국제단체들이다. 마이크로 파이낸스를 통해 세계의 저개발국가에 있는 가난한 사람들을 위해 사역하는 오퍼튜니티 인터내셔널과 호프 인터내셔널Hope International, 저개발국가에서 구호사업을 벌이는 월드 렐리프World Relief;US 그리고 월드 렐리프 캐나다World Relief Canada가 투자자들이다. 그들이 UOB에 투자한 이유는 배당이나 주식의 수익이 아니다. 그들의 투자 목적은 오로지 르완다에 있는 가난한 사람들이 보다 근본적으로 잘 살기를 바라는 본질적 변화를 바라기 때문이다.

그래서 UOB를 나는 선교로서의 사업Business As Mission 혹은 BAM이라고 부른다. BAM은 사업체의 수익을 선교목적으로 사용하는 선교를 위한 Business For Mission과도 다르고 선교와 병행하여 수행되는 사업체인 사업과 선교Business And Mission와도 그 형태가 다르다. 둘 다 선교를 위한 목적이 있다 하더라도 사업체가 선교사역 자체가 아닌 BAM은 사업 자체가 바로 선교이기 때문이다.

UOB의 미션에는 예수님의 부르심에 따라 가난한 사람을 섬기라는 목적을 담고 있다. 그 결과가 르완다에서 소외된 사람들에게 경제적, 사회적, 심적 변화를 이루는 것이다. 30년 이상 금융업에 종사한 것보다, 미국에서 큰 은행을 경영하는 것보다, 이런 귀한 일을 감당할 수 있다는 것에 감사와 감격이 넘친다. 그 이유가 바로 UOB가 BAM이기 때문이다.

이동 지점 Mobile Branch

UOB는 지금 르완다에서 유일하게 이동 지점을 가지고 있는 은행이다. 이동 지점은 트럭을 개조하고 창구를 내어서 직원들이 은행 업무를 보는 것이다. 트럭을 은행답게 개조하는 것도 쉽지 않았지만 은행 업무를 수행할 수 있도록 기술적으로 준비하는 것이 더 힘들었다. 전기도 없는 곳에서 온라인으로 업무를 한다면 어떤 느낌이 들까? 큰 나무 밑에 차를 세우고 고객들이 창구를 통해 예금도 하고 현금 인출을 하고 대출금 상환도 하는데 인터넷을 통하지도 않고 전기도 없는 곳에서 이루어진다면 믿을 수 있을까?

그러나 지금 현실로 이루어지고 있다. 영업의 노하우이긴 하지만 간단히 설명하면 다음과 같다. 첫째, 영업에 필요한 전기는 차안에 장치된 인버터 충전장치를 이용하고 있다. 2-3개의 컴퓨터를 6시간 이상 재충전 없이 사용할 수 있다. 재충전이 필요하면 엔진의 시동을 걸면 2시간 내에 재충전이 된다. 차가 주행 중일 때는 1시간 반 충전하면 6시간 사용할 수 있다.

다음은 은행 시스템의 접속문제이다. 르완다에서는 수도인 키갈리만 벗어나면 인터넷 접속이 잘 되지 않고 믿을 수도 없다. 따라서 자체적으로 해결하는 수밖에 없다. 그래서 만들어 낸 것이 아주 독창적인 오픈스카이 Opensky 라는 장치다. 이름이 거창해 보이지만 넷북 NetBook 컴퓨터에다 3G GPRS 통신장치를 부착해서 본점에 있는 은행 시스템에 접속하도록 했다. 휴대폰 신호만 있으면 접속이 가능하다. 그리고 카메라와 바이오매트릭스를 장치하고 휴대용 프린터를 설치했다. 물론 트럭의 뒤에는 금고도 있고, 두 명의 무장경비원이 지키고 있다.

　한국의 시골에서 열리는 5일장을 생각하면 된다. 그렇게 영업을 하다가 고객의 수가 많고 수요가 많은 곳에는 작은 지점을 개설하고 그러면 또 다른 곳을 찾아 간다. 주기적으로 서는 장날마다 지속적으로 가서 영업을 하면 바로 은행의 지점이 되는 것이다. 그곳에 작은 간판도 세운다. UOB Mobile Branch Site라고 쓰고 영업시간도 명시해 둔다.

2010년 1월에 첫 선을 보인
이동 지점은 말 그대로 바퀴달린 지점이다.
어디든 갈 수 있다.

UOB와 르완다에서는 이제 시작되었지만 OI를 통해서 말라위와 모잠비크에서 이미 성공한 사례가 있다. 그래서 실패에 대한 걱정은 그리 크지 않다. 이동지점은 수익이 많지 않은 영업점이다. 영업비용이 많이 들기 때문이다. 그러나 오지에 가서 영업을 할 수 있기 때문에 고객에 대한 접근방법으로는 효과적이다. 이 두 가지를 조화있게 균형을 이루어야 한다.

새로운 영역, 새로운 금융상품

지금까지 UOB는 전통적인 대출방식인 그룹대출만으로 운영해 왔다. 지금도 대출 총액의 95%를 차지하고 있다. 그러나 영세농들의 금융상품과 서비스에 대한 수요는 날로 바뀌고 새로워져 가고 있다. 영세농이라고 해서 구태의연한 방법에 의존할 수만은 없다. 새로운 금융기법과 업무처리의 효율성을 재고하지 않으면 안 된다.

르완다에서 90%정도의 인구가 직·간접으로 농업과 관련되어 있다. 농업은 르완다의 2008년 국내총생산의 37%정도를 차지하였고, 2008년 원조를 제외한 외화의 65%가량을 벌어들였다. 따라서 결코 간과할 수 없는 중요한 산업이다. 2008년과 2009년에 농업이 개선되자 무역수지 등 국제수지가 개선되었다.

나는 30여년을 금융업에 종사했지만 농업대출은 해본 적이 없다. 일반적으로 농업대출은 은행들이 꺼리는 편이다. 위험성은 높은데 보상은 낮은 편에 속한다. 사업의 관점에서는 농업관련 대출은 피하는 것이 상식이다.

그럼에도 불구하고 UOB는 농업에 진출하기로 했다. 근본적으로 소외된 고객층에 대해서 금융서비스를 제공하여야 한다는 명분 때문이다. 다행히 OI에서 농업대출과 농촌 사람들을 대상으로 저축을 장려하는 목적으로 설립된 게이트Gates재단과 마스터 카드Master Card 재단으로부터 자금을 승인받았다. 또 르완다 개발은행과 업무협조 계약도 체결했다. 주로 농업대출을 위한 업무협약이다. 르완다개발은행이 취급할 수 없는 부문에 UOB가 함께 참여하고 업무기술도 협조하는 내용이다. 상업은행인 케냐 상업은행과도 전략적 업무제휴를 추진 중이다. 주로 기업고객을 전문으로 취급하는 동부아프리카 지역은행인 케냐은행과 지점을 공유해 서비스를 제공할 계획이다. 그밖에 또 다른 마이크로 파이낸스 기관인 CAF ISONGA라고 하는 농업대출전문 MFI와도 업무협약을 추진중이다. 서로 위험성을 공유해서 자금을 공급하고 업무협약을 하자는 내용이다.

이와 함께 세계은행의 한 부분인 국제금융공사International Finance Corporation와도 기계장비 리스 프로그램을 개발하기 위한 업무협약을 체결했다. 2/4분기에는 처음으로 마이크로 리스를 선보이게 될 것이다. 이는 자기자본이 전혀 없는 영세농들에게 필요한 장비를 비교적 쉽게 공급할 수 있는 방법이다.

OI 네트워크 안에 있는 마이크로 인저Micro Ensure라는 마이크로 보험기관과 르완다에서 두 번째로 큰 보험회사인 SORAS와 공조하여 르완다에서는 처음으로 마이크로 보험을 2010년 상반기에 소개할 예정이다.

바퀴벌레 대학살

2009년 5월, 우리 부부는 결혼하는 큰 딸과 대학을 졸업하는 둘째 딸을 보기 위해 미국에 갔다. 그리고 나만 5월 말에 르완다로 돌아오고, 아내는 콜로라도대학과의 의료서비스업을 마저 정리해야 하기에 7월 말에야 돌아왔다. 그 사이 약 두 달을 르완다에서 혼자 지냈다. 물론 세심한 아내가 어지간한 먹을거리를 다 준비해 놓았기에 큰 불편은 없었다.

하지만 수시로 출몰하는 바퀴벌레 때문에 섬뜩섬뜩 놀라는 일이 생겼다. 우리 집도 다른 집같이 바퀴벌레가 심심찮게 등장했는데 큰 바퀴벌레는 이상하게 집에 들어오면 잘 죽어 버렸다. 그래서 아침에 나갔다 저녁에 돌아와서 바닥에 대여섯 마리 뻗어 있는 일은 뭐 그다지 신경 쓸 일도, 이상한 일도 아니었다.

5월 말, 르완다로 돌아왔을 때도 제일 관심사가 바퀴벌레가 과연 몇 마리나 죽어있을까였다. 드디어 현관문을 열었다. 바닥에 죽어있는 바퀴벌레는 대강 30마리, 소름끼칠 정도는 아니지만 죽어있는 바퀴벌레와 함께 밤을 보내고 싶진 않아 청소를 하고 잠을 청했다.

그런데 날이 갈수록 바퀴벌레의 출현이 잦아지는 것이 문제였다. 도저히 안되겠다 싶어서 바퀴벌레 소탕 작전에 돌입했다. 바퀴벌레가 드나들만한 곳을 찾아 약을 뿌리고, 먹으면 죽는 약도 다닐만한 곳에다 놓았다. 집안에는 음식 부스러기 하나 남기지 않고 깨끗이 치웠다. 과자는 아예 집에 들여놓지도 않았다. 그릇은 항상 깨끗하게 씻어놓고, 모든 음식은 비닐봉지에 담아서 지퍼나 테이프를 붙여 놓았다. 공기가 잘 통하지 않아 습한 곳은 자주 환기까지 했다. 그리고 바퀴벌레가 죽어있는 위치나 죽어있는 모습을 살피면서 나름대로 분석을 했다. 혹시 들어오는 곳이나 거점을 찾기 위한, 수백 명 직원을 거느린 은행장이 바퀴벌레 때문에 이렇게 치밀한 작전을 펼치며 사투를 벌이다니, 참 나답지 않는 행동이었다.

그런 각고의 노력에도 불구하고 바퀴벌레의 출현은 줄어들지 않고 이제 가끔 바퀴벌레가 꿈에까지 나타났다. 그러던 어느 날, 저녁 약속이 있어서 나가기 전에 구석구석을 청소하고 다시 한번 점검하고 외출했다가 집에 들어왔다. 그런데 이게 웬일, 현관문을 열자 바퀴벌레가 보이기 시작하더니 어기저기 만쯤 죽어있는 바퀴벌레가 모두 합쳐 12마리나 되는 게 아닌가. 집을 비운 시간이라 봐야 고작 3시간인데 그 사이 12마리가 나타난 것은 기록이었다.

도저히 못 참겠다는 생각에 벌레 소탕 전문가를 수소문해서 찾았다. 필립페 박사라는 사람을 소개받았다. 대통령 정원에서도 약을 치는 사람이라고 했다. 토요일을 잡아 드디어 약을 뿌리기 시작했다. 냄새는 고약했지만 바퀴벌레를 소탕하겠다는 일념으로 참았다. 필립페 박사는 하수도와 나무 밑동을 가리키며 이런 데 바퀴가 많이 산다고 한다. 그런데 그가 약을 뿌리는 곳에는 그다지 많이 나오지 않았다. 이상하다 생각하면서도 실망한 티는 내지 않으려 했다.

약을 다 뿌리고 일주일 후에 다시 와서 약을 뿌리겠다며 떠나려는데 문득 싱크대에서 가끔 작은 바퀴벌레가 보였던 것이 기억났다.

그래서 싱크대 하수구 안에다 약을 뿌려 달라고 했다. 약을 뿌리는 동안 냄새를 피하느라 고개를 돌려 천장에 있는 작은 창고를 쳐다보게 되었다. 그런데 거기서 큰 바퀴벌레 한 마리가 기어 나왔다. 바퀴가 왜 저기서? 하는데 이번에는 더 큰 바퀴벌레가 기어 나오는 것이 아닌가. 세상에….

나는 무슨 광맥이라도 발견한 듯 필립페 박사와 같이 온 청년에게 큰 소리로 외쳤다. "저기야! 저기가 바로 바퀴벌레의 소굴이야!" 청년은 바퀴벌레들이 약을 피해 거기로 몰렸을 거라고 말했다. 나는 아니라고, 흥분하긴 했지만 자신에 차서 더욱 크게 외쳤다. "내가 보았다니까!"

내가 하도 자신있게 말하자 청년은 하는 수 없다는 듯이 천장 한 조각을 들어내었다. 세상에…. 바퀴벌레들이 셀 수도 없을 만큼 우글우글거리고 있었다. 영화 "인디애나 존스"에서 바퀴벌레들이 우글거리는 장면, 주인공 해리슨 포드가 그 속에 손을 집어넣는 광경이 스쳐 갔다. 거 보란 듯 청년에게 눈빛을 주고 약을 뿌리라고 말했다. 청년도 놀라는 눈치였다. 분무기를 대고 약을 뿌리자마자 천장 안은 아수라장으로 변했다. 엄청나게 많은 바퀴벌레들이 우왕좌왕 살려고 발버둥치는 소리가 울려 퍼지자 소름이 좍악 끼쳤다. 박사는 약을 뿌린 뒤 천장을 닫고는 이제 다 죽을 거니 걱정하지 말라고 했다. 그리고 아직도 믿기지 않아 안절부절하는 나를 뒤로 하고 떠났다.

이런저런 불안에 휩싸여 이러지도 저러지도 못하고 있는데 걱정은 바로 현실이 되어 나타났다. 천장에 있던 바퀴벌레들이 천장과 벽사이의 온갖 틈으로 기어 나오기 시작한 것이다. 천장 안에 독가스가 살포되었으니 살고자 몸부림치는 바퀴벌레들의 본능을 뭐라고 하겠는가. 나는 파리채를 집어 들고 끝도 없이 기어 나오는 바퀴벌레들을 가차 없이 때려죽였다. 혼자서는 도저히 감당할 수 없겠다는 생각이 들어 필립페 박사에게 전화해서 빨리 다시 오라고 했다. 소름이 끼쳐 팔에는 닭살이 잔뜩 돋았다. 조금 있자 필립페 박사는 오지 않고 청년만 돌아왔다. 청년은 천장의 한구석을 아예 열어놓았다. 기왕이면 빨리 소탕하는 게 낫지 않겠냐는 것이었다. 바퀴벌레 소굴을 찾아내서 소탕하고 있다는 시원함과 바퀴벌레 대학살의 주범이라는 묘한 죄책감이 교차하면서 몹시 혼란스럽고 피곤했다.

죽은 바퀴벌레를 다 쓸어 모으니 족히 400마리는 되어 보였다. 내 평생 볼 수 있는 바퀴벌레는 한꺼번에 다 본 셈이었다. 다 쓸어서 버리고 테이프를 가져다 구석구석 틈이 보이지 않도록 막았다. 그러나 그 후로도 일주일 동안 작은 바퀴벌레들이 가끔 잊어버릴만 하면 천장에서 툭툭 떨어졌다.

그리고, 남은 꿈

나는 최소 3년 약정을 하고 르완다에 왔다. 아니 하나님의 인도하심에 순종하여 이곳으로 인도되어 왔다. 그리고 벌써 일년이 지났다. 참 세월이 빠르다. 이곳에서 얼마나 소명을 다할지 사실 나는 모른다. 일단은 3년을 보고 있다. 지금 추진하고 있는 계획들을 실행하기에

2년은 참 벅차다. 그렇다고 계획을 축소하거나 접고 싶지는 않다. 앞으로 얼마나 이 일을 하게 될지 모르지만 나에게는 작은 꿈이 있다. 그것은 주어진 상황에서 최선을 다해 다섯 가지 부문에서 UOB를 르완다의 최고의 은행이 되게 하는 것이다.

UOB는 성격상 자산이 가장 큰 은행이 될 수 없다. 지금도 시장 점유율은 1%정도에 불과하다. 그리고 가장 수익성이 높은 은행이 될 수도 없다. 앞에서 말했듯이 자본수익율의 상한선이 그어져 있기 때문이다. 그러나 우리는 다섯 가지 부문에서는 최고를 노리고 있다. 나와 직원의 만족을 위해서가 아니라 UOB의 실질적인 CEO이신 그분을 위해서이다.

첫째, 자산건전성 부문에서 최고가 되고 싶다. 사실 지금 UOB는 르완다에서 뿐만 아니라 OI의 글로벌 네트워크 내에서도 자선건전성 면에서 가장 우수하다. 문제는 어떻게 이것을 지켜나가냐는 것이다.

둘째, 창의적 해결책을 찾아내는 면에서 최고가 되고 싶다. 이 부문에서도 어느 정도는 이미 성과가 있다. 바이오매트릭스와 최근에 운영하고 있는 이동지점, 그리고 오픈스카이가 바로 그런 것이다. 업무 절차 면에서도 지속적으로 창의적 해결책을 찾아갈 계획이다.

셋째, 영업의 효율성 면에서도 최고를 노리고 싶다. 은행에서 영업의 효율성은 영업비용이 수익에서 차지하는 비율이 얼마인가로 계산된다. 그러나 수치보다는 실질적인 고객서비스를 효율적으로 제공하는 질과 속도 면에서 최고가 되고 싶은 것이다.

넷째, 고객 서비스 면에서도 최고가 되고 싶다. 금년에 UOB Way

인 프리미어 캐어Premier Care를 도입할 예정이다. 르완다는 고객 서비스가 초보적 수준이다. 오죽하면 대통령이 공식석상에서 서비스를 개선해야 한다고 언급하고 고객서비스 개선을 위한 특별위원회를 만들었겠는가. UOB의 서비스가 그래도 낫다고 한다. 그러나 우리는 한걸음 더 나아가야 한다고 믿는다. 그래서 최고를 노리는 것이다.

다섯째, 고객에 대한 본질적 변화를 위한 영향 면에서도 최고가 되고 싶다. 재산이 얼마나 많은가를 기준으로 해서가 아니라 고객의 삶의 행복지수, 가치기준, 삶의 목적과 방향, 이런 면에서 다른 어떤 금융기관에 뒤지기 싫은 것이다. UOB의 미션 때문에 이미 우리가 앞서 있는 것이 사실이다. 그러나 앞서 있는 것만으로는 부족하다. 정말 본질적인 변화, 내적인 변화, 남에게 긍정적 영향을 미칠 수 있는 정도의 변화, 그런 변화를 꿈꾸고 있다.

나는 꿈이 있다. 그리고 꿈을 이루어 가기 위하여 노력할 것이다. 혼자 한다고 되는 것도 아니고 직원들의 역량개발과 태도개선, 그리고 팀웍을 통한 시너지 개발, 네트워크 확장과 전략적 업무제휴를 통한 개발 등을 꾸준히 추진해 갈 것이다. 추진해 가는 중에 모든 것의 주인이신 하나님의 뜻에 순종고 내게 주신 역량보다 앞서가지 않는 겸손의 자세로 임할 것이다. 그리고 모든 것을 다한 후에는 이루어지는 결과 역시 겸손하게 받아들일 것이다.

최남희

2007년 12월부터 2009년 12월까지 한국국제협력단의 시니어 단원으로 르완다 국립농대 식품과학기술과에서 교수로 봉사하였으며 이 기간 중 pilot bakery plant를 설립하였다. 2년 계약을 마친 후 르완다를 아프리카의 한국으로 만들고자 노력하는 사람들에게 힘을 보태고자 다시 르완다로 향했다. 현재 르완다국립농대에서 강의를 하며 봉사하고 있다.

르완다에서 이루고 싶은
나의 열 가지 소원!

　나이로비를 경유하는 르완다 키갈리 행 좌석표를 받기 위해 줄을 서서 기다리고 있었다. 그런데 직원이 비자가 없어 발권해 줄 수 없단다. 이런, 난감하여 이곳저곳 들락거리며 통사정을 했으나 그저 기다리란다. 어렵사리 한국 항공사 직원에게 연락했으나 뾰족한 수가 나오지 않았다. 현재 서울에는 르완다 대사관이 있지만 그때만 해도 없었으니 어디 기대어 비빌 데도 없었다. 이래저래 시간이 흐르고 새로운 직원이 교대하여 근무하길래 에라, 모르겠다. 다시 또 줄을 섰더니 거 참! 군말 없이 좌석표를 건네준다.

　긴 한숨과 함께 출발, 킬리만자로를 넘어 나이로비에 도착했다. 그리고 키갈리 행 비행기를 타려고 했으나 다시 출발시간이 지연되었다. 모두 기진맥진 체면불구하고 복도에 길게 누웠다. 그렇게 12

시간 정도 기다린 끝에 드디어 나이로비를 출발, 키갈리 공항에 도착하였다. 인천에서 키갈리까지, 장장 30시간이 넘는 대장정이었다.

내 친구, 이노슨 교수

수도 키갈리에서 잠시 여유로웠던 생활을 끝내고 일행들과 헤어져 임지로 향했다. 40년 전 훈련소에서 부대로 팔려 갈 때처럼 마음이 찡했다. 내가 근무할 곳은 르완다국립농대, 불어의 약자인 ISAE로 수도에서 120km정도 떨어진 곳이다. 아침 10시경 함미스라는 직원이 사무소에 찾아와 나의 짐을 택시에 싣고 출발하여 오후에 교직원 숙소에 도착했다. 세 명이 함께 살 수 있는 집이었는데 약간 컴컴했다. 함미스에게 집안이 너무 어둡다고 하니 이해할 수 없다는 눈치를 보인다. 지내고 보니 그곳은 밀린 업무를 보거나 공부할 때 외에는 그다지 필요가 없는 곳이었다. 지금도 그때 함미스에게 실수한 것 같아 미안하기 짝이 없다. 그 후 함미스는 4개월 동안 집을 구해 이사할 때까지 나를 도와주었다.

학교에 도착한지 이틀째 되던 날, 이노슨 교수가 찾아 왔다. 그는 내가 온다는 말을 듣고 키갈리에 있다가 일부러 학교로 왔다. 그는 우선 전공이 나와 같아 앞으로 일할 것이 너무 기대된다며 반가워했다. 이노슨 교수의 아버지는 지방 고위관리였는데 정치적인 탄압을 받다가 탄자니아로 망명하였다. 그래서 그는 초, 중, 고등학교를 탄자니아에서 마쳤다. 학사와 석사는 케냐에서 받았는데 학업성적이 워낙 탁월하여 최우수상을 받은 그의 기록을 아직까지도 깬 학생이

이노슨교수(왼쪽)와 그의 딸

없다는 얘기를 들었다. 이런 인연으로 이노슨 교수와 나는 서로의 집을 오가며 많은 대화를 나누고 친구가 되었다.

케냐에 있을 때 그는 대학생이었던 지금의 부인을 만나 연애하고 결혼하였나. 그러나가 미국을 유학할 기회가 주어졌다. 하지만 그때는 종족전쟁의 후반기였고 부인의 강력한 유학 권유를 뿌리치고 귀국했다. 거리에 즐비한 주검과 처참한 실상을 목격하고 충격에 빠져 술을 마시기 시작했다고 한다.

제노사이드라 불리는 종족대학살을 목격한 대부분의 나이 든 지식인들은 거의 매일 맥주 두세 병을 마신다. 알코올 의존증, 또 다른 비극이다. 르완다로 귀국한 이노슨 교수는 농업연구소인 ISAR 소장을 지내며 연구도 하고 실적을 쌓았으며 강단에서 강의도 했다. 또 식생활 개선을 위해 노력했으나 박사학위가 없다는 이유로 학과장을 맡을 수 없었다.

나는 그런 이노슨 교수와 친구처럼 동료처럼 지내게 되었고, 나와 수차례 금주와 금연을 약속했지만 지키지 못하다가 얼마 전, 소식을 접하니 키갈리에 있는 대학으로 자리를 옮기고 다행히 술도 끊었다고 전한다.

채마밭 풍경

학교에 부임한 첫날 점심부터 1분 거리에 있는 교수 식당에서 현지 식사를 했다. 아침은 주로 오므라이스, 스페셜은 양파, 감자칩, 양배추, 계란 3개, 점심과 저녁은 감자칩, 삶은 녹색 바나나, 카사바 때론 고구마, 쌀밥, 삶은 콩, 기름에 볶은 야채와 쇠고기, 고기 수프 등을 뷔페식으로 먹었다. 가끔 특식으로 "우부가리"라 하여 카사바 전분으로 만든 빵이나 토마토 샐러드가 제공되었는데 인기가 좋아 금방 동이 났다. 처음 한두 달은 교수들과 이러저런 이야기를 나누며 친구로 사귀고 이국의 음식도 즐길 수 있어 의미있는 시간이었다. 하지만 3개월쯤부터는 너무 기름진 음식에 싫증이 돋았다. 아침은 "아만다지"라는 도넛에 우유를 주었는데 그나마 고추장에 멸치를 찍어 먹으니 살 것 같았다.

컴퓨터 전공인 서일원 단원이 합류하면서 뒤뜰에 파종한 배추도 자라기 시작하였다. 배추김치를 담그고, 아침, 점심, 저녁을 김치와 함께 배추 된장국을 즐겨 먹었다. 루헹게리라는 르완다에서 세 번째로 큰 도시 근교로 이사한 후에도 200평 정도 되는 채마밭에 20가지 이상의 야채를 재배하며 안팎으로 기쁨을 누렸다.

이곳은 해발 2,200m, 일년 내내 한국의 늦가을 같은 날씨로 재배되는 작물도 모두 유기농 고랭지 채소, 과일 그리고 곡식들이다.

둘을 졸업시키고도 남는 돈, 110달러

KOVA 한국해외봉사단원연합회에서 장학생을 모집한다는 메일이 왔다. 주변에서 본외bonheur라는 초등학교 3학년 아이를 추천하여 직접 만났다. 본외는 '기하라'라는 시골에서 품팔이로 생계를 이어가는 홀어머니 밑에서 어렵게 공부하고 있었다. 학업 성적은 평균 85점으로 반에서 일등. 본외에 대한 서류를 작성하여 사무국으로 보냈다. 다행히 장학생으로 선발되어 110달러를 받았다.

다음 날, 3시간 넘게 버스를 타고 초등학교에 가서 남은 기간의 등록금을 계산해보니 20달러였다. 1학년 동생의 등록금까지 모두 50달러를 지불하고 나머지 돈으로 책상과 영어사전을 사주었다. 그러고도 돈이 남아 고기와 먹을거리를 사주었다. 장학증서 전달식은 전교생과 교사들 앞에서 교장선생님이 직접 본외에게 전달했다.

수도인 키갈리의 살림살이도 천차만별이고 학교마다 등록금도 그러하다. 사립 초등학교에 다니는 2학년 학생이 어렵다하여 알아보니 3분기로 나뉘는 분기 등록금이 85달러, 1년이면 255달러나 되기도 하였다.

장학생으로 선발되어 장학금과
장학증서를 받고 있는 본외.
워낙 영특한 아이여서 1등 자리를
놓치지 않고 있으나
열악한 교육환경 때문인지
치고 오르는 발전이 없어 아쉽다.

2,700미터 고지의 삶

거의 모든 교직원들이 수도 키갈리에 사는 관계로 주말이 되면 교정은 쓸쓸하다. 한번은 잔류 직원들 4명이서 2,700m의 앞산을 올랐다. 등산길은 그다지 가파르지 않았다. 산은 60-70도 되는 경사지까지 모두 개간하여 빈 땅이 없었다. 감자·옥수수·양배추·수수·바나나 등을 경작하고 군데군데 집을 지어 살고 있었다. 집에서는 간혹 한두 마리 닭, 염소와 개 등을 기르고 대나무 자리, 대나무 바구니, 숯 등을 만들어 팔고 있었다.

산 정상에 올라갔을 때 국립농대 부근에서는 볼 수 없었던 20여 채의 가옥이 있었다. 마을 잔치라도 벌어졌는지 어린 아이, 젊은이, 나이든 어른들까지 모여 음주가무를 즐기고 있었다. 주민들은 우리들을 보자 반갑게 맞이하며 술을 권했다. 거기서 내려다보이는 학교 주변이 오히려 초라해 보였다. 산은 우리의 눈을 넓히고 마음을 광활케 한다.

르완다의 거의 모든 산, 언덕은 개간되어 있다. 높은 지대까지 경작이 가능한 것은 우기에 수시로 비가 내려 땅이 마르는 것을 막아주기 때문이다. 학교 뒷산을 오르내리는데 두 시간 반 이상이 걸렸다. 이후 세 번을 더 오르내리며 그들의 사는 모습도 보고 체력도 단련하여 2개월 뒤, 카리심비 산을 오를 때 젊은이 몇 명은 나가 떨어졌지만 나는 꿋꿋이 완주하였다.

선진국은 아니지만 보건복지국

우리나라 6-70년대에 비하면 르완다의 의료제도는 상당히 잘 되어 있는 편이다. 서민들이 병원이나 보건소를 이용하기도 편리하고 약값도 비교적 저렴하다. 1인당 국민소득은 몇십 년 전 우리와 비슷하지만 약은 오히려 남용하는 느낌이다. 물론 아주 시골은 면사무소 같은 곳까지 가야 약을 구할 수 있다.

르완다에서 약국을 운영할 수 있는 자격은 간호사, 약사 그리고 관리 약사를 고용한 일반인에게 주어진다. 간호사가 운영하는 약국은 약품 판매만 가능하고 약사가 있으면 판매와 수입이 가능하다. 대부분 완제품을 수입하여 판매하고 약

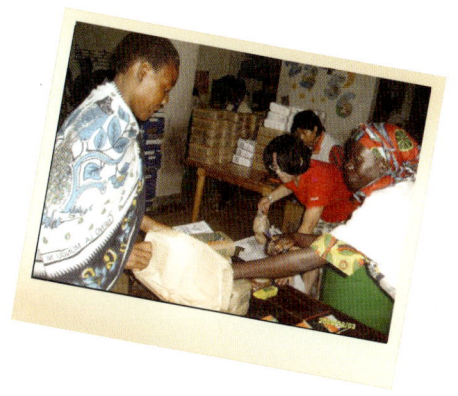

2%만 라보프라 Labophar는 국영 제약회사에서 캡슐이나 정제약, 그리고 포도당 수액을 제조하여 판매하고 있는데 모두 국제보건기구인 WHO 품목이며 인도와 중국제품이 역시 많다. 르완다는 아프리카에서도 제일 많은 국제기구에 가입되어 있으며 세계무역기구인 WTO에도 가입되어 있다. 식약청의 보고에 의하면 연간 총매출액은 300억원 정도이며 AIDS관련 약품이 40억 원으로 가장 많고 페니실린 계열의 항생제를 가장 많이 사용하고 있다.

김치로 말라리아와 AIDS를 물리칠 수 있을까?

르완다의 요리 방법은 대체로 삶거나 푸욱 찌거나 기름에 볶는다. 기생충이나 세균을 죽이는 최적의 방법이기는 하지만 중요한 영양소인 비타민, 섬유질, 무기질 등을 파괴시킨다. 르완다 식단에는 제일 부족한 것이 바로 신선한 야채이다. 이런 문제점을 해결하기 위해 삶지 않아 영양이 살아 있고 유산균이 풍부한 김치를 보급하자고 자주 이야기해 왔다.

그리고 이번에 드디어 김치를 만들어 시식회를 갖게 되었다. 마늘은 이태리산, 고춧가루는 인도산이었지만 그 외의 모든 재료는 르완다에서 직접 기른 채소였다. 김치는 널리 알려진 대로 면역력을 강화시키고 항암효과도 있으며 장운동을 활발하게 만들고, 아미노산, 유산균, 비타민과 칼슘 같은 영양소도 공급한다. 우리 학교 식품과 학생들이 열대 과일인 마라쿠자와 고구마, 이비뇨모로, 그리고 잼과 고구마 주스, 어린이 영양제 등을 만들어 출품했다. 전시장에선 박유란, 박우재 단원을 주축으로 매일 새로 만든 생김치와 발효된 김치를 르완다 사람들 뿐 아니라 프랑스·영국·일본·미국인

등에게 선보였다.

그 중 일본과 미국인들은 먹어 본 경험이 있다며 아주 맛있게 먹고 칭찬을 아끼지 않았다. 김치 시식 행사를 끝내고 학교로 출근하자 교직원마다 아주 성공이었다며 김치 담그는 방법을 가르쳐 달라는 사람도 있었다. 이렇게 여기서도 김치를 담가 먹는다면 말라리아나 에이즈 예방에 효과가 있지 않을까? 혹시나 하고 소망해 본다.

순수한 정의 나라와 그들의 꿈

잘 사는 나라나 못사는 나라, 어딜 가나 돈을 구걸하는 사람들이 있다. 이럴 때 거꾸로 "나도 돈이 없다. 네가 번 돈을 나에게 다오."라고 한다면? 대체로 욕을 하고 돌아서거나 별 일이라는 표정을 지을 것이다. 그러나 르완다 어린이들은 실제로 자기가 구걸한 돈이 있으면 서슴치 않고 건네준다. 정말 믿기지 않는 장면이었다.

르완다에는 힘겹게 그러나 열심히 사는 사람들 천지다. 재키라는 이름의 여학생은 항상 밝고 쾌활한 모습에 공부도 열심히 하는 편이라 눈에 띄었다. 3학년 초, 그녀가 보이지 않아 과대표에게 근황을 물으니 가정 형편이 어려워 등록을 못했다고 한다.

2~3주가 지나고 재키에게서 전화가 왔다. 평소와 달리 목소리가 착 가라앉아 뭔가 심상치 않음을 직감할 수 있었다. 그녀는 자기 집에 꼭 한 번만 와 달라는 부탁을 했다. 마침 토요일이고 시간도 남아 다른 학생의 안내로 집을 찾아 갔다. 단번에 어려운 생활을 엿볼 수 있었다. 내가 그녀를 위해 해줄 수 있는 일이 별로 없어 용기를 내라

고 이러저런 이야기를 하다가 우선 취직이라도 해서 살길을 찾아야 되지 않겠느냐고 말하고 돌아왔다.

　두 달 후, 외국인이 경영하는 컴퓨터 부품회사에 취직이 되었다고 소식을 전했다. 축하도 할 겸 식사를 하면서 꿈이 무어냐 물으니 고아원 원장이라고 한다. 지난 번 학생들을 대상으로 설문조사를 할 때도 고아원 원장을 하겠다는 학생이 15%가 넘었다. 그 후에도 여러 번 고아원 원장 말고 다른 일을 찾아 안정된 생활을 하고 싶지 않으냐고 물어도 여전히 변함이 없었다. 현재는 한국인이 운영하는 NGO에서 열심히 근무하고 있으며 짬짬이 야채를 길러 팔기도 한다.

끈기의 화신, 알퐁소

　또 다른 끈기를 경험한 것은 알퐁소를 통해서이다. 국립 농대에는 빵을 굽는 기계가 있는데 너무 낡아서 위생적이지 못하고 운영도 능률적이지 못했다. 그래서 제빵기술자인 알퐁소를 해고하게 되었다. 해고된 알퐁소는 매주 토요일이면 전화를 걸어 제발 다시 빵을 만들게 되면 꼭 자기를 기억해 달라고 부탁하였다.

　매주 계속되는 전화에 한동안 알퐁소의 전화를 받지 않았다. 그래도 알퐁소는 일 년 동안 매주 토요일이면 전화를 했다. 살아오는 동안 그처럼 끈질긴 사람을 본 일이 없다. 2009년 11월, 드디어 한국에서 제빵 기계를 수입하여 설치하게 되었다. 나는 일 년 전에 해고된 알퐁소를 학교 쪽에 소개하고 그는 다시 새 기계의 제빵기술자가 되었다.

국립농대에 머물면서 내가 제일 힘겹게 추진한 일이 pilot bakery plant, 제과제빵 기계를 설치하고 제대로 운영하게 돕는 일이었다. 기계가 노후하여 알퐁소를 해고하고 일 년의 반 이상, 나는 기계를 수입하고, 설치하고, 가동하는 일에 매달렸다. 다시 알퐁소를 불러 같이 일하게 되면서 나는 그와 나이와 국경을 넘어 친구가 되었다.

그의 나이는 25세, 45세가 넘으면 노인 축에 끼는 르완다에서 그의 아버지가 56세, 내가 그의 아버지보다 거의 열 살이 많으니 일찍 장가갔으면 손자뻘이다. 그런 알퐁소이 어머니는 제노시이드 때 돌아가시고, 알퐁소의 친어머니에게서 2남 1녀를, 두 번째 부인에게서 2남 3녀를 두어 모두 4남 4녀의 형제가 있다. 아버지는 일자리도 없고 농사지을 땅도 없어서 알퐁소가 받는 월급으로 두 자매의 대학 공부와 부모님의 생활비까지 대고 있었다. 그런 가족에게 월급의 전부를 보내고, 알퐁소는 학교 앞에 있는 월 5,000원 짜리 단칸방에서 겨우 잠만 얻어 자는 형태로 생활하고 있다.

고향은 남쪽 끝, 차비가 비싸 일 년에 한 번 정도 갔다 온다. 그러다 지난 11월, 알퐁소와 함께 그의 고향집을 들린 적이 있다. 온 가족이 나와서 지극으로 마중하고 정성으로 대접해 주었다. 그런데 사는 것이 참, 우리나라 60년대만도 못해서 떠나오는 발길이 무거웠다. 그런 알퐁소의 소원은 맛있는 빵을 만들기 위해 좀 더 나은 기술을 배우는 것이다. 한국의 제과제빵 기술을 배우고 싶다고 하지만 주변에 아는 사람도 없고 선뜻 나서서 도와 줄 사람도 없다. 그래서 알퐁소를 볼 때마다 괜히 미안한 마음이 앞선다.

배보다 배꼽이 더 큰 일, 부지기수이지요

 실습용 제과제빵 기계를 설치하기 위해 알아보니 터무니없이 비쌌다. 한국에서 기계를 구입하면 시설이야 좋아지겠지만 가격도 곱절이요, 운송비도 만만찮았다. 행여 오는 동안 기계가 망가지거나 분실될 위험도 있었다. 학교 담당직원과 머리를 맞대고 여러 번 의논하고 만일의 사태를 대비한 보험 등을 들고 결국 한국에서 수입하기로 합의를 보았다.
 하지만 수입결정을 하고나니 걱정이 더 많아졌다. 운송기간이 너무 오래 걸려 폭풍을 만나지 않을까? 기계가 잘 작동될까? 부속품은 제대로 챙겨 보낼까? 시운전이나 할 수 있을까? 걱정 속에 대행업체로부터 시운전을 마치고 선적이 완료되었다는 전갈을 받았다. 이제는 기다리는 수밖에 없다.
 선적 후 40일이 지나 탄자니아 다레살램 항에 무사히 도착했다는 소식을 받았다. 이제 탄자니아에서 르완다까지 육로 운송이다. 도로 사정이 좋지 않으니 차가 튀어 오르다 기계가 굴러 떨어지지는 않을까? 차가 고장 나서 있다가 강도나 당하지 않을까? 또 다시 걱정과 근심의 밤을 보내고 10일 후, 컨테이너가 키갈리에 도착했다는 소식을 듣고 한달음에 관세청으로 달려갔다. 간단한 서류만 제출하면 되겠지 생각했는데 업무 처리 시간이 생각보다 훨씬 길어졌다. 키갈리에서 국립농대까지 120km, 두 시간 거리를 오는데 15일이 소요되었다.

아프리카에는 **"빨리하면 불행이요, 늦게 하면 행복"**이라는 말이 있다. 기계가 부산항을 출발하고 담당자를 만나 여러 번 설치 장소를 확인하고, 또 구입할 부품은 언제까지 보내라는 등 구체적으로 합의를 보았다. 그래도 못미더워 문서로 만들어주기까지 했다. 하지만 생각지도 않은 일이 곳곳에서 터졌다. 담당자가 아파서 입원했다, 계장이 출장 갔다, 과장이 회의 중이다, 가격이 200달러가 넘어 입찰을 보아야 한다, 가까운 도시에 물건이 없어 수도에 가서 사와야 한다, 출장서류가 결재되지 않아 갈 수가 없다….

사전협의를 너무 구체적으로 한 것이 오히려 시간낭비가 아니었을까 하는 생각이 들었다. 진행이 너무 더디고 답답하여 직접 총장을 찾아가 결재를 받았다. 그리고 담당자에게 주고 총장이 차상급자에게 전화까지 걸도록 부탁했다. 이제는 되겠지 하고도 일주일이 더 걸렸다.

불안한 전기를 보완하기 위해 전압계를 주문하고 한 달이 지났는데도 소식이 없었다. 알아보니 200달러가 넘으면 따르는 거래명세서에 문제가 있었다. 다시 전압계를 구입키로 약속하고 찾아가니 시간이 너무 지나 다른 사람에게 팔았다고 한다. 하도 어이가 없어서 담당자와 함께 직접 키갈리로 가서 새로 사가지고 와서 시운전을 시도했다. 한국에서도 여러 차례 시운전을 했는데 단번에 성공한 적이 없어 큰 기대는 하지 않았지만 그래도 실망을 안고 다시 보니 전기배선과 회로도에 차이가 있었다. 이런 사고를 막기 위해 실험까지 부탁하고 성공했다는 얘기를 들었는데, 한국에서 기계를 수입하자고 주장한 자신이 원망스러웠다. 다행히 르완다 최고기술자가 와서 설치를 완료했는데 계획한 시간보다 열배는 더 소요되었다.

르완다는 모든 서류처리를 진행 우선이 아니라 감사 우선이다. 그래서 답답할 때가 많다. 그들이 느린 것이 아니라 우리가 너무 빠른 것이 아닌가 돌아보려 하지만 잘 되진 않는다. 결국 한국에서 르완다로 오는 시간보다 르완다에 도착하고 가동하는데 걸린 시간이 거의 두 배가 되었다.

한국에서 제빵 기계를 수입해 르완다에 들여오는 시간보다
키갈리에서 120Km 떨어진 국립농대로 오는 시간이 더 걸렸다.
기계를 설치하고 시운전을 하는 동안
모두의 관심이 집중되기도 하였다.

곳간에서 인심난다. 빵 시식회

월요일, D-데이가 다가오고 있다. 조리법에 따라 재료를 준비하고 혼합하고 반죽하여 일정기간 숙성시켰다. 다시 제빵 기술자가 원하는대로 모양을 만들고 발효기에 넣어 알맞게 부풀리고 오븐에 넣어 빵을 구웠다. 빵 굽는 냄새가 교실을 메우고 멀리멀리 구수하게 퍼져 나갔다. 25분 후, 탄생한 따끈따끈하고 노르스름한 갈색 빵은 보는 이들의 환호성을 불렀다. 먹음직스런 빵들은 마파람에 게 눈 감추듯 사라지고 그 동안의 걱정과 고생도 한 순간에 날아가는 듯 했다. 고소한 빵 냄새는 입을 타고 순식간 교정에 퍼졌고 시식에 참여한 총장을 비롯해 학생, 교직원, 교수 모두 너무 맛있다며 다음 빵이 구워지기를 기다렸다.

하루는 총장한테서 전화가 왔다. 다음날 세네갈·케냐·탄자니아·우간다 등 15개국 교육부장관들이 제빵시설을 시찰하러 오니 준비해 달라는 것이었다. 다음날 각 나라 장관들이 헬리콥터를 타고

학교에 왔다. 신이 난 총장의 브리핑이 끝나고 한국의 제빵 기계를 둘러보고 시식회를 가졌다. 빵 맛은 물론이고 기계도 더 없이 훌륭하다며 칭찬을 아끼지 않았다. 찰스 총장은 더욱 더 감사 인사를 아끼지 않았다. 다른 교수들에게도 한국과 같이 실질적인 도움을 받고 줄 수 있는 길을 모색하자고 당부했다.

그 뒤에도 제빵 사업은 품질을 인정받아 타사 제품보다 20퍼센트 이상 높은 가격으로 판매되고 있으며 보다 품질 좋은 제품을 생산하기 위해 새로운 공장을 지어 이전할 계획이다.

아내가 보이지 않았다

아내로부터 현지를 답사하고 싶다는 메일이 왔다. 두 가지가 걱정되었다. 하나는 장거리 여행에 두 번의 환승, 다음은 짧은 기간이지만 봉사자인 나와 달리 이곳 생활에 어떻게 적응할까? 고민 끝에 학교 안에 있는 스태프하우스로 옮기기로 했다. 거실과 부엌, 화장실과 침실이 하나로 지어진 기숙사이긴 하지만 깨끗하고 튼튼하게 잘 지어져 있었다. 교내에 있으니 출퇴근도 편하고 아내도 덜 심심할 것 같아서 선택한 최선책이다.

드디어 도착 하루 전 키갈리로 향했다. 한국에서 출발 신호탄이 메아리쳐 르완다로 날아 왔다. 무사히 도착할까? 별의별 생각이 다 들어 밤새 뒤척이다 날이 밝았다. 2009년 8월 20일, 아침을 서둘러 먹고 공항에 도착하니 류돈규 교수와 OO정보통신 김범용 상무가 나와 기다리고 있었다. 비행기는 다행히 정시에 도착, 승객들이 나오기 시작했다. 그런데 30분이 넘도록 닫혔다 열리는 문 사이로 안을 들여다보았으나 아내가 보이지 않았다. 10분이 황금같이 흐르고 승객의 끝 무렵, 저 멀리서 짐을 밀고 나오는 아내의 모습을 확인하는 순간 모든 근심과 걱정이 아침 햇살 안개 걷히듯 말끔히 사라졌다.

아내는 학교 기숙사에 거주하며 동네 꼬마도 가르치고, 텃밭에서 기른 야채로 요리한 음식을 옆집 수의과 여교수와 나눠 먹으며 나름대로 즐겁게 지냈다. 귀국이 가까워지자 총장에 관리부총장, 학술부총장과 옆집 교수까지 초대하여 불고기와 김치 등으로 만든 한국음식을 대접했는데 맛있다며 많이들 먹었다.

없어도 행복한 이유

키갈리 근교 한 가정집에서 1박2일을 묵은 적이 있다. 65세 된 할머니, 그녀의 딸인 30세 과부, 그 딸의 첫째 아들인 초등학교 3학년 이노슨과 초등학교 1학년 찰스까지 모두 네 명이 가족으로 살고 있다. 큰 소 두 마리에 5개월 된 송아지 그리고 토끼 다섯 마리를 기르고 있었다. 하루의 일과는 새벽 5시 반에 기상하여 첫째 이노슨과 엄마가 한 시간 정도 밖으로 나가 소꼴을 베어가지고 돌아오면 그 사이 외할머니는 방과 거실, 마당을 청소하고, 막내 찰스는 어제 저녁에 먹은 그릇들을 깨끗하게 닦아 정리한다.

아침 식사는 엄마가 전날 짜 놓은 우유를 따끈하게 데워 머그잔에 붓고 차 한 스푼에 설탕 대여섯 스푼을 넣고 섞어 마시면 끝이다. 기르는 소는 토종으로 보통 600달러, 하루 우유 생산량은 약 3~5리터이다. 유럽산 소는 2년생 암소 한 마리가 보통 2,000달러, 우유는 약 25~45리터 정도 생산된다. 크기에 따라 먹이도 다르겠지만 어쨌든 토종소를 기르는 일은 우유가 많지 않아 부가가치가 거의 없어 보였다.

아침 식사를 마친 후 할머니는 집안일을 주로 하고, 엄마는 밭에 나가 옥수수, 감자, 고구마, 바나나 등을 가꾸고 외양간 청소, 거름내기 등 남자가 해야 할 거의 모든 일을 한다. 아이들은 학교에서 돌아오면 어머니를 돕거나 옷을 빨아 말려서 갈아입기도 한다. 저녁때가 되면 엄마가 음식을 준비하는 동안 아이들은 그릇과 밥상을 닦고

준비가 다 된 음식을 상에 가지런히 놓는다. 그런데 아이들의 상은 따로 저쪽에 차린다. 그날따라 손님 때문에 쇠고기 요리까지 나왔지만 아이들은 엄마가 주는 음식만 받아 먹을 뿐 딴 말이 없다. 어른이 더 주면 먹고 주지 않으면 그걸로 끝이란다. 어린아이들이 땅바닥에 먹을거리를 놓고 문턱에 걸쳐 앉아 밥을 먹기에 안타까워서 저렇게 먹어야 되냐고 물어 보았다. 그런데 그들은 그렇게 남자든 여자든 18세까지는 어른들과 겸상을 못한다고 한다.

호롱불 속에서 밥을 먹고 상을 물리고 나면 8시쯤 잠이 들어 새벽 5시 반이면 일어나 같은 일과를 반복한다. 시골이기는 하나 두 아이 모두 반에서 일등을 한다고 자랑하며 즐거워하던 외할머니와 홀어머니, 풍족한 삶은 아니지만 학교나 학원시간에 맞추기 위해 부모 보다 먼저 밥을 먹고 누구보다 더 맛난 식사를 하는 우리 한국 아이들보다 훨씬 더 행복하게 보이는 이유는 무엇일까?

그리고 르완다에서 이루고 싶은 나의 소원

첫째, 가난 극복을 위해 정신을 무장하여 자립정신을 기른다. 방치된 늪지 개간, 통일벼와 같은 다수확 품종을 기증받아 재배!

둘째, 식생활 개선으로 지방과 설탕의 과다섭취를 막기 위해 발효 식품이나 신선한 채소, 샐러드 등을 권장하는 식단을 만들어 교육한다.

셋째, 단백질 섭취를 위해 양계와 양돈 사육을 적극 권장한다.

넷째, 우수한 사과와 배 품종을 재배하여 수출하고 외화를 벌어들인다.

다섯째, 식품 가공 공장을 설립하여 일자리를 창출하고 수출을 적극 장려한다.

여섯째, 교수들에게 연구 활동을 할 수 있도록 연구자금을 지급한다.

일곱째, 퇴비 증산운동을 독려하여 소득증대에 힘쓴다.

여덟째, 효율적인 교육을 위해 국정교과서를 만들어 배포한다.

아홉째, 주거환경을 개선하여 건강한 가정생활을 영위할 수 있도록 한다.

열 번째, 제약원료 생산 공장을 설립하여 전 아프리카에 의약품 원료를 수출하여 국가 발전의 원동력이 되게 하고 고용을 창출한다.

김호선

광주대학교 정보통신학과 석사과정 휴학 중에 2006년 11월부터 2008년 11월까지 KOICA 르완다 파견 1기 봉사단원으로 RITA(Rwanda Information Technology Authority)에서 컴퓨터 시스템운영 봉사활동을 하였다.
블로그 http://rwanda.tistory.com

 ## 나의 또다른 이름 Manzi

르완다 파견 1기이다 보니 새로운 곳을 개척한다는 나의 자부심은 대단하다. 내 눈에 보이는 르완다의 모든 것들이 신기하고 아름다웠다. 여기저기 돌아다니며 디지털카메라의 셔터는 쉴 틈이 없다. 르완다의 너른 차밭 한 컷. 아이들 노는 모습 한 컷. 바구니 만드는 아낙도 한 컷. 그렇게 그들의 모습을 카메라에, 내 마음에 쌓아갔다.

사진 찍기를 좋아하는 사람이 있는 반면 싫어하는 사람도 있다. 싫어하는 사람의 경우 나에게 노골적으로 싫다는 표시를 한다. 물론 그럴 경우에는 사진을 찍지 않거나 찍더라도 그 자리에서 바로 지운다. 사진을 찍었다는 이유로 돈을 요구하는 사람도 있다. 한 번도 준 적은 없지만.

한번은 자전거를 타고 가던 소년이 내 카메라를 보더니 사진을

한 장 찍어달라고 하였다. 나는 흔쾌히 사진을 찍었다. 그러자 소년은 내게 다가와 손을 내민다. 사진을 찍어달라고 해서 찍어줬을 뿐인데, 나에게 돈을 요구하다니. 순간 괘씸했다.

"미안하지만 나 돈 없어."

"무슨 소리야? 내 사진! 내 사진 갖고 싶어."

맙소사. 즉석카메라라도 되는 줄 알았던 걸까. 디지털카메라는 바로 사진이 나오지 않는다, 설명해 봤지만 잘 이해할 수 없다는 표정이다. 본인의 사진이 꽤 갖고 싶었는지 매우 아쉬워했다. 나 역시 사진을 줄 수 없어 미안했다. 그보다 말은 안 했지만 내 멋대로 그

소년을 오해한 일이 한없이 미안했다. 단지 사진을 갖고 싶었던 것 뿐인데….

그러던 중 오전교육을 마친 후 동료들과 함께 점심도 먹을 겸 독일 마트에 가기 위해 무무지^{시내}로 향했다. 우리는 길을 잘 모르는 탓에 현지인에게 물어보았다. 그냥 가는 방법만 가르쳐 달라고 요구했지만, 직접 데려다 주겠다고 하여 어쩔 수 없이 따라갔다. 마음 한 구석이 편치 않았다. 현지인에게 길을 물어보게 되면 안내를 해준 후 돈을 요구하는 경우가 있다고 들었기 때문이다. 혹시 도착해서 돈을 달라고 요구하지 않을까. 오만가지 생각이 들었다.

마트에 도착하자 그는 우리에게 작별인사를 하고 돌아섰다. 그 현지인은 가던 길을 잠시 멈춘 후 우리를 위해 넌 마트 앞까지 친절하게 데려다 주었을 뿐만 아니라 왔던 길을 되돌아갔다. 게다가 돈을 요구하는 일도 없었다. 나는 얼굴이 발개졌다. 순수한 마음으로 우리를 마트에 안내하는 그의 뒷모습을 편견으로 바라본 자신이 부끄러웠다. 그렇다고 모든 르완다 사람들이 친절하다는 것은 아니지만 그래도 순수하고 착한 사람들이 훨씬 많다는 것은 분명하다.

키냐르완다어 발음은 어려워

하루는 무무지에서 훈련숙소가 있는 까추리로 가기위해 마타투^{버스}를 탔다. 마타투는 우리나라의 승합차와 같다. 보통 승합차의 정원은 많아야 12명. 하지만 그건 한국에서의 얘기일 뿐. 르완다의 마타투는 마치 마법이라도 부린 듯 20~23인승이 된다. 내부를 조금

변형하여 평균 네 명이 한 줄에 앉지만 가끔은 다섯 명이 한 줄에 앉기도 한다. 마른 사람들이야 어떻게 하든 네다섯 명이 앉을 수 있다지만 몸집이 있는 사람들 틈에 마른 사람이 앉기란 대략 난감한 상황이다.

우여곡절 끝에 종점에 도착했다. 허나 내가 알던 까추리로가 아니다. 반나절 사이에 이렇게 바뀌었나? 그럴 리 없었다. 기사에게 물어보니 까치루란다. 까추리로. 까치루. 까치루. 까추리로.

르완다에는 비슷한 지역 이름이 너무 많다. 그래서 까추리로 행이 맞는지 3번이나 물어봤는데, 발음이 그렇게 안 좋았나! 기사에게 나는 까추리로에 가야한다고 했지만 말이 안 통해서인지 그냥 가버린다. 허락도 없이 나를 까치루에 데려다 놓고 가버리다니. 억울했지만 별 수 없다. 다시 모토^{오토바이}를 타야지.

르완다 버스는 노선번호와 경로를 따로 써놓은 곳이 없다. 운전석 쪽에 나무판이나 종이박스에 최종 목적지만 적어 놓을 뿐.

마타투를 타고 원하는 목적지에 가기 위해서는 발음이 좋아야 한다.

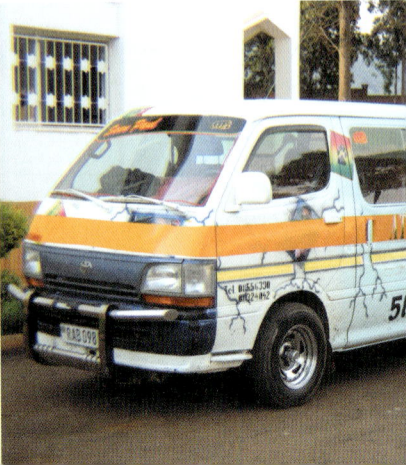

한번은 비가 많이 내리던 아침 출근길에 평소처럼 마다투를 탔다. 그날따라 사람들이 웅성댄다. 무슨 일인가 귀기울여 보지만 그들끼리 나누는 대화는 빨라서 알아듣기 힘들다. 궁금하지만 체념하고 비가 그치길, 창밖을 바라본다.

슬슬 도착할 때가 되었는데 운전사가 갑자기 엉뚱한 곳으로 방향을 바꾼다. 당황해서 어쩔 줄 몰라 하는 나와 달리 현지인들은 대화를 나누며 태평하다. 모두들 짜고 나를 어디로 데려가려는 걸까. 저 사람은 왜 나를 보며 웃지?

얼마나 갔을까. 달리던 버스가 멈췄다. 여긴 버스 정류장이 아닌데. 의아했지만 곧 이유를 알았다. 마음씨 좋은 운전사는 비가 많이 내리자 평소 노선이 아닌 승객들의 직장 근처까지 데려다준 것이다. 한국에서는 상상도 할 수 없는 일이다. 택시라면 모를까. 마음이 놓이자 험악해보이던 그들의 얼굴이 천진해 보인다. 사람의 마음이란.

골목골목을 돌아 여기저기 들르다보니 20분이면 충분한 출근시간이 1시간 30분이나 걸렸지만 비는 덜 맞았다. 출근 후 동료들에게 물어보니 모두가 그런 것은 아니고 나의 경우 아주 특별한 운전사를 만났다며 부러워했다.

그래서일까. 르완다에서는 출근길에 비가 내리면 지각하는 사람이 많다.

안녕, 내 이름은 Manzi야

내가 배치된 기관은 RITA^{Rwanda Information Technology Authority}. 본격적으로 기관 업무를 맡으면서 자리를 잡기까지 상당한 어려움이 있었다. 나의 자리매김과 기관 직원들로부터 신뢰를 얻는 것.

기관 직원들 입장에서는 나 때문에 일자리를 잃어버릴지도 모른다는 불안감 때문인지 거의 며칠 동안 마음을 열지 않고 업무도 주지 않는다. 도움을 주러 온 나를 적대감으로 대하니 서운하기도 했지만 먼저 다가가는 방법 밖에 없다.

그들은 스킨십을 좋아한다. 인사를 하더라도 서로 끌어안거나 볼에 키스를 한다. 하지만 내가 외국인이다 보니 나에게는 스킨십 보다는 그냥 인사 또는 악수만을 청할 뿐이다. 난 그들과 비슷해져야 할 필요가 있다.

내가 출근해서 가장 먼저 하는 일은 인사하기. 사무실을 돌아다니면서 끌어안고 볼 키스를 하고. 익숙지 않은 행동을 하려니 손발

이 꿈틀댔지만 달리 방도가 없다. 그들도 처음에는 조금 의아해 했지만 시간이 지날수록 나를 받아들이는 듯했다.

다음으로 아이들을 공략하기로 했다. 나는 동료의 집에 방문하여 순식간에 아이들의 마음을 사로잡았다. 비법은 바로 풍선. 한국에서 준비해간 아트풍선을 이용하여 강아지, 장미꽃 등을 만들어줬다. 대부분의 아이들은 풍선을 좋아한다. "기므호세온, 이거 정말 신기해!"

김호선이라는 나의 이름이 르완다에 와서 기므호세온이 됐다. 기므호세온. 이대로도 뭔가 멋지지만 발음하기 어려운 그들을 위해 이름을 하나 짓기로 한다. 동료 클레어Claire에게 르완다 현지어로 이름을 지어달라고 했다. 그는 잠시 고민을 하더니, 만지Manzi가 좋겠어. Manzi. 르완다 말로 '영웅'이라는 뜻이란다. 나에게는 너무 과하지만 매우 마음에 든다.

처음 만나는 현지인에게 나를 소개한다. 안녕, 내 이름은 Manzi야. 그는 웃음부터 터진다. 나 또한 웃는다. 이름으로 인해 첫 만남의 어색함은 사라지고 자연스럽게 친해질 수 있게 되었다.

르완다는 한국의 새마을운동과 비슷한 우무간다^{Umuganda: Community Work} Day가 있다. 매월 마지막 주 토요일은 오전 6시부터 12시까지 온 국민이 모두 참석하여 청소를 해야 한다. 허가된 차량이 아니면 이동을 할 수가 없고 이동하면 벌금을 물게 된다. 외국인에게는 적용되지 않지만 현지인들에게는 정부에서 강력하게 추진을 하고 있는 운동이다. 어떤 식으로 진행이 되는지 궁금하기도 하고 동료들과 더 친해지고 싶은 마음에 참석해보기로 했다.

삽과 곡괭이를 들고 키갈리 부근에 있는 산에 올라갔다. 우리가 맡은 일은 땅파기. 기관별로 할당되어 있는 분량의 땅을 파기 시작했다. 우무간다에 참여한 외국인은 아마 내가 처음인 듯했다. 그들은 나를 마치 동물원에 원숭이처럼 신기하게 바라봤다. 부끄럽기도 하고 뿌듯하기도 해 내색하지 않으려 해도 자꾸 입 꼬리가 올라갔

다. 단순하게 땅을 파는 행동이 그들 마음에 굳게 닫혀있는 문을 열고 들어가는 것만 같았다.

그렇게 생활하다 보니 그들도 마음을 열어 친한 친구로서 도움을 요청하는 경우가 많아졌고 기관에서의 나의 생활은 점점 즐거워졌다.

춥고 배고팠던 르완다의 졸업파티

KOICA 사무소 비서인 아니타의 졸업식 야외파티가 있는 날이다. 파티가 저녁 6시에 시작한다고 하여 우리는 예의 바르게 5시 40분쯤 파티 장에 도착했다. 파티 장에는 준비하는 사람 몇몇이 있을 뿐 초대 손님은 아무도 보이지 않는다. 시간을 잘못 알고 있었던 걸까. 초대장에는 분명 18:00라고 석혀있나. 르완다의 18:00는 저녁 6시가 아닌 걸까? 르완다라고 해서 우리와 다른 시간을 쓰고 있지는 않을 텐데. 일단 기다려 보기로 한다.

시간은 점점 흘러 저녁 8시가 되었다. 그제야 사람들로 북적거렸고 파티가 시작되었다. 당연히 저녁 식사 시간은 더 늦어졌다. 고산지대인 키갈리의 평균 해발은 약 1,500m. 흔히 생각하는 아프리카처럼 더운 곳이 아니다. 우리는 배고픔과 추위로 인해 결국 저녁 10시쯤 숙소로 돌아와야 했다. 맛있는 음식을 기대했는데 결국 빵이라니. 그 날 우리는 눈물 젖은 빵을 맛보았다.

르완다 사람들은 한국 사람들처럼 매사에 빨리빨리가 아니다. 그들 특유의 느긋함 때문에 행사를 하더라도 예정된 시간보다 한두 시간 늦는 건 예삿일이다.

느긋함이 당연한 르완다.

그들의 느긋함은 업무진행에 있어서도 마찬가지다. 한국에서는 몇 시간이면 끝낼 수 있는 일도 이곳에서는 며칠이 걸리기 일쑤다. 한번은 업무와 관련된 비품을 구입하기 위해 신청서를 제출했으나 아무리 기다려도 결재가 떨어지지 않았다.

동료들의 얘기를 들어보니 이러한 상황은 내가 근무했던 기관뿐만 아니라 르완다의 다른 기관에서도 똑같이 발생한다고 한다. 그 후로 나는 보고서를 제출해야 할 일이 생기면 완료가 될 때까지 직접 쫓아다니면서 결과를 확인하고 직원들에게도 여러 번 항의를 했다. 처음에 그들은 나를 귀찮아하며 끈질긴 사람 취급을 했다. 하지만 그들은 달라졌다. 재촉하지 않아도 일 처리가 빨라졌고 더 효율적이라는 걸 알게 됐다. 나의 노력으로 이곳에 작은 변화를 일으킨 것 같아 뿌듯했다.

어쩌면 한국에서는 이런 그들의 정서가 게으름으로 보일지도 모르겠다. 하지만 그들의 느긋함이 여유를 만든다. 약속이나 업무에 관해서는 답답한 부분도 있었지만 그들의 느긋함이 정겹다.

무중구는 나쁜 사람이 아니야

 기관 직원과 함께 시골에 있는 중학교를 방문해 컴퓨터 검사와 수리를 한 후 다음 장소로 이동하기 위해 버스를 기다리고 있었다. 정류장에는 세 살 정도 되어 보이는 꼬마가 놀고 있었다.

 문득 한국에 있는 조카생각이 나서 가방 안에 있던 사탕을 쥐고 최대한 자비로운 미소를 지으며 꼬마에게 다가갔다. 사탕을 내미는 순간, 꼬마가 서럽게 울음을 터트렸다. 내민 손이 부끄러웠다. 정류장 주변에 있는 현지인들의 눈길이 나에게로 쏠렸다. 왜 애꿎은 어린 아이를 울리냐는 듯 날 노려본다. 난 오해라며 손에 들고 있던 사탕을 흔들었다. 한 순간 웃음바다가 되었다. 더 이상 꼬마에게 다가갈수가 없어서 옆에 있는 아이 엄마에게 사탕을 건넸다.

 같이 있던 직원은 꼬마가 무중구외국인를 처음보다 보니 무서워서 그런 것이라고 유독 큰 목소리로 오해를 풀어주었다. 나의 부드러운 미소를 보고도 무서워하다니. 꼬마야, 무중구는 나쁜 사람이 아니란다.

창구구 Cyangugu

르완다는 우리나라처럼 4계절이 아닌 건기와 우기로 나뉜다. 2007년 어느 여름, 하늘에 구멍이라도 뚫린 걸까? 이른 아침부터 내리던 비가 어둠이 짙게 깔린 밤까지 그칠 줄 모르고 쏟아 붓기를 24시간여. 다행히 다음날 비는 멈췄지만 여기저기서 좋지 않은 소식만이 들릴 뿐이다.

우리나라도 여름 장마철이 되면 물난리가 나는데 거의 모든 집들이 흙으로 지어져있는 르완다에서는 오죽하겠는가. 그중에서도 르완다 서쪽 아래 콩고 인접 부근에 위치하고 있는 창구구Cyangugu 지방의 피해는 말로 다 할 수가 없다.

각국의 봉사단체 단원들이 수도인 키갈리에 모였다. 차를 타고 다섯 시간이 걸려서야 창구구에 도착했다. 처음 대면한 창구구의 모습은 비참했다. 도로는 빗물에 쓸려 유실되고 형태를 알아 볼 수 없는 집이 많았다. 무너진 집 옆에서 아이들은 진흙 장난을 하며 놀았다.

우리는 바로 작업에 들어갔다. 땅을 파는 사람, 흙을 물에 적절히 섞는 사람, 진흙을 옮기는 사람. 나는 뼈대가 세워진 집에 진흙을 계속 덧붙여 벽을 만드는 일을 했다. 진흙을 뭉쳐 벽에 던지기만 하면 되니 일 자체가 재밌었다. 내 옆에 꼬마가 수줍게 다가오더니 자기도 같이 하고 싶단다. 그래, 네가 살 집 직접 지어보렴. 고사리 같은 손으로 열심히도 한다. 계속 하다 보니 점점 팔에 무리가 오고 힘들어진다. 옆에 꼬마도 마찬가지였는지 나 몰라라 가버린다.

무중구가 많이 모이니 현지인도 많이 모인다. 그러다 보니 일손도 엄청 많아졌다. 거의 마무리 될 무렵 주위를 둘러보니 하나같이 온몸에 진흙투성이다. 몸은 녹초가 되었을지언정 마음만은 새털처럼 가벼워졌다.

목발이 필요해

나는 운동을 좋아한다. 그리고 체력에도 자신 있다. 우리 집은 중학교 때까지 아궁이에 불을 때고 솥단지에 밥을 해먹었다. 그래서 형들과 함께 새벽밥을 먹고 나무를 하러 뒷산을 오르락내리락했다. 어렸을 때부터 해온 단련이다. 나는 체력만큼은 자신 있다.

이런 나의 생각은 한 순간에 무너져 버렸다.

해발고도 1,500m 고산지대에서 처음 하는 축구경기는 그동안 내가 하던 축구경기와 달랐다. 시작 한지 몇 분이나 됐을까. 숨이 턱까지 차올랐다. 체력만큼은 자신 있었는데….

그래도 여기서는 대한민국 대표선수인데 약한 모습을 보일 수는 없다! 몸은 안 따라주는데 너무 의욕만 앞섰던 걸까. 결국 일이 터지고 말았다. 경기 도중 오른쪽 다리를 다쳤다. 통증이 심해 다리에 힘이 들어가지 않았다. 하는 수 없이 집에 돌아와 급한 대로 파스를 붙이고 붕대를 감았다.

다음날, 도저히 통증이 사라지지가 않아 병원에 가니 뼈가 부러졌다고 한다. 깁스를 하더니 목발을 사용하라고 한다. 르완다에서는 한국에서 사용하는 목발을 구하기 힘들다. 일본 상점에 알루미늄으

로 되어있는 목발을 판매하긴 했지만 가격이 35,000프랑^{한국 돈 7만원 정도}이나 해서 도저히 구입할 수가 없었다. 키살리 시내 주요 상점과 병원을 돌아다니던 중 한국에서 사용하는 것과 같은 나무로 만들어진 목발을 발견했다. 수소문하여 현지인이 만든 것을 5,000프랑에 구입할 수 있었다.

  한 달 후 깁스를 풀고 홀가분한 마음으로 출근을 했다. 그런데 이게 무슨 날벼락인가. 깁스를 푼 지 하루 만에 급출발하는 버스 안에서 다쳤던 다리를 쇳덩어리에 부딪치고 말았다. 통증이 심해 다시 병원을 찾으니 저번보다 다리 상태가 더 안 좋단다.

  상황이 심각하게 흘러갔다. KOICA 한국본부와 SOS 한국본부에서 급하게 응급전용 제트기를 띄워 남아프리카공화국에 있는 병원으로 후송하기로 결정했다. 굳이 비싼 응급전용 제트기를 탈 필요가 없다고 생각한 나는 일반 비행기를 이용했다.

남아프리카공화국 병원에 도착해서 검사를 받으니 다행히 수술할 정도로 심각한 상황은 아니고 뼈가 부러졌으니 한 달 이상 통 깁스를 해야 한다고 했다. 병원치료를 마친 후 다시 르완다로 돌아왔다.

안정을 취하라는 처방에 기관의 허락을 받은 다음 일주일 정도 출근하지 않고 대신 집에서 일을 했다. 서러웠다. 집 떠나면 고생이라더니. 그래도 한국에 있었으면 사랑하는 가족, 친구들이 면회라도 왔을 텐데. 이럴 땐 혼자 생활하는 외로움이 나를 힘들게 해 르완다에 온 것을 후회하기도 했다. 그나마 기관 직원들이 매일같이 찾아와 걱정해주며 따뜻하게 대해줘서 버틸 수 있었다. 직원들의 관심이 정말 고맙고 행복했다.

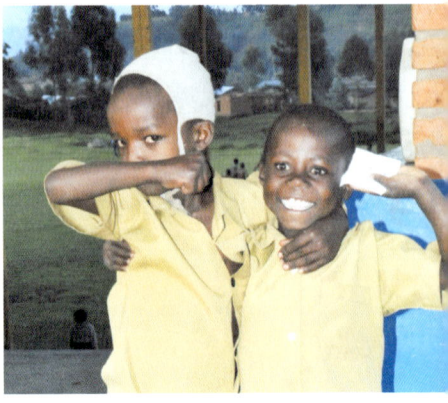

르완다에 가게 된다면,

　두 달 남은 르완다 생활을 마무리하면서 주말을 이용하여 르완다 구석구석을 여행하기로 했다. 작은 나라여서 여행할 곳이 별로 없다고 생각했는데 웬걸. 작긴 하지만 곳곳에 아기자기하게 여행할만한 곳이 많다.

　그 중에서도 르완다의 북쪽에 있는 세계적으로 유명한 Volcanoes National Park의 고릴라 투어. 고릴라를 보호하기 위해서 하루 방문자 수가 정해져 있다 보니 예약은 필수이다. 비용은 상당히 비싸지만 그래도 세계에서 하나뿐인 고릴라들의 서식지라는 이유로 관광객이 많은 편이다.

　혹시라도 르완다를 여행할 기회가 있다면 미리 예약을 해 고릴라 투어를 한 뒤, 차밭이 멋지게 펼쳐져있고 야생 원숭이가 도로변을 누비고 다니는 Nyungwe National Park를 구경해 보길 바란다.

　이 글을 마무리하며 르완다에 지원하는 KOICA 봉사단원들에게 당부하고 싶은 게 있다. 2년 동안 한국과는 전혀 다른 환경에서의 홀로서기는 그리 쉽지 않다. KOICA에 지원하기에 앞서 다시 신중하게 자신을 돌아보기 바란다. 단순히 외국생활의 호기심과 왠지 보람 있는 일을 할 것만 같다는 막연한 기대만 가지고는 의외로 버티기 힘들 수도 있다.

　현지에 파견되었을 때 무조건 도와주기보다는 봉사활동 종료 후에도 그들 스스로 해결할 수 있도록 지도하는 것이 더 많은 도움이

된다. 현지어를 꾸준히 배우고 그들의 문화를 존중해 서로 다른 문화를 극복하기 위해 그들과 함께 최선을 다하여 노력하기를 권한다. 또한 가능한 많은 현지인 친구들과 친해지기를.

  현지에서 생활하는데 있어 항상 모든 일에 긍정적인 생각을 하고 외롭고 힘들더라도 그곳에서의 생활을 즐기면서 행복하고 소중한 르완다에서의 추억을 가슴속에 꾹꾹 눌러 담아서 돌아오길 진심으로 바란다.

로즈 루즈

영국 런던대학에서 의학박사 학위를 받은 필리핀인이며 이후 공중보건학 석사를 받았다. 국제 NGO단체로부터 의료 부탁을 받고 르완다와 탄자니아 국경에 있는 난민캠프에서 2년 반 넘게 진료소 일을 담당하였다. 유럽 NGO단체인 CARE의 프로그램 담당자이고 현재 르완다의 아동생존 프로그램을 수행하는 국제 '민간자원봉사자단체'의 간사로 활동하고 있다.

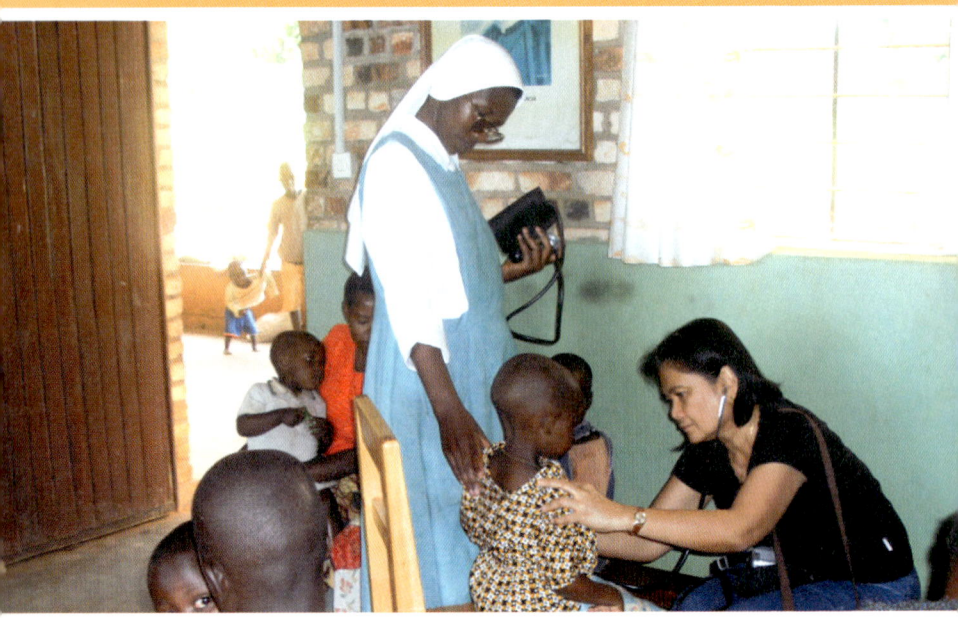

필리핀 의사의 아동생존 프로그램

르완다 시골 아이들은 삶으로 첫 발을 내딛는 순간부터 인생의 멍에를 지고 나온다. 아기들은 뱃속에서부터 엄마가 걸린 질병에 감염되고 영양도 충분히 공급받지 못한 채 태어난다. 출생 후 그들을 기다리고 있는 것도 열악한 환경뿐이다. 엄마들은 위생시설이 전혀 안된 초라한 집에서 씻고 닦일 물은커녕 수유할 시간조차 제대로 없이 농사일에 매달려야 한다. 정상적인 성장을 위한 아기 이유식은 사치이며 생존을 위한 음식조차 부족한 것이 바로 르완다의 현실이다. 이러한 문제들을 해결하기 위한 프로그램이 바로 내가 몸담고 있는 단체에서 시행하고 있는 아동생존 프로그램Child Survival Program이다.

프로그램을 관리 감독하는 나는 지방 출장이 잦다. 보건부의 각

지역 담당들과 가까이 마주보고 일할 수 있는 기회도 많다. '아동생존 프로그램'의 첫 번째 목적은 중증이 아닌 폐렴이나 설사, 말라리아 등의 질병에 걸린 5살 이하의 어린이들을 돌보는 일이다. 그리고 그들에게 적절한 시기에 도움을 줄 수 있는 의학기술과 지식을 겸비한 지역보건도우미Community Health Worker를 양성하고 파견하는 일을 중점과제로 삼고 있다. 그리고 어린 환자의 상태가 악화될 때는 보건소나 병원으로 이송하는 정부의 지역보건프로그램을 지원한다.

현재 마을마다 남성과 여성 한명씩 지역보건도우미가 있으며 자리를 잡아가고 있다. 아이들의 엄마도 지금 살고 있는 가까운 곳에서 치료받을 수 있기 때문에 먼 길을 가야 하는 수고도 덜었다.

"전에는 아이가 한밤중에 아프면 병원을 가기 위해 아침까지 기다려야 했습니다. 그러다 이미 때가 늦었음을 깨닫기도 하지요. 그

아동생존 프로그램의 지원을 받고 건강이 회복되었다.

러나 지금은 언제든지 바로 이웃에 있는 지역보건도우미에게 가서 필요한 시기에 도움을 받을 수 있게 되었습니다."

지역보건 도우미들은 위급한 상황에 따른 대처 방법을 훈련받은 분들이고 보건소에는 약과 함께 필요한 의료기구들도 있기에 믿음이 간다는 것이다. 어떤 어머니는 "이 프로그램의 가장 큰 장점은 바로 마을마다 여성 지역보건도우미가 있다는 것이고 그녀들은 어머니로서 아이들의 문제가 뭔지 누구보다 빨리 잘 알고 있다"라고 말했다.

나는 왜 여기에,

박사과정 논문을 끝내기 위해서 영국에 머무르고 있을 때였다. 때는 1994년, 우연히 TV에서 르완다 내전소식을 접하게 되었다. 그리고 바로 그 시점에 어느 한 국제 NGO단체로부터 르완다와 탄자니아 국경에 위치한 난민캠프에서 의료담당으로 일해 주었으면 하는 부탁 전화를 받게 되었다. 뉴스로 접한 그곳 풍경이 너무 살벌해서 처음엔 주저했다. 그렇지만 못하겠다는 대답도 차마 하지 못하고 그저 잠시 고려해보겠다고만 전했다. 르완다의 풍경과 그들의 간절한 부탁이 머리를 떠나지 않았다. 그리고 내 삶에서 누군가를 위해 뭔가를 해야 된다면 바로 지금이 아닐까, 좀 더 가치 있는 일을 해야 한다면 바로 이 일이 아닐까 하는 생각들이 결국 나를 국경으로 가게 만들었다.

난민캠프 안에 있는 진료소에서 2년 반 동안 일했다. 생사를 넘나

드는 이야기를 들으며 그들의 삶을 좀 더 실감나게 느끼기 위해 난민들이 지나왔던 국경 검문소를 가보기도 하였다. 당시 이송센터에 잠시 머무는 아이들은 너무 힘든 시간을 보내서인지 신체적 건강뿐 아니라 정신적으로도 피폐해 있었다. 그래서 나는 난민들의 건강상태를 검사하는 진료소에서 아이들을 모아 놓고 게임을 하면서 긴장을 푸는 방법도 가르치고, 노래를 부르면서 안정을 되찾고 르완다의 민속춤을 추면서 즐거운 시간을 갖도록 하였다. 그들이 겪은 잊기 힘든 사건으로부터 눈길을 돌릴 수 있다면 육체적 건강도 더 빨리 찾을 수 있다고 생각했기 때문이다. 그리고 난민캠프가 어느 정도 자리를 찾아 갈 때 쯤 다시 르완다의 수도 키갈리로 향했다.

처음에는 남쪽에 있는 도시 부타레^{Butare}, 지금은 후예라 불리는 곳에 정착하였다. 생활에 큰 어려움은 없었지만 내가 바라던 사회생활을 할 수 있는 곳은 아니었다. 직장에서 집으로 오가는 것이 전부였다. 르완다 사람들은 직장에서 모임을 가지는 경우가 아니라면 별도의 사회생활을 잘 하지 않는다. 그러다가 교회를 통해 다른 외국인들을 만나 친분을 쌓게 되었고, 그들을 통해 대학에서 온 자원봉사자들과 구호단체의 자원봉사 선생님들까지 알게 되었다.

르완다에서의 생활은 힘들지 않았다. 언제나 기본적인 생필품을 얻을 수 있었기 때문이다. 하지만 혼자여서 외로웠고 일밖에는 달리할 일이 없어 오히려 무료하였다. 스스로 다른 일을 찾아야 한다고 부추겨 집에 있는 넓은 뒤뜰을 이용해 농사를 짓기로 마음먹었다.

집안일 도우미와 함께 야채와 꽃을 기르고 닭을 치기 시작하였다. 호박, 옥수수, 고구마 그리고 달걀을 얻기 시작하자 외로움과 무료함을 조금은 떨쳐버릴 수 있었다.

   시간이 나면 멀지 않은 곳에 있는 열대 숲이나 키부 호수로 여행을 떠났다. 소형 노선버스를 이용했기에 비싸지도 않았고 생각보다 편했다. 관광지를 가면 기독교 재단에서 운영하는 숙소에 머물러 숙박비도 아낄 수 있었다.

   그렇게 일하고 다니면서 살펴 본 결과, 르완다 사람들은 눈에 보이는 뭔가 뚜렷한 결과물이 있어야 관심을 가지고 변화를 시도한다. 프로그램을 평가하는 어느 그룹 토론에서도 실제로 약을 먹고 병이 치료되면서 악령과 저주가 질병을 부른다는 주민들의 생각이 서서히 사라지고 있음을 볼 수 있었다. 말라리아, 설사병, 폐렴이나 심각한 영양실조도 초기단계에 발견되면 치료도 할 수 있고 건강한 삶을 살 수 있다. 질병 치료의 핵심은 무엇보다 병에 걸리지 않기 위한 예방법이 중요하다는 사실도 깨우쳐 가고 있었다.

아동생존 프로그램의 핵심은 위생관념, 또 가장 큰 업적도 위생관념에 대한 확실한 태도 변화라고 할 수 있다. 프로그램의 여러 활동 중에서도 가장 주안점을 둔 것은 긍정적인 행동으로 변화의 바람을 불러일으키는 것이었다. 지역보건도우미들과 마을 안에 있는 다른 봉사자들은 가정 방문을 통해서 개별 상담을 하고, 지방행정 당국은 살충 처리된 모기장 사용, 조기 치료, 화장실 건립, 청결한 환경 만들기 등에 대한 교육 및 홍보를 실시하기도 하였다.

무슨 일이든 처음부터 순조로운 일도 별로 없고 하다보면 항상 걸림돌이 나타난다. 내가 하는 의료사업도 모든 것이 제대로 굴러가지는 않았다. 곳곳에 수많은 과제들이 쌓여 있었다. 지역보건도우미는 임금을 받지 않는 철저한 자원 봉사자들이다. 그래서 '어떠한 동기를 부여하느냐?' 가 프로그램을 유지하고 의료서비스를 제공할 수 있는 중요한 조건이 된다. 단체의 프로그램 또한 지속적인 기술 개발과 관리 감독이 있어야 하며 외부의 끊임없는 지원과 함께 지역행정당국의 관심을 불러일으키도록 노력해야 한다. 그러한 노력들이 모여서 드디어 르완다 보건부가 직접 지역보건도우미 연합에 업무성과지표를 근거로 하여 협력보조금을 지원하는 일이 시작되었다.

르완다는 이제 일정기간 의료기술교육을 받은 지역보건도우미들이 생후 6개월에서 만 5세 사이의 아이들에게 말라리아나 호흡기 질환 및 설사병에 대한 치료를 할 수 있도록 승인한 몇몇 국가 중의 하나가 되었다. 이후, 어린이들의 조기 치료율이 100배 이상 증가하였고, 90% 이상이 질병으로부터 회복되었다. 무엇보다 뛰어난 성과는 병이 심각해서 보건소나 병원을 찾게 되는 경우가 점점 줄어들었다는 것이다.

현재 르완다의 지역의료정책은 아프리카 다른 나라의 모범이 되고 있다. 키갈리에서 열렸던 보건의료 워크샵에 참석했던 서아프리카의 정부 고위 관계자는 "우리나라로 돌아가면 르완다의 의료정책이 얼마나 훌륭한 결과물을 낳고 있는지 보고하도록 하겠다. 그리고 그들을 설득하여 우리 국민들에게도 같은 서비스를 받을 수 있도록 노력하겠다."고 말하기도 했다.

하지만 아직도 시골의 외진 마을에서 그것도 영양조리 시범마을에서 영양실조에 걸린 아이들을 본다. 도처에 아보카도, 바나나, 귤 그리고 마라쿠자 같은 과일들이 널려 있는데도 불구하고. 우기에는 르완다 어디서든 여러 채소들이 씨만 뿌리면 자란다. 농사지을 땅도 없지 않다. 그런데 왜? 너무 가난해서 씨앗이나 기본적인 농기구조차 사지 못하는 형편인가? 다른 더 급한 일이 있어서, 해도 안 되니 손 놓고 바라만 보는 것인가?

   나중에 알게 된 사실이지만 이 모든 것이 아이들이 영양실조에 걸릴 수 밖에 없는 이유들이었다. 그래서 우리들은 더 많은 먹거리를 거둘 수 있도록 집 주변에 작은 규모의 텃밭 농사를 장려하였다. 또한 프로그램 소속 지역보건도우미들은 산모들이 아기들에게 모유를 올바르게 먹일 수 있도록, 만약 모유가 부족하다면 영양이 제대로 된 이유식을 먹일 수 있도록 교육하였다. 그리고 이러한 의료 서비스와 교육을 하는 틈틈이 농사철이 오면 농기구와 씨앗을 나누어 주러 돌아다니기도 하였다.

지역보건도우미가 소개한 한 가정을 방문했을 때의 일이다. 아버지는 마을 일을 담당하고 있었지만 아내는 정신적으로 문제가 있었다. 그들에겐 딸 셋이 있었는데 그 중 막내는 영양결핍, 다행히 지역보건소의 프로그램을 통해서 회복되었고 마을 안에서 보모도 찾게 되었다고 한다. 하지만 가족이 살고 있는 지역보건소에는 정신적인 문제를 치료할 시설이 없어서 남편은 아내를 치료하기 위해 도시로 가야만 했다.

정신적인 의료서비스는 원조 공여자들이 별로 좋아하지 않는 일이다. 하지만 나는 문제의 심각성을 알기에 우선순위로 정했다. 부모들의 정신적인 문제는 아이들의 삶에 엄청나게 큰 영향을 미치기 때문이다. 우선 지역보건소에 정신과 진료를 개설하고 지역보건도우미들이 정신과 치료를 위한 프로그램 훈련을 받으면 될 것 같았다. 그러나 내가 그토록 바라고 하고 싶었던 정신과 진료를 위한 프로그램은 추가적인 지원금을 확보할 수 없어서 실행되지 못하고 말았다.

나는 왜 르완다를 떠나지 못할까?

올해로 르완다에 머문 지 5년째이다. 나는 나의 조국 필리핀 이외에 다른 나라에 이렇게 오래 머물러 본 적이 없다. 르완다는 왜 이렇게 특별한 곳이 되었을까? 르완다 국민들의 발전하고자 하는 의지, 변화를 두려워 않는 수용력, 훌륭한 지도자들의 통치 등을 꼽을 수 있겠다. 그리고 무엇보다 각 지역에서 동족들을 돕고자 봉사하는 특별한 3만 명 이상의 지역보건도우미들. 아마도 그들에게서 가장 큰 힘을 받는 듯하다. 그들은 진정 르완다 발전의 숨은 영웅들이다.

우연히 길을 잘못 들어 르완다 남쪽에 있는 커피와 차 생산지로 들어선 적이 있었다. 초록빛 관목 숲을 통과하면서 유럽이나 미국의 평원이 생각났다. 일꾼들이 차 잎이 가득한 등짐을 나르고 있었다. 나는 커피를 잘 마시지 않지만 르완다 커피의 향과 맛을 좋아한다. 차밭을 지나고 커피 생산지를 스치면서 세계적인 커피 체인과 연결되면 얼마나 좋을까? 그렇게 수출길이 열려 르완다 국민들의 수입이 늘어나고 좀 더 풍요로운 삶을 살 수 있기를 염원하기도 했다.

시골길을 갈 때마다 어린 아이들과 여성들이 무거운 물통을 져 나르는 모습을 본다. 나는 그들에게 물을 뜨는 샘이 어디 있냐고 물어 본다. 그러면 대체로 집에서 아주 멀리 떨어진 곳을 가리킨다. 때로는 두세 살밖에 되어 보이지 않는 아이들이 물통을 들고 샘을 향해 가는 모습도 본다.

그래서 우기가 시작되면 집집마다 홈통을 만들고 물을 받아 쓸 수 있는 물탱크가 있으면 얼마나 좋을까? 정부에서 자원을 확보하여 수도 시설을 설치하면 얼마나 좋을까? 그러면 물을 긷는데 드는 시간과 노동력을 아이들을 돌보고 먹을 거리를 찾는데 쓸 수 있을 거라는 생각에 잠긴다. 최소한 마을 근처에 공동 우물이라도 마련된다면….

키부 호수를 따라 키부예로 가는 길, '이 호수에 양어장을 만들면?' 싱싱한 물고기를 잡아 아이들에게 질 좋은 단백질을 공급할 수 있을 텐데. 그러다가 사업이 잘되면 르완다 국민들에게 계속 공급할 수 있게 될 것이다. 그러면 우간다의 빅토리아 호수에서 잡은 생선을 수입할 필요도 없을 것이다.

나는 사업가는 아니지만 르완다의 투자 전망은 밝다고 본다. 르완다는 외국인 투자에 매우 호의적이고 특히 정보통신사업을 선호한다. 현재 내가 하고 있는 일과는 전혀 다르지만 르완다에서 조용한 사진관을 운영해 보는 것도 내가 꿈꾸는 일이다. 마음만 먹는다면 못할 일이 어디 있겠는가? 지금도 나는 르완다 하늘 아래에서 르완다의 밝은 미래를 꿈꾸고 있다.

김성현

국제협력단 요원으로 2007년 7월부터 2009년 7월까지 ETO. Nyamata에서 기계분야에 근무하였다. 현재는 서울대학교 기계공학부 복학생, 졸업과 취업을 위해 애쓰는 중이다.

아마꾸루

2005년 무더운 여름방학. 당시 나는 매일같이 학교에서 동아리 프로젝트를 준비하는 중이었다. 그런데 같이 일을 하던 친구가 돌연 군대에 가야겠다고 선언을 한다. 전혀 기색도 보이지 않던 친구가 갑자기 군대를 간다니. 게다가 저 멀리 떨어진 이국땅에? 덧붙이길 "국제협력요원이라는 건데 쉽게 말하자면 국제 공익 같은 거야." 친구는 그 말을 남긴 채 머나먼 곳으로 떠났다. 덕분에 나는 이름조차 생소한 '국제협력요원'에 대해 알게 되었다.

외교부 산하 한국국제협력단에서 매년 많은 프로그램을 통해 봉사단원을 개발도상국에 파견한다. 그 중 하나가 국제협력요원인데, 2년 6개월이라는 복무기간 중 대략 2년 정도를 개발도상국의 근무지에 배치되어 일을 하며 병역의무를 마친다. 모집분야는 매 해 수

요국의 요청에 따라 달라지지만 주로 정보통신컴퓨터, 산업에너지기계, 전기, 자동차, 건축 등, 농촌개발수의사, 원예, 교육체육, 태권도 등이 있다. 나는 굉장히 설레었다. 이게 바로 공대생이 할 일이지!

최종 발표일인 2월 말. 발표가 나고부터 출국까지 일이 빠르게 진행되었다. 우선은 신병훈련소에서 기초 군사 훈련을 마치고, 다음으로는 4주 동안 한국국제협력단의 국내 훈련코스를 마쳤다. 군 생활을 잘 알려지지 않은 개발도상국에서 하겠다는 아들을 보며 걱정이 많으셨을 텐데, 그저 '네가 원하면 가라'고 하셨던 부모님께 감사드린다. 덕분에 편한 마음으로 한국에서의 일을 정리할 수 있었다.

미션, 르완다에 적응하라

대략 두 달 동안 현지 적응훈련을 통해 이 나라 고유 말인 키냐르완다어를 배웠다. 그리고 선배 단원들의 도움을 받아 시장, 슈퍼마켓, 통신국 등을 다니며 필요한 것을 구하는 방법을 익혔다. 지금까지의 생활과는 너무도 달라 힘들었지만 시간이 조금 흘러 말도 어느 정도 배우고 길도 슬슬 파악이 됐다. 우리는 용기를 내어 그동안 사용하였던 택시 대신 버스에 도전하기로 했다.

미션, 르완다 버스를 정복하라.

우리는 큰 길을 건너는 어린이 마냥 서로 붙어서 버스가 오는지 계속 살핀다. 일찍 나왔음에도 불구하고 출근시간이라 그런지 사람들이 바글바글하다. 버스 한 대가 도착한다. 우리는 달려든다! 하지만 순식간에 몰려드는 사람들에 치여 뒤쪽으로 밀려나고 만다. 벌써 만석이 되어 출발하는 버스만 멀뚱멀뚱 바라본다. 이곳 역시 출근전쟁이 치열하다. 셋이 같이 타는 것은 무리다. 자리가 나는 대로 각자 알아서 탈 수 밖에 없다. 저 멀리 버스가 보인다. 이번에는 꼭 타리라. 우리는 준비 자세를 취한다.

도착 장소만 대충 알고 혼자 버스를 탄다는 것이 다소 무모한 일이긴 했지만, 친절한 현지인들의 도움을 받아 전원 무사히 노착할 수 있었다. 이렇듯 르완다에서의 적응기간은 하루하루가 작은 도전의 연속이었고 그것을 통해 르완다에 대해 조금씩 알아간다는 것은 정말 즐거운 경험이었다.

르완다의 밤은 길다

적응훈련 프로그램의 꽃이라고 할 수 있는 '홈스테이'. 앞으로 2주 가량을 근무지 근처의 현지인 집에서 같이 생활을 하며 일을 시작하기 위한 준비를 한다. 현지인들과 한집에서 생활을 하니 그들에 대해 좀 더 자세히 알 수 있는 좋은 기회이다.

내가 머물게 된 집은 '에토 니야마타'의 회계사 '도나띠르'와 남편 '장 폴'의 신혼집이었는데 다행히 방이 4개여서 나에게도 방이

장 폴의 신혼집 겸 나의 숙소

주어졌다. 르완다는 내전 때문에 부모를 잃은 아이들이 주로 친척들에게 의지하여 사는 경우가 많다. 많은 식구들을 고려하여 웬만한 집들도 방 네다섯 개 정도는 기본으로 갖춘다. 각자 쓸 방으로 들어가니 휑하긴 하지만 우리가 온다고 새로 전구도 달아놓고 침대도 구해놓았나 보다. 한동안 고생은 하겠지만 그들의 배려를 생각하니 이 정도면 훌륭한 방이다.

장 폴과 이런저런 이야기를 하다 보니 배꼽시계가 울려댔다. 꽤나 시간이 지난 듯한데 식사가 준비되었다는 말이 없다. 시계를 보니 9시경, 무슨 일인가 싶어 밖으로 나가보니 아직도 무언가를 열심히 끓이는 중이다. 르완다는 대부분 숯을 사용하기 때문에 준비부터 시간이 꽤 걸리는데다가 음식은 대부분 물을 잔뜩 넣고 소스와 함께 졸이다보니 요리 시간이 길다. 또 나중에 알게 되었지만 저녁식사를 최대한 늦게 함으로써 아침에 공복감을 덜 느끼고자함이었다. 기다림이 길었던 탓도 있겠지만 외국인 손님이 왔다고 크게 신경을 써 준 덕분에 정말 맛있게 먹을 수 있었다.

저녁을 항상 늦게 먹음에도 불구하고 르완다의 밤은 길다. 방에 전구가 있기는 하지만 전기가 문제다. 미안했는지 장 폴이 석유 랜턴을 가져다주기는 했지만 딱히 할 일이 없다. 낮에 학교에서 충전한 노트북 배터리도 길어야 한 시간. 모기 때문에 잠을 설치기라도 하면 더더욱 밤이 길어질 테니 머리를 베개에 푹 박고 일찍 잠자리에 든다.

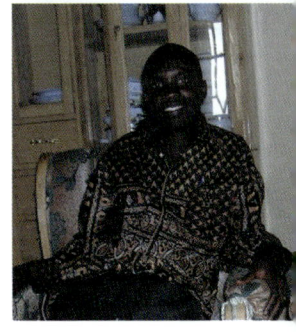

3리터의 물로 샤워하는 법

르완다의 아침은 꽤나 일찍부터 시작된다. 홈스테이를 하면서 대부분 큰 어려움 없이 적응을 했다. 하지만 단 한 가지, 물을 마음대로 사용하지 못하는 것만큼은 적응하기 힘들다. 동이 틀 무렵이면 벌써 사람들은 물을 받아다가 샤워를 하는데 물이 워낙 귀해서 적은 양을 정말 알뜰히도 쓴다. 항상 꼭지만 틀면 콸콸 쏟아지던 물이 이렇게 아쉬울 때가. 아침이 되면 쌀쌀하다고 물을 데워주기까지 하는데 내가 너무 많이 쓰면 다른 사람들이 못 씻을까, 처음에는 대충 고양이 세수만 하고는 했다.

차마 샤워까지는 엄두도 못 내고 있었는데 장 폴이 며칠 보더니 "킴, 원래 샤워 안 해?" 나를 이상하게 보았다. 아, 한국에 있을 때

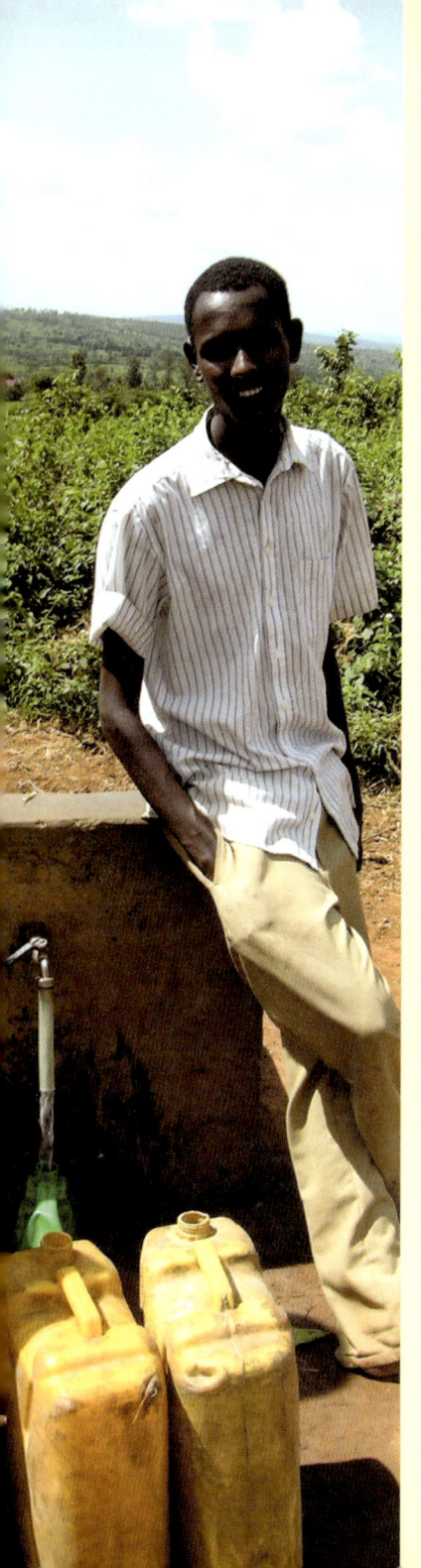

3리터의 물로 샤워하는 법

준비물 : 물통 혹은 세숫대야 2개, 샤워 타월, 비누, 기호에 따라 빨랫감 등

1. 샤워 타월을 이용해 온 몸을 적신 후, 비누거품을 내서 몸에 바른다.

2. 물을 조금씩 사용하며 비누거품을 닦아낸다. 이때 비눗물은 버리지 않고 다른 세숫대야를 이용해 꼭 받아둔다.

3. 어느 정도 거품이 닦였다 싶으면 남은 물로 몸을 깨끗이 헹군다.

4. 아까 받아두었던 비눗물로 빨래를 한다.

5. 빨래하고 남은 물을 욕실 겸 화장실 바닥에 뿌리고 청소한다.

는 나름 깔끔하다는 소리도 듣고는 했는데 이게 웬 날벼락인가. 사실 내가 물을 너무 많이 쓸까봐 세수만 한다고 하니 장 폴이 속옷만 대충입고 시범까지 보여준다.

도저히 불가능해 보이는 물로 샤워는 기본이고 빨래에 화장실 청소까지 하다니 참 대단한 사람들이다. 처음에는 샤워가 될까 싶기도 했지만 나중에 혼자서 시도를 해보니 정성스레 하는 만큼 어느 정도 샤워 구실을 하는 듯하다. 물론 외국인이라 봐줘서 3리터이지 현지 사람들에게는 3리터는 과소비일 수도 있는 양이다.

한국에 돌아온 지금, 매번 그렇게 하지는 못하지만 물을 쓸 때면 그곳을 생각하며 낭비하지 않도록 조심한다. 3리터의 물. 믿기지 않느다면 한번 도전해보시길.

르완다에 가면 르완다법을 따르라

나는 키갈리에서 남쪽 방향, 버스로 1시간 가량 떨어진 니야마타 Nyamata, Bugesera District 지역에 위치한 '에토 니야마타 ETO; E'cole Technique Officielle, 기술고등학교'로 파견되었다.

근무지에서 맡은 일은 기계파트의 '기술자문 Technical Advisor'. 기술자문이라 하면 뭔가 거창하게 들리겠지만 사실 책상에 앉아서 자문만을 해달라는 뜻은 아니다. 아직은 현지어가 부족해 수업을 맡기에 무리가 있기 때문에 기계파트와 관련된 일이 있으면 이것저것 가리지 말고 도와달라는 의미였다.

학교에서 내가 해줬으면 하는 일은 다음과 같았다. 방치되어있는 기계 실습 장비들을 유지하고 보수하는 일. 새로 지은 대형 건물에 흩어져있는 여러 장비들을 모아 새 기계 실습실을 만드는 일. 너무 이론 위주의 공부로 짜여 있는 커리큘럼 개선하기. 학교를 마친 학생들이 일을 얻을만한 기계분야의 회사들과 접촉하기 등이었다.

당시 학교장은 많은 봉사활동 경력이 있는 영국인이었는데 처음부터 너무 큰일을 벌이려 하지 말라고 조언을 해 주었다. 언어도 익히고 이곳 사람들과 친하게 지내면서 내년을 준비하라는 뜻이었다.

이곳에 도착한지도 벌써 두 달, 빨리 일을 진행해 나가야 하지 않을까? 약간 조급한 마음이었다. 그러나 로마에 가면 로마의 법을 따르라고 하지 않던가. 사람들에게 도움을 주려면 우선 그들과 같이 일하는 법을 배워야 한다는 학교장의 말이 와 닿았다.

기술고등학교라고 해서 무언가 가르치는 일을 할 줄 알았는데 직책부터 시작해서 하는 일이 생소하기만 하다. 처음에는 자신도 없고 어떻게 시작을 해야 할지 전혀 감을 잡지 못하고 있었는데, 생각해보니 내가 모든 일을 다 할 줄 알아야 일을 진행할 수 있는 건 아니었다. 그 일을 잘할 수 있는 사람이 있으면 같이 하면 된다. 숙련된 기술자들도 여럿 있고 인부들이나 학생들에게 도움을 요청하면 일손도 쉽게 구할 수 있을 듯하다. 어쩌면 그들보다도 더 아는 것이 없을지도 모르는 내가 일에 대해 얘기를 하면 다행히도 대부분 귀를 기울여 그렇게 해보자고 한다. 이런 식으로라면 쉽진 않겠지만 주어진 일들을 빨리 진행할 수 있겠다는 생각이 든다.

나키바조 Ntakibazo

'하쿠나 마타타 Hakuna Matata'. 애니메이션 영화 '라이온 킹'에 나오는 흥겨운 노래이다. 실제로 케냐와 탄자니아에서 사용하는 말로 모든 게 문제없이 잘 풀릴 것이라는 뜻이다. 아프리카인의 긍정적인 마인드를 잘 나타내는 말이다. 이웃 나라인 르완다에서는 '하쿠나 마타타'라는 말도 통하지만 '나키바조 Ntakibazo'라는 표현을 쓴다. 문제없어, 잘 될 거야. 굉장히 멋진 말이지만 한편으로 이 곳 사람들과 함께 일을 할 때면 조심해야 할 말이기도 하다.

함께 일할 사람들을 찾은 나는 빨리 무언가 시작했음을 보여주기 위해 서두르기 시작했다. 하지만 현재 기계 실습실에 있는 기기들은 역시나 모터가 없거나 전원장치 불량이거니 연결이 안 되는 등 대반이 사용할 수 없는 상태이다. 내전 당시 약탈로 인해 많은 부분을 잃어버렸다. 너무 심하게 손상된 것들도 많았지만 간단히 손을 보면 사용할 수 있을만한 장비들도 찾을 수 있었다.

후에 기계파트 선생님을 만나 장비를 고쳐야겠다고 이야기하니 안 그래도 고치려고 했다면서 걱정 말란다. 일이 이렇게 쉽게 풀리나, 하고 며칠 뒤에 봤더니 달라진 게 하나도 없다. 이건 원래 수리를 하는 사람이 해야 하는데 요새 만날 시간이 없었단다. 이번에는 내가 직접 수리를 담당하는 기술자에게 가서 고쳐달라고 했다. 흔쾌히 걱정말라며 자기가 다 해결해 놓겠단다. 이제야 안심하고 기다리기를 며칠. 부품을 살 돈이 없단다.

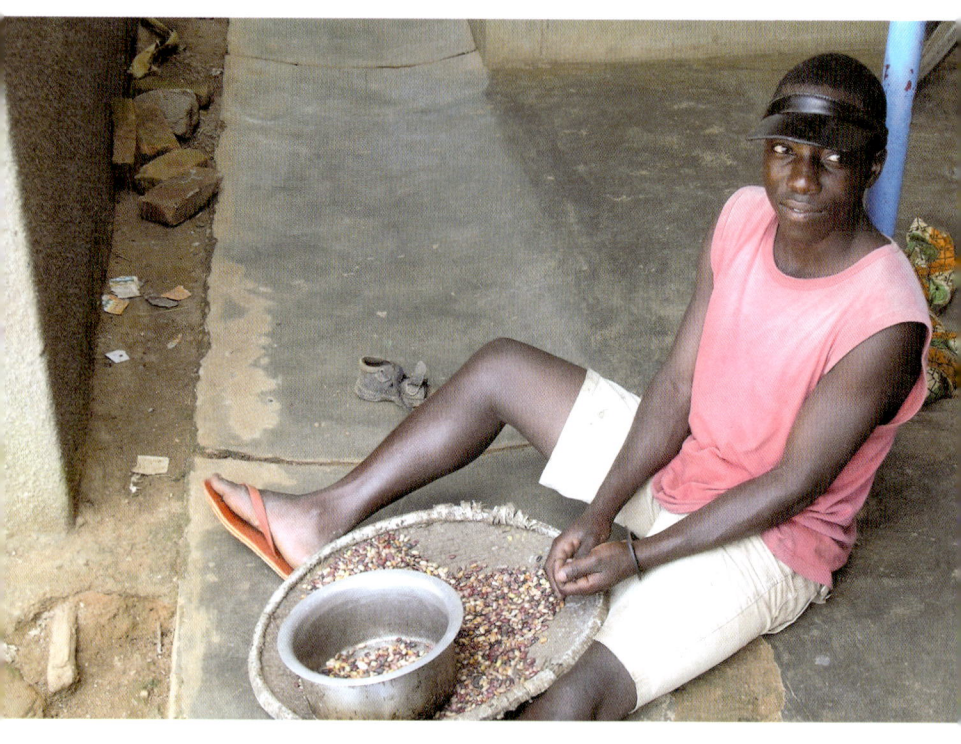

서두르지 말고 이곳 사람들과 같이 일하는 법을 배워야
한다고 말한 학교장의 생각이 옳았다.
그들과의 **타협**, 그것이 나의 첫 번째 과제였다.

의사소통이 잘 안된 점도 있었겠지만, 가장 큰 문제는 나키바조. 문제없어, 잘 될 거야.

새로운 기계 실습실을 만드는 일도 건물이 완성되면 인부들을 동원해서 장비를 옮기면 되겠거니 생각했는데, 실제로는 학교 예산문제 때문에 건물을 짓는데 한참. 인부를 쓸 때 필요한 예산 때문에 또 한참. 금방 해결될 줄 알았는데 진척도 없고 똑같은 일만 반복하는 것 같아 의욕이 꺾였던 적도 여러 번 있었다.

나중에 생각해보니 처음에 학교장이 나에게 이런 일을 맡긴 이유도 내가 그것을 잘 알아서가 아니라, 구체적인 계획 없이 그때그때 상황에 따라 일을 처리하는 이곳 사람들에게 진행사항을 체크하는 사람이 필요했기 때문임을 깨달았다. 그런 점에서 너무 서두르지 말고 이곳 사람들과 같이 일하는 법을 배워야 한다고 말한 학교장의 생각이 옳았다. 그들과의 타협, 그것이 나의 첫 번째 과제였다.

아뇽 아세요?

언제부터인가 학생들은 날 보며 이상한 말을 한다. 게다가 수줍은 듯 살짝 미소까지. 설마 나를? 에이, 설마…. 같은 남자인 걸.

"킴, 급한 일이 있는데 나 대신 수업 좀 해주겠어?"

뜻밖의 일이라 잠시 고민했지만 나름 좋은 기회다 싶어 오케이. 기대 반 걱정 반. 교실 문을 열고 들어가니 나를 반겨주는 환호성, 휴. 학생들도 미리 알고 있었는지 반갑게 맞아 준다. 통성명밖에 할 기회가 없었던 무중구 선생님과 시간을 보낼 수 있게 되어서 기쁘기도 했겠지만 아마도 갑작스런 자유 시간에 들뜬 것이리라.

 이렇게 들떠있는데 찬물 끼얹고 지루한 수업을 할 수도 없는 노릇. 뭘 할까 고민하다가 그들이 원하는 걸 하기로 했다. 무얼 하고 싶니? 막상 물어보니 다들 머뭇머뭇. 한 학생이 용기 내어 말한다. 한국어 가르쳐주세요!

 뜻밖의 대답이었다. 한국어라, 재밌겠다.

 우선 칠판에 학생들이 알고 싶어 하는 표현을 크게 적고 하나씩 알려주기로 한다. 한글을 읽지 못하기에 알파벳을 조합하여 대충 흉내를 내서 한글 밑에 적었다. 그들에게는 워낙 생소한 말인지라 여기저기서 어렵다고 아우성이다. 어떤 이는 뭐 이런 말이 다 있나? 하는 표정이다. 그래도 노트에 따라 쓰는 학생도 있고 반복 연습하는 학생도 있다. 표정은 그리 밝지 않지만…. 한글이 이렇게 어려웠었나.

 그 이후로 나에게 한국어를 가르쳐 달라고 하는 학생은 없었다.

한국어 하니 또 떠오르는 일이 있다. 내가 홈스테이를 했던 집주인 장 폴은 코리아에 관심이 많았다.

"킴, 코리아에서는 자기 전에 어떤 인사를 하지?"

르완다에서는 '무라무케'. 우리나라로 치면 '안녕히 주무세요' 정도 되겠다. 장 폴은 앞으로 홈스테이 기간에 서로 인사말을 바꿔 보자고 한다.

나는 흔쾌히 "무라무케."

징 폴은 해맑게 "잘 자, 내 꿈 꿔."

점심을 먹으러 가는 길에 만난 한 학생이 날 보며 또 이상한 말을 한다. 음? 가만 생각해보니 어디서 들어 본 것 같다.

"아놩 아세요?"

아, 안녕하세요! 이제야 알아듣다니. 내가 너무 무심했나. 부정확한 발음에 독특한 억양까지 겹쳐 어쩌면 못 알아듣는 게 당연할지도 모르겠지만, 용기 내 한국말로 인사한 그의 마음을 몰라준 것 같아 미안했다. 나도 답인사를 하며 한국말로 길게 덧붙이니 기겁을 하며 가버린다. 덕분에 즐겁게 웃으며 금방 친해지는 계기가 되었다.

보통 우리나라 사람들은 외국어를 유창하게 하는 정도가 아니라면 의기소침해져 실수하는 걸 많이 두려워하는데 이들은 조금이라도 배운 것을 써먹으며 더 친해지려고 노력한다는 게 참 대단하다고 느꼈다. 그만큼 순수하기 때문일까.

무중구 나가신다

나는 무중구Muzungu, 즉 외국인이다. 무중구로서의 생활은 만만치 않다. 뭐, 여러 가지 이유가 있겠지만 르완다에서 무중구는 조금 특별하다. 마치 유명인사가 된 것 마냥 행동 하나하나에 이목이 집중된다. 그냥 길을 걷기만 해도 호기심 많은 아이들 한둘씩 졸졸졸 따라오는 것은 기본이고 내가 집안으로 들어와도 담장 틈새로 뭘 하나, 계속 지켜보고 있을 정도이다. 가끔은 화장실에서 주위를 둘러볼 때도 있다.

한번은 자전거를 타고 가는데 역시나 주변에 있던 사람들이 모두 쳐다보는 느낌이다. 시선을 너무 의식해서일까. 맙소사, 제대로 넘어지고 말았다. 순간 몰려드는 사람들. 이럴 땐 모른 척 해줘도 좋으련만. 반사적으로 벌떡 일어나 황급히 그 자리를 빠져나왔다. 뒤에서 나를 부르는 소리가 들린다. 다리에선 피가 흐르고 있다.

무중구의 인기가 곤란하기만 하진 않다. 에토 니야마타 기술고등학교의 '방학기간 인턴'. 말 그대로 방학기간 동안 전공 분야의 회사에 나가 현장일도 배우고 회사 사람들에게 자신을 알릴 수 있는 기회를 갖게 해주는 제도이다. 이를 위해서 방학이 시작하기 전 회사에 학생들을 보내겠으니 잘 부탁한다는 연락을 할 필요가 있다.

"킴, 너 같은 무중구가 가면 일이 쉽게 해결될 거야."

인턴 프로그램 요청서 및 자기소개서 작성을 하고 불어를 몇 마디 연습했다. 역시 가장 큰 문제는 의사소통. 쉽지 않다. 혹시 영어가 안 통할까봐 불어와 현지어로 된 편지도 써달라고 했다.

별다른 연락도 없이 정말 다짜고짜 회사를 찾아갔다. 경영자를 만나고 싶다고 하면 무중구라는 감투를 써서인지 신기하게도 대부분 호의적이었다. 한번은 회사의 사장까지도 만나볼 수 있었는데 친절히 이야기를 듣고는 협조를 하겠다는 약속을 받아냈다.

늘 일사천리는 아니었다. 영어를 할 줄 안다고 하면 뜨문뜨문이나마 대화를 했지만 불어를 사용할 경우 준비해 갔던 말들은 무용지물. 그냥 벙어리가 되어 편지만 건넸다. 여러 회사를 다니다보니 학생 수에 비해 그들이 갈 수 있을만한 회사가 그리 많지 않다는 점이 아쉬웠다.

가끔 다른 나라로 파견된 동기 협력요원들이 외국인들에 대한 배타적인 태도 때문에 고생하고 있다는 이야기를 들을 때면, 많은 일들을 시도해 볼 수 있다는 점에서 나는 좋은 곳에서 일을 하고 있구나 생각한다.

일찍 일어나는 새가 먹이를 얻는다

르완다에서 남은 마지막 학기를 어떻게 보낼까 하다가 캐드 프로그램을 가르치기로 했다. 짧은 시간에 그들을 숙련시키기는 어렵겠지만 조금이나마 맛을 보는 것만으로도 그들에게 많은 도움이 되리라. 나의 계획에 많은 선생님들이 긍정적으로 생각해 주었지만 문제는 언어. 하지만 전혀 불가능하지만은 않다. 캐드수업은 프로젝터를 이용하여 화면을 보여준다면 간단한 영어와 불어로 진행할 수 있다.

캐드수업을 한다고 알리고 나니 많은 학생들이 모였다. 간혹 캐드를 워드나 엑셀 같은 프로그램인 줄 알고 온 사람도 있어 되려 나를 당황스럽게 했다.

아직도 르완다에는 개인 컴퓨터가 거의 보급되지 않은 상황이라 컴퓨터를 다루기 어려워하는 학생들도 상당히 많다. 당연히 학생 수에 비해 컴퓨터는 턱없이 부족하다. 할 수 없이 두세 명이 번갈아가면서 컴퓨터를 사용한다. 그나마 좋은 컴퓨터는 조금 낫지만 성능이 떨어지는 컴퓨터로 여러 명이 사용한다는 것은 쉽지 않은 일이다. 그래도 그들은 불평할 줄 몰랐다. 아니, 불평하지 않았다. 그런 그들을 보며 더 열심히 가르쳤다.

언제부터인가 수업 시간이 되어 교실에 들어가면 학생들은 이미 수업 받을 준비는 끝났다는 듯 모두 자리를 잡고 앉아 있었다. 그래도 지각하는 학생이 한두 명은 있기 마련인데. 그만큼 내 수업이 좋은 걸까. 뿌듯하다.

물론 수업에 대한 열의가 있음은 분명하다. 하지만 학생들이 수업시간에 일찍 오는 이유는 따로 있었다. 바로 컴퓨터 때문. 컴퓨터 수가 적은데다 성능이 좋은 컴퓨터에 대한 경쟁은 치열했다. 아, 그렇다고 좋은 컴퓨터를 두고 싸우거나 하는 일은 없었다. 단지 좋은 컴퓨터를 차지하기 위해 어찌나 일찍들 오는지. 일찍 일어나는 새가 먹이를 얻는다고 했던가.

처음에는 마우스 움직이는 것도 어려워하던 친구가 학기가 끝날 때 쯤에는 단순한 책상을 그릴 정도가 되는 것을 보니 아, 역시 가르치길 잘했다. 짧은 시간 탓에 많이 배우진 못했지만 이 경험을 통해 나중에 기회가 생긴다면 좀 더 쉽게 다가가 이것저것 시도해 볼 수 있지 않을까.

언젠가, 다시.

열대기후 지역인 르완다는 1년 내내 화창한 날씨가 지속되므로 시간가는 걸 잊고 지내는 경우가 많다. 꽤 길게만 생각되었던 2년이라는 시간은 너무나도 빨리 지나 어느덧 임기를 마칠 시기가 왔다. 그동안 정들었던 근무지에서의 일을 마무리하고 짐을 정리하려고 하니 이곳에서 보낸 날들이 하나둘씩 떠오르며 만감이 교차했다. 특히 현지인들의 모습을 보며 조그만 일에도 감사하고 행복을 느낄 수 있게 되었다는 것은 무엇보다 소중한 깨달음이다.

돌아보면 아쉬운 점이 한둘이 아니다. 당시에는 파견기관에서 일을 돕는 것만 생각했는데 다른 기회도 많지 않았을까 싶다. 예를 들자면 주말을 이용해 장애인을 위한 보조기구들을 만드는 NGO를 방문해 일을 돕는다든지, 지방 커피공장에 있는 시설을 개선하는 일 등…. 이런 생각은 왜 이제야 드는 걸까. 아쉽게도 떠날 때 쯤에야 든 생각이라 실행에 옮기진 못하였다.

비록 지금은 한국에 있지만 르완다에서 느꼈던 값진 경험을 잊지 않고 살아간다면 앞으로도 충분히 그들을 도울 수 있는 기회가 있으리라. 가령 주변사람들에게 아프리카에 대해 알리고 그들에 대한 편견을 바꾸는 사소한 행동하나도 작은 도움이 아닐까 생각해본다.

지금도 가끔 그들이 어떻게 지내는지 궁금하다. 그럴 때 마다 마음으로 묻는다. 아마꾸루, 잘 지냈니? 마치 운명에 이끌리듯 르완다로 향했던 것처럼 시간이 지나 언젠가 다시 그곳에 갈 기회가 오지 않을까.

언젠가 다시, **아마꾸루.**

김보혜

여의도 순복음교회 파송 선교사이다.
2006년 9월부터 르완다의 키갈리에
거주하며, 교회 건축과 목회자, 청소년
세미나 같은 교육 사역, 서바이버와
HIV/AIDS 가정과 고아들에게 염소를
나눠주는 구제 사역 등을 하고 있다.

# 르완다의 북소리

한 때, 우리나라 대통령도 잘 사는 나라 독일에 돈 빌리러 갔다가 그들의 홀대에 눈물 쏟고 오셨더랬다. 2008년 5월, 멀고도 먼 나라 르완다에서 대통령이 방한했는데 단 한명의 기자도 없이 만찬을 하는 키만 삐쭉 큰 폴 카가미 대통령의 모습이 안쓰럽기도 하다. 전쟁의 잿더미에서 눈물로 일어섰던 한국이 좀 못사는 나라에서 왔다고 이리도 홀대를 퍼붓다니, 괜히 내가 서러워 '르완다, 속히 힘을 키우라'고 손을 모은다.

르완다에서 가난한 동네로 다닐 때는 키요부 대통령 궁에 사는 그가 무지무지 막강해 보였다. 그런 그가 한국에서 한 컷 뉴스도 못되다니, 제대로 교환할 변변한 자원 없는 아주 작은 나라인지라 무시당하는 것이리라.

무시당해 허술해진 의전 탓일까? 늘 엄격한 얼굴을 사진으로만 보다가 만찬장에서 자주 웃는 대통령을 마주하니 친밀감이 느껴졌다. 그래서 감히 정말 감히 "사진 한 장 같이 찍어 주세요." 말을 건넸다. 옆에 계신 황 교수님은 정말 겁 없는 선교사라는 눈길을 보내고, 르완다 의전 담당도 못마땅한 눈길을 던진다. 황 교수님 황급히 일어서 나를 소개하고 대통령은 르완다 복장을 하고 나타난 한국 여성이 특이해선지 흔쾌히 사진을 한 장 찍어 주셨다. 이제 나는 이 사진을 패스포트에 넣어 다니며 정말 위급할 때 꺼내서 요긴하게 쓰리라.

이렇게 르완다 대통령의 방한소식과 만찬 이야기를 블로그에 올렸더랬다. 근데 뉴스에도 나오지 않아 도로 내려놓았다. 그래도 잠시 수술과 치료차 서울와서도 르완다를 위해 뭔가를 할 수 있다는 사실이 반가워서 가난한 나라 르완다에 어떻게든 관심 좀 모아보려고 분주히 뛰어 다녔다. 우리나라도 그처럼 가난한 시절이 있었다고 르완다 좀 보라고 북소리를 울리고 싶었다. 인터넷엔 아주 짧은 기

사, 인터뷰도 배경 설명도 하나 없다. 얼마나 여유로워야 배고픈 이에게 손을 내밀까?

촌구석을 누비던 겁 없는 선교사가 그 덕분에 한 나라 대사의 의전 담당이 되어 공항까지 보필했다. 그리고 여기 한국에 와서 대통령이며 장관, 대사를 만나 나름 르완다 상류 사회를 체험했다. 그렇지만 나는 여전히 르완다 깡촌이 그립고, 배고프고, AIDS에 걸려 기력 없는 키니냐 식구들이 보고프다.

노엘, 한국인은 올~백을 좋아해

선교사 일을 시작하면서 스스로 한 약속이 있다. 이 땅에 교회는 많으니 교회 건축에 힘쓰지 말자고, 그런데 후원의 손길은 언제나 흔적을 원한다. 그래서 어느새 건립한 교회가 3개를 넘어간다. 건립한 교회를 통해 교육도 하고 기술도 가르쳐 발전에 밑거름이 되기를 바랄 뿐이다. 전에 NGO와 함께 일할 때 시작했던, 300명 이상이 모이던 어린이 교회가 문을 닫기도 하였다. 어쨌든 아이들이 배고픈 일, 병드는 일, 못 배워 꿈을 접는 일은 없어야겠기에 나는 어린이 교회Itorero ryA' bana Bato에 나의 중심을 맞춘다.

지난번에도 성경구절을 완벽하게 암송하여 성경책을 받아간 아이, 언제나 눈에 띄게 똘망똘망하다. '저 아이, 후원자 찾아 학교 보내 줘야지' 고질병이 고개를 든다. 그 아이, 눈빛이 살아있던 아이의 이름이 노엘이다. 염소 프로젝트, 여기 사람들은 무슨 일이건 '프로젝트'라 이름 붙이길 좋아라하고 염소 프로젝트는 후원의 손길을 모아서 없는 가정에 염소를 한 마리씩 분양하는 사업이다. 여하튼 노엘의 가정에 염소를 한 마리 분양하고 나서는 갈 때마다 노엘을 부른다. 저번에는 새 옷과 학용품을 가져다주고 이번에는 집을 둘러보았다.

흙벽돌로 쌓은 벽에 시멘트는 칠한 듯 만 듯하고, 전기도 창문도 물도 없는 방과 거실? 거실이라 부르기도 민망한 거처까지 모두 합쳐 봐야 3평 남짓이다. 노엘의 형제는 여섯인데 셋은 공부하러 나가 있고, 여기 흙바닥 위에 펼쳐진 스펀지 매트리스가 다섯 식구의 침실이다. 르완다의 하층을 형성하는 피그미 빌리지 가정이나 늘상 들르는 AIDS 환우의 집과 별반 다를 게 없다.

이후, 갈 때마다 노엘의 안부를 묻고 보이지 않으면 준비해 간 빵을 전해주라 하고 온다. 그리고 마을에서 영어를 담당하고 있는 조지에게 꼭 시간나면 들러서 영어를 가르치라 일렀다. 그런데 또 소식이 궁금해서 집엘 갔더니 몇 주째 공부를 쉬고 있다. 엄마랑 손짓 발짓 섞어 대화를 나누려 하는데 뒤꼭지에서 "하우 아~ 유?" 인사를 건넨다. 아휴, 깜짝이야. 어쨌든 다시 보니 반가운 마음에 키냐르완다어를 동원해 짧은 영어 몇 마디 가르치고 집을 나서다 안 되겠다 싶은 마음에 돌아섰다. 이왕 온 김에 아폴리나리가 운영하는 영어교실에 집어넣고 가야겠다.

오후, 땡볕에 서서 기다리는데 이놈 빨리 오라 손짓해도 느린 거북이다. 가만 보니 신발이 없다. 영어교실 가느라 차려 입은 아폴리나리랑 노엘에게 탄산음료를 사 주고 잠시 쉬었다. 노엘이 조금씩 홀짝거리길래 "배부르면 남겨도 된다"고 하니 두 손을 모두 쥐고 다 마신다. 그리곤 내가 마시고 있는 환타 시트론을 힐끔거린다. 내가 "마실래?" 했더니 기다렸다는 듯 후다닥 가져다 마신다. 그리곤 배가 뽈~똑 나와 버렸다.

아폴리나리가 운영하는 영어교실은 키니냐의 가톨릭 성당에서 운영하는 학교 교실을 빌린 것이다. 성당 소속의 학교는 확실히 넓고 시설도 훌륭하다. 정부는 성당에서 학교를 빌리고 그걸 개인에게 임대해 돈을 받는다. 교사들에게 노엘이 학교 교육을 받은 적이 없다고 부탁하니 따로 공부를 시켜 주마고 약속한다. 노엘이 학교에 있는 동안 얼른 나와서 다른 일을 보고 비닐로 된 샌들을 사서 신겨 주었다. 신고 가면 좋으련만…. 굳이 벗어 품에 꼭 안고 간다.

그리고 8개월 후, 이런저런 이야기를 하던 패스터 무히지가 생각났다는 듯 노엘이 반에서 1등을 했단다. 90몇 퍼센트를 맞았다나 어쨌다나 정확한 소식을 몰라 노엘을 불러 달라 부탁을 했다. 직접 뛰

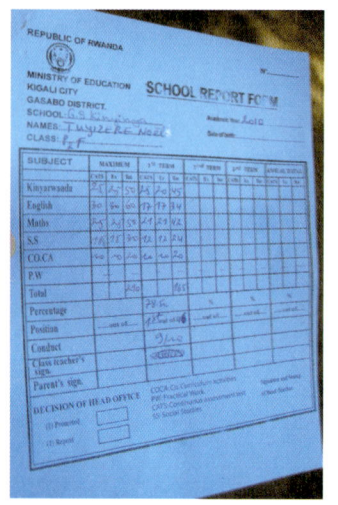

하은과 하연이 후원하는
똘망똘망한 노엘의 1등 성적표!

어가고 싶었으나 종교가 다른 집이라 내가 오는 걸 그리 썩 좋아하지 않는다. 조금 있으니 엄마랑 동생이 맨발로 성적표를 딸랑딸랑 들고 온다. 노엘은 조이스 마이어의 NGO가 이끌고 아마호로 경기장에 구경갔단다. 49명 중 1등, 97.1%다. 노엘 어머니에게 좋은 아들 두셨다고 인사를 건넨다.

돌아오는 길, 저어기 몇 명이 무리지어 지나가는가 싶더니 누가 와서 푹 안긴다. 노엘, 그새 키가 부쩍 자랐다. 어디서 얻은 여성용 티셔츠인지 앞가슴이 보일 정도로 파여 우습기도 하다. 1등해서 너무 너무 기쁘다고, 근데 한국인은 올백 좋아한다고 우스개 소리로 격려까지 해 주었다. 노엘을 후원하고 있는 하은, 하연이에게 이 기쁜 소식 빨리 전해야겠다.

호서대 유학생, 사무엘

2008년 8월 22일 금요일 새벽 여섯시, 르완다에서 일을 돕던 사무엘이 선교사팀과 함께 인천공항에 내렸다. 20일 수요일, 수도 키갈리를 출발한지 3일만이다. 샘은 처음 타보는 비행기에 너무 오고 싶었던 한국이어선지 눈빛이 반짝반짝 호기심으로 충만하다.

지난 7월, 르완다에 단기 선교사 팀으로 왔던 베데스타 팀을 샘이 도왔는데 이번에는 그들이 샘을 안내했다. 나는 마음은 훨훨 날며 샘을 인도하고 싶었으나 몸이 천근만근, 대신 그들이 통장을 개설하고 용산 전자상가를 데리고 다니며 휴대폰도 장만해 주었다. 진태는 바쁜 와중에도 친히 차를 끌고 왔고, 혹시 수술 후 운전이 내게 너무 무리가 될까 봐 천안까지 동행을 부탁했다. 천안에 있는 호서대학으로 가는 차안, 어리둥절 서울 모습에 지칠 만도 한데 고속도로변의 아파트 숲을 보더니 되려 질려 하면서 "저기엔 도대체 누가 사느냐?" 묻는다. 글쎄, 극성스러운 한국 사람들, 한국엔 아파트가 정말 많기도 하다.

샘을 호서대에 유학생으로 보내기 위해 꼬박 일 년을 마음 졸였다. 호서대는 2006년 르완다 파송 선교사로 출국하기까지 시간강사로 일하던 대학이다. 91년 목회자가 되면서 대학원 공부를 할 때 만난 청년들이 물었다. 뭘 그리 힘들게 공부를 많이 하냐고, 그땐 대학 교수가 되어 강단에 서고 싶어서라고 답했던 것 같다. 박사과정을 시작하면서 10여 년 동안 다섯 곳의 대학을 돌아다니며 강의를 했었다. 그 중에서도 호서대학은 사회학 쪽으로 강의를 하면서 시야도 넓히고 좋은 분들도 많이 만났다.

당시의 인연으로 지난해 워가WOGA 컨퍼런스, 양재동 햇불교회에서 주관한 세계 여성 지도자 대회에 참석하기 위해 귀국했을 때 교수님들이 국제교육원 프로그램의 일원이 있으니 현지 학생을 한 명 보내라고 하셨다. 르완다로 가서 주변에 누굴 보내면 좋겠냐고 물었더니 "똘똘한 디자이어를 보내면 좋긴 한데, 그 아이는 형제가 많아서 한국에 돈 벌러 가면 모를까. 공부하러 가지는 않을 것이다." 라고 한다. 그래서 키갈리에 도착한 직후, 학생들과 대화 중 유독 한국을 동경한 샘의 소망을 들어주기로 한 것이다.

처음엔 일이 착착 잘 진행되는가 싶었다. 그런데 후원해 주시기로 한 분이 "아, 인도 학생 이름이 '르완다' 인줄 알았어요. 아프리카 학생은 좀…" 그러면서 할 수 없다고 거절을 하신다. 그래도 어떻게 어떻게 주변의 도움으로 후원자를 구하고, 또 어렵게어렵게 서류를 준비하면서도 못 사는 나라에서 학생 한 명 유학 보내는 일이 너무 까다로워 서럽기도 하였다.

샘을 호서대 천안 캠퍼스에 내려 주고 오는 길, 나의 눈물이 마른 땅을 적셔 무른 땅을 만들었으니 샘!!! 네가 씨앗이 되어 너의 조국을 위해 충직하고 성실한 일꾼이 되라고 기도를 한다.

* 처음 해보는 르완다 발 한국행 비자 수속을 위해 전화와 메일로 성실하게 답해 주신 탄자니아 대사관 관계자 분들, 비행기 티켓을 발로 뛰며 구해주신 안선교사님, 많이 도와주신 황교수님, 정말 무지무지 감사합니다.

염소 프로젝트 Ihene project

르완다 사람들은 무슨 일을 계획할 때 프로젝트라 이름 붙이길 좋아한다. 근본적인 생활 대책을 원하는 황원규 교수와 여러 후원자들의 힘을 합쳐서 염소 34마리를 샀다. 원래 32명의 리스트가 대기 중인데 혹시 분양을 기다리는 동안 상태 불량한 염소가 생길지도 몰라서 두 마리는 엑스트라로 준비했다. 2006년에는 25달러 정도였는데 지금은 거의 35달러이니 비싸지기도 했다. 덩치가 크고 튼실한 녀석들은 60달러가 훌쩍 넘는다.

키니냐 kinyinya의 고아들을 후원하기로 오래 전부터 이야기가 나왔었다. 염소 프로젝트는 후원자들이 염소를 사 주고 암염소가 새끼를 낳으면 다시 암염소 한 마리만 돌려받아 다른 이웃에게 나눠 주는 방식이다. 어느 NGO건 진행하는 사업이 바로 염소 프로젝트이지만, 그렇다고 모두 염소를 가지고 있는 것도 아니다. 그러니 나도 결국 염소의 어미 노릇을 할 수밖에 없다.

큰 트럭을 부른 줄 알았더니. 에계, 너무 작은 트럭이 왔다. 다 실을 수 있겠냐 물으니 여기 사람들 뭐, 늘 "노 프로블럼 No problem"이란다. 아침 8시, 카부가 kabuga 시장에 도착했는데 역시 재래시장은 삶의 진한 냄새가 물씬 풍긴다. 벌써 사람들이 새까맣게 모였다.

역시 작은 트럭으로는 무리다. 몇 마리는 바닥에 깔려 다른 녀석들에게 밟히고 있다. 그래도 멀리 가는 것은 아니니 조금만 참으면 된다. 도살당하러 가는 줄 알고 울어대는 소리가 처량하다.

염소를 교회의 넓은 뜰에 풀어 놓는 사이, 내가 등장하면 사탕이 생긴다는 반사작용을 가진 아이들이 몰려든다. 아이들이 염소를 한 마리씩 묶는 일에 동참하겠단다. 끝내고 온 아이들에게 노래도 시키고, 폴라로이드 사진을 한 장씩 찍어 줬더니, 이 기적을 전하러 자기 집으로 뛰어간다. 그 아이들은 생전 처음 가져 본 자기 사진이리라. 사진을 들고 뛰어간 어떤 녀석의 형은 어디서 셔츠까지 입고 나타나 사진을 찍어 달랜다. 하지만 노동에 동참하지 않았으니 사탕으로 끝냈다.

그새 자기 염소 도착했다고 들여다보고 가는 사람들도 있다. 공정한 분배는 제비를 뽑는 것이라 생각하기에 만들어 놓은 번호표가 멋진 메달 같다. 내일 이 염소를 데려가는 아이들 마음에도 가득가득 희망이 심겨지길 바란다.

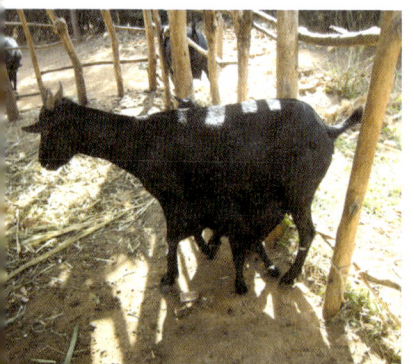

조세피나의 선물

지난 달, 급히 병원에 가야하는 에이즈 환자가 있어서 병원에 실어다 주었다. 그런데 엊그제 사망했단다. 이제 나이 스무 살. 1년 8개월 된 아들을 남기고 갔다. 남편은 없다고 하는 것 같았다. 오늘 가서 보니 할머니는 너무 연로하여 눈도 침침하고 귀도 멀었다. 근처에 사는 친구들이 의논해서 보살피는 방법을 모색한다는 소식은 들었다. 바쁘게 돌아다니는 나를 붙잡고 아이를 보란다. 왜 나에게? 아이가 너무나 귀엽고 예쁘다.

오늘 제일 먼저 찾아본 조세피나는 지난달에 비해 무척 수척해졌다. 혹시라도 위험의 신호인가 싶어 마음 졸이며 물었다. 그녀는 에이즈와 함께 결핵도 앓고 있어서 요양원에 격리 수용되어있다. 네 명의 아이들이 각기 따로 흩어져서 친척들이 돌보고 있는데 모두가 보고 싶지만, 특히 에이즈 양성반응을 보인 여섯 살짜리 셋째 아들이 너무 걱정된단다. 하지만 차비가 없어 가지도 못하는 안타까운 마음에 2킬로그램이 빠졌다. 돌아가는 친구를 배웅하고 급히 따라 나오는 조세피나, 쳐다보니 손에 아가세케가 들려있다. 내 선물로 만들었단다. 아이들이 보고 싶을 때마다 시살을 잡아당겼을 그녀 생각에 우르르 먹장구름이 몰려온다. 다른 가정을 돌아보는 내도록 그녀의 수척한 얼굴이 떠나지 않았다. 그래서 다시 발길을 돌려 아이들 만나보고 오라고 차비를 쥐어줬다.

산길, 숲길을 오르락내리락 하며
얼굴은 바나나 잎에 할퀴고 팔은 풀에 긁히면서
완전 파김치가 되어 돌아왔다.
그래도 오늘은 두 가정에서 떠났던 남편이
돌아왔다는 소식을 접하니 기분이 조금 나아진다.

막간, 너무 길어요

발전기를 돌려 영화 상영을 준비하는데 연결선이 마땅찮아 마이크를 사용했다. 르완다로 오는 인편에 보내달라고 했는데 짐 꾸러미가 워낙 많아서 낙오병이 되었다. 다시 우편으로 보내달라고 부탁하고 매일 시내에 나가서 사서함을 확인하고 있다.

그런데 사서함에 우편물대신 쪽지가 하나 붙어있다. 우체국 사무실에 가서 물어보니 만원 가까운 돈을 내고 찾아가라고 한다. 담당 세관원이 없어서 두 시간 정도 있다 오란다. 딱히 갈 곳도 없어 시내 여기저기를 기웃거리다가 집에 들어갔다가 다시 가서 물건을 찾았다. 근데, 기가 막혔다. 내가 지금 2월에 받는 물건이 서울에서 지난 8월에 부친 것이다. 그리고 물건을 찾으러 오지 않았으니 벌금으로 만원을 내란다. '아니, 이것들이!' 그래도 일단 돈을 내자. 그리고 나도 할 말은 하자. "내가 그간 우편물을 안 찾았으면 네 말이 맞다. 하지만, 우체국 직원 너도 내 얼굴 기억하지?" 그랬더니 기억한단다. 내가 어렵사리 시내에 걸음해서 늦은 밤이라도 사서함 체크하는 걸 우체국 경비도 아는데 말이야. 우체국 직원은 암튼 자기 잘못이 아니라고 오리발을 내민다. 그래, 네 잘못은 아니다. 어쨌거나 돈을 냈으니 말도 안 되는 상황을 만든 사람을 찾아내서 따져야겠다고 마음을 먹고 기다렸다.

그리고 있는 대로 늑장부리며 나타난 세관원이 뚱한 표정으로 뭐라뭐라 말하자 우체국 직원이 "킴!"하고 부른다. 그러더니 자기 잘못이 아니라는 소리를 끝까지 하며 돈을 돌려준다. 나 원 참, 9월 19

일에 도착한 우편물을 2월 25일에 찾다니…. 늦었지만 당면, 참치 등을 다른 분들이랑 나눌 수 있어서 잠시 부자가 된 기분이다.

여기서는 서로 의견이 다르면 지루하리만큼 한 말 또 하고, 또 해 가며 따지지만 그래도 싸우지는 않는다. 워낙 큰 싸움에 진저리가 난 까닭일 것이다. 시내 근처 몇몇 교회가 문을 닫았다. 정부에서 폐쇄하라고 해서 닫았다니 이 시대에 종교탄압도 아니고, 그러던 차에 전하는 말에 의하면 교회 안에 분쟁이 생겨서란다. 싸우는 것이 얼마나 싫으면….

그동안 코이카 단원이 두고 간 침대 시트를 영화 상영용 스크린으로 사용했는데 너무 작아서 새로 사려고 타운에 갔다. 포목점을 기웃거리는데 옷감에 대해서 도통 모르는 남정네들을 데리고 다니자니 답답할 뿐이다. 몇 군데 들르다가 한군데 비슷한 감이 있어서 물어보러 들어갔다. 말이 안 통하니 여전히 답답하다. 나오는 길에 뭐라 영어로 한 마디 했더니, 전화만 하고 있던 주인아저씨가 냉큼 답을 한다. 시접 없이 스크린용으로 쓰자면 침대커버가 제격일 것 같다고 전하자 바로 아저씨가 보여준다. 됐다, 사방에 끈을 달면 대충 쓰러져가는 교회 어디라도 걸 수가 있겠지. 값은 진짜 스크린 값이다.

끈을 박아 오는 동안 주인아저씨와 이런 저런 이야기를 나누었다. 내가 들어설 때부터 펼쳐놓고 내내 뭔가 설명을 하던 옷감이 제법 좋아 보이기에 얼마나 하느냐 물으니 무지무지 비싸다. 헉, 놀랐더니 나더러 어디서 왔냐고 묻는다. 코리아, 씨익 웃으며 한국에서 온 실크라서 비싸다고 한다. 정말? 다시 한번 놀라니 여기 있는 대부분의 옷감이 한국에서 왔다고 자랑한다. 옷감에 놓인 금박 자수가 제법 고급스러워보였는데, 역시나 괜히 으쓱한다. 우리는 중국제품을 하등품 취급하면서 어쩔 수 없이 싼 맛에 사는데, 여기서는 중국산도 좋은 거란다. 그런데 이 아저씨, 중국 물건은 질이 떨어진다며 한국 옷감이 최고란다.

암튼 제일 많은 한국제품은 삼성과 LG에어컨 그리고 핸드폰, 눈에 잘 안 띄는 옷감 가게에서 나더러 지나, 중국 사람이라고 안 부른 것도 기분 좋은데 최고급 옷감이 한국산이라 말하는 것을 들으니 가격 대비로 볼 때 립 시비스로 하는 말은 아닌 것 같았나. 괜히 뿌듯하다. 나더러 한국말 가르쳐 달라더니 스페인어를 배울 작정이란다.

마음은 원이조되, 몸이 말은 안 들어요.

언제부턴가 몸이 쉬이 피곤하고 조금만 움직여도 자꾸 눕고만 싶더니 갑상선 암이란다. 수술이야 간단하다지만 재활치료하며 서울에서 눌러 지내야 한다니, 이를 어쩌나 싶다. 문제가 제법 심각해 병원에서 하루를 소비하는 바람에 생일 맞은 오빠네 식구들까지 TV앞에서 하냥 기다리고만 있단다. 나 때문에 굶고 기다릴 얼굴들 땜에 더 심란해진다.

어쨌든 갑상선 절제 수술 잘 끝마치고, 수술 경과도 좋아 퇴원도 일찍 했다. 그래, 좋아!!! 후딱 회복하고 르완다로 날아갈 예정이었으나 방사성 동위원소 치료를 1차, 2차, 3차 그리고 더 받아야 된다고 한다. 빨리 쾌차하려면 맘 편히 푹 자야겠기에 르완다 숲 속의 공주처럼 잠만 푸지게 잤다. 당시, 저의 회복을 위해 기도해 주신 모든 분들께 감사 인사드립니다.

2008년 6월에 수술을 받고, 다시 2009년 혹시 재발했을까 검사했는데 아무 이상이 없다고 한다. 아, 천만다행! 가슴을 쓸어내리고 있는데 모기-진짜 모기가 아니라 사람 이름-한테서 전화가 왔다. 여기 병원에 루간다 소녀가 심장병 치료차 와 있는데 영어를 전혀 못하니 어쩌냐고 묻는다. 스와힐리어가 아니면 루간다어다. 어찌어찌 우간다 유학생을 찾아내어 연결시켜 주었다. 그리고 심장혈관 병동에 있는 제인을 만나러 갔다. 영어를 모른다기에 키냐르완다어로 인사하니 제인의 엄마 눈빛이 밝아진다. 주변에 르완다 사람들이 있어서 안다고, 대충 좋아하는 음식, 싫어하는 음식 등을 물어보고 어찌어찌 수업 중인 샘과 연결해서 통화도 시켰다.

  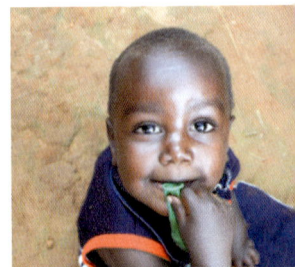

서울 한남동에 문을 열었다는 르완다 대사관을 찾았다. 바쁜 일정 지체될까봐 서둘러 갔는데 자꾸 기다리랜다. 서울 가면 대사 만나 안부 전하라는 이늄바 의원 핑계 삼아 왔더니 여기서나 저기서나 기다리는 팔자인가 보다. 괜히 미안해 안절부절 못하는 직원들과 이런저런 이야기를 나누는 동안 도착한 대리급 대사는 한국에 불만이 좀 있는 듯하다. 캐나다에서 공부한 유학파라서 그런지 전혀 르완다스럽지 않게 맺고 끊음이 분명하다. "당신네, 한국 IT기술만 르완다로 보내고 자고 깨면 듣는 자살 기술은 보내지 마시오." 허걱!!! 사진은 찍었으나 얼굴 올리지 말라는 당부에 그저 얻은 정보만 보태면 경희대에서 장학생을 많이 부르고, 동양물산인가 어디에서 사업하러 간다는 정도이다. 언제고 점심하러 오래는네…. 이보쇼, 나도 바쁜 몸이외다.

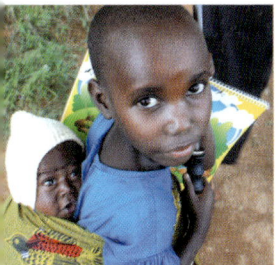

벨기에, 너 두고 보자

암이라는 게, 질기긴 질긴가 보다. 언제 고개를 들지 모르니 수시로 검사를 해야 한다. 한국은 너무 멀고, 그나마 아프리카에서 가까운 유럽에서 검사를 받기로 했다. 마침 스페인에서 내가 잘 아는 선교사님이 입당예배를 본다고 소식을 전해 왔기에 축하 겸 가서 검사를 받기로 했다. 키갈리에서 벨기에 브뤼셀 공항을 거쳐 마드리드로 향했다. 슬쩍 브뤼셀 공항을 보아하니 통로마다 아우디며 벤츠를 전시해 놓고 부자티를 파파팍 내면서 기를 꺾는다.

여차여차 스페인에서 검사를 받고 의사의 소견을 들었다. 밥은 걸러도 되지만 검사는 꼭 해야 하니 다음 달에 또 오란다. 그리고 벨기에를 그냥 통과할까 하다가 아주 큰마음 먹고, 벨기에와 룩셈부르크를 둘러보기로 했다. 도대체 벨기에가 어떤 나라이기에 자기보다 80배나 넓은 콩고를 식민지로 만들고, 무슨 억하심정으로 르완다 종족분쟁의 불씨를 일으켰을까? 벨기에와 르완다의 관계는 지난持難한 역사와 정치사로 얽혀 있으니 각자 공부하고, 르완다 사람 가난한 이유가 '땅이 작아서'라고 주장하는 벨기에, 그럼 그 작은 르완다의 10분의 1의 땅덩어리를 가진 룩셈부르크는 어찌하여 국민소득 87,000달러의 나라가 되었냐고 되묻고 싶어진다.

아무튼 그 나라 구경하고, 커다란 짐 가방이 출근길 다른 사람에게 행여 피해라도 줄까봐 일찌감치 공항에 도착했다. 체크인 카운터 구역이 1번부터 12번, 키갈리는 12번이래서 찾아갔다. 그런데 다른 출국장은 눈에 띄게 번쩍번쩍한 줄로 되어 있는데, 11번과 12번은 모퉁이 돌아 구석진 곳에 "아프리카"라고만 적혀있다. 어쩐지 아프리카만 무시하는 것 같아 잔뜩 열 뻗쳐 있는데 체크인 하던 직원이 내 짐을 두고 구시렁거린다. 오냐, 너 잘 만났다. 아니, 마드리드에서 여기 올 때는 더 작은 비행기 타고 왔어도 암말 없었다. 그런데 무슨 짐이 많다고 투덜대느냐? 내 눈빛이 심상찮았는지 이 아가씨 군말 없이 다른 가방도 고이 부쳐 준다.

승리자라도 된 기분으로 면세점을 지나는데 전시된 물건들의 가격표가 장난이 아니다. 더 이상 눈길도 주지 않고 아프리카행 게이트로 향했다. 게토ghetto도 아니고 면세 구역 끄트머리 끝에 또 다시 유리문, 그리고 출입국 심사내가 있다. 그리고 이제 더 이상 상짐도 없다는 안내가 붙어 있다. 흥! 있어도 안 산다. 벨기에 브뤼셀 공항의 구석지고 구석진 곳에 있는 전기 코드를 찾아 노트북에 연결하고, 내가 아프리칸이 되어 설움 받는 민족처럼 다다닥 손으로 화를 삭인다. 벨기에, 너 잘 사나 두고 보자고….

비키의 롱Long스토리? 아니, 롱Wrong스토리

운전기사 모세는 우간다 사람이다. 발음도 이상하니 꼬여서 얼마나 말이 많은지 그의 차를 타고 가다보면 울퉁불퉁 길에 몸도 흔들리고 머리도 댕댕 울리는 것 같다. 아, 그래 시장에서 감자와 바나나 사느라 기다리고 언덕을 한참 내려가기는 했지만 4천 프랑이면 족할 거리를 1만 프랑을 내란다. 이런, 도둑 놈의 스키!!! 늘 부르는 순박한 에지드가 아쉬울 밖에.

아이들에게 감자를 사주고 탄력 받아 비키를 불러내었다. 저번에 그녀의 회복을 위해 고기 사주기로 한 약속을 이제야 지킨다. 콩고식 전통의상으로 차려입은 비키는 그럭저럭 회복의 기미를 보인다. 꿰맨 자리엔 딱지가 앉아가지만 잘린 손가락 부위는 매일매일 가서 치료를 해야 한다. 이런이런, 아직도 가슴이 짠~

한국행을 마다하고 키갈리에서 경영학을 전공하고 있는 디자이어랑 비키, 에지드랑 다 같이 저녁을 먹고 비키를 집 앞까지 태워다 주었다. "감자, 얼만큼 가져갈 수 있느냐?" 물으니 다른 사람들 눈치를 살피며 "한 20킬로그램?" 속삭인다. "50킬로그램도 가져갈 수 있느냐?" 물으니 얼굴이 갑자기 해처럼 밝게 빛난다. 그게 가능한가? 충분히 가져갈 수 있단다.

이걸 옆에서 지켜보던 우리의 에지드, "이번 주에 와이프가 아기 낳을 것 같다…" 그래서? 어쩌라고? 프로블럼이 많단다. 내가 안색이 확 달라지니 "돈이 좀 필요하긴 한데… 기~도~나… 많이 해 달라"며 말을 스윽 돌린다. 그렇잖아도 손님 없는 그를 위해 꼭꼭 불러서 일을 시켜 주는구만. 여하튼 틈을 노린다니까요. 민망했는지 농담도 잘 못 알아듣는 앞뒤 막힌 외통수가 파웨 앞길 포장되고 동네 때깔 좋아진 게 다 내가 부지런히 다니고 애들이랑 모여서 기도 끗발 세운 덕분이란다.

비키는 아주 성실하고 똑똑한 여성으로 나의 비자 발급을 도와주기도 하였다. 얼굴이 안 보이던 차에 패스터가 그녀의 소식을 알려 주었다. 감옥에 가 있던 비키의 남편, 그 남편과의 사연도 좀 복잡하다. 비키는 아내 있는 남편이랑 다른 남자에게서 난 아이들이랑 살고 있었다. 아침드라마처럼 복잡하니 알아들으시라. 어쨌든 아내 있는 남편과 살던 비키, 전 부인에게 못할 짓을 하는 것 같아 헤어지자 했더니 혼인신고 안 되어 있던 터라 비키가 어렵사리 장만한 집마저 빼앗길 형편이었다. 하지만 관공서에서 일했던 이런저런 통로로다 반반으로 나누었다. 근데 이 남편 술에 잔뜩 취해 찾아와서는 칼을 들고 그녀를 거의 죽일 뻔 했다고 한다. 왼손 엄지손가락은 잘려나가고 목을 찔려 출혈도 아주 심했다. 게다가 헤까닥 돈 남편은 석유를 붓고 불을 지른다고 난리법석, 다행인지 불행인지 비키가 피를 너무 많이 흘려 불이 붙지를 않았다고 한다. 그 사이 비키는 긴신히 나무 소파 밑으로 피신해 목숨을 건졌다. 에고에고, 이게 뭔 난리냐고, 그녀가 빨리빨리 회복되어 재정도 관리하고 다른 여성들도 도울 수 있기를….

또, 염소 프로젝트 2010

　성실하기로 소문난 에밀과 패스터가 아침 일찍 염소를 고르려 출발했다. 드디어 두바이 충만 교회의 고아 후원 염소 프로젝트를 실행하는 날이다. 모두 54마리를 사야 하니 그 동안의 프로젝트 중, 가장 많은 염소를 사야하는데 그 사이 염소 값이 올랐다고 걱정들이 이만저만 아니다.

　염소 분양받을 명단을 가지고 온 세무담당 직원이 차비를 달라고 서 있다. 거 참, 분명히 팩스로 보내라 부탁했건만…. 난감하여 패스터를 쳐다보니 진짜 차비만 달랑 주어 보낸다. 비싼 돈 주고 산 염소 혹시나 달아날까봐 주위 인력이 총 동원되어 염소를 지키고 번호표를 붙인다.

도착한 트럭이 너무 높아 이를 어쩌나,
염소를 밑에서 올려 던지고,
던져지는 염소는 죽을 맛인데
그걸 보면 사람들은 웃음이 터진다.
내릴 때도 난리법석, 소란스럽다.

무중구 영화가 축구보다 재밌다고?

지난해 추석을 맞아 한국에서 부흥회 팀이 방문했었다. 그때 지방에 있는 교회를 답사한 적이 있는데, 이번에 가는 교회는 그 당시 찾아갔던 곳 중 하나이다. 그 당시 본 기억으론 기초 공사는 했는데 더 이상의 후원이 없어 오랫동안 그냥 그대로 내버려 둔 교회였다. 돈이 없어 짓다만 교회가 계속 걸려 몇 달 마음고생하고 드디어 벽을 쌓을 수 있는 후원금을 마련하여 전해주러 가기로 하였다.

이왕 가는 김에 영화, 맥스 루카도의 "너는 최고의 작품이란다 HERMIE"를 보여주려고 발전기를 실었다. 거기 교회가 두 개 있으니 두 번을 보여줄 요량으로 준비하고 출발, 하려고 했으나 차량수배에 문제가 생겨 2시간 넘게 거리에서 기다리다 늦게 출발해 오후 2시 넘어 도착했다.

가난한 나라에서도 더욱 가난한 지역은 국경 부근의 마을들이다. 우리가 가는 키붕고 루타레는 산 너머 왼쪽으로 탄자니아가 있고, 부룬디와는 좀 더 가까이 국경을 맞대고 있다. 피그미 빌리지도 지나고, 더 높은 언덕을 올라 도대체 왜 이런 꼭대기에 올라와 사느냐고 할 때 쯤 마을이 나타났다.

초등학교를 마치는 시간, 아이들이 100명 정도 있을 거라고 해서 두 교회 모두 합쳐 200명, 그 정도의 선물을 준비해 갔다. 교회에 다다르기 전 건너편에 있는 피그미 빌리지 사진을 찍으려는 순간, 넓은 벌판에서 함성 소리가 들린다. 축구 구경을 하는 아이들이다. 순간적으로 '헉, 저렇게 많은 아이들이…. 설마 저 아이들이 모두 오지는 않겠지?' 무엇보다 축구를 좋아하고 경기를 즐기는데 교회에서 영화상영한다고 뭐, 다 오겠나? 내심 딱 200명 정도만 오기를 바라며 준비를 시작했다.

그런데 저기 머얼리, 운동장에서도 아주 멀리 있던 아이들의 눈이 어~얼~마나 좋은지요. 차 안에 앉아있는 나를 본 모양이다. 순간, 자기편이 역전골이라도 넣은 듯이 "와!!!" 함성을 지르며 내가 있는 차로 달려들었다. 잠깐 이대로 짜부라들 것 같은 공포. "얘들아! 축구보다 무중구가 더 좋으니?" 선물이라도 많으면 그냥 운동장에서 영화를 보여줄 텐데. 어떡하나?

교사들이 아이들을 진정시키고 일단 교회 안에서 기다리던 아이들에게 영화를 보여주고 선물을 주기로 했다. 우선 바깥이 너무 밝으니 할 수 없이 창문을 닫았다. 흙벽돌 교회의 장점이랄지 단점이랄지 아무튼 창문만 닫으면 햇빛이 저절로 차단된다. 그런데 그 조그만 문틈 사이로 아이들이 달라붙어서 눈동자를 깜빡거린다.

그 아이들이 눈에 박혀 다시 마음이 서걱거린다. 내가 뭘 해 줄 수 있을까? 시간도 늦고 전세 낸 봉고비도 걱정되지만 딱 한 번만 더 상영하기로 했다. 그렇게 다시 영화를 보여주고 있는데 목사님이 내 손목을 잡아끌더니 밖을 한번 보라고 한다. 헉, 아이들이 영화를 보기 위해 줄을 만들어 서 있다. 줄이 어찌나 긴지 언덕너머까지, 잘 보이지 않는다. 그럼, 선물 없이 영화만 보여주기로 약속하고 다시 2회 상영. 그런데도 아이들이 남는다. 하지만 더 이상은 시간이 너무 늦어서 나의 힘으로 어찌해 볼 도리가 없다. 신속히 짐을 꾸려 차를 출발시키는데 아이들이 달라붙으면서 "우자가루카 자리uzagaruka ryari?" 소리친다. 언제 다시 올거냐고? 애달픈 눈망울을 뒤로 하고 돌아오는 길, 마음이 무겁다. 그렇게 두고 온 아이들이 제발, 한번 보고 또 보기 위해 줄을 선 아이들이기를….

그런데 이 봉고차가 아침부터 늦게 와 말썽이더니 어째 엔진 소리가 천식 걸린 노인네처럼 쌕쌕거린다. 한국에서 13년 된 티코를 타고 다니며 낡은 차 소리에 단련된 나도 키갈리의 낡은 차 소리에는 손든지 이미 오래다. 그래도 너무 한다. 금방 산지사방 흩어져 부서질 듯 요란한 소리를 내는 봉고차의 속도계를 슬쩍 보니 100km가 넘는다. 그래, 저 속도계가 정상은 아니겠지. 하지만 가로등 하나 없는 꼬불꼬불 산길을 어쩌자고 이렇게 폭주하는지. 늘 목숨 걸고 다니긴 하지만 이리 허무하게 가는 건 싫다. 과속이라고 차에서 계속 댕댕거리는 소리가 난다. 밤 10시 전에는 키갈리에 도착해야 하니 쫓기듯 급한 마음에 저리 몰아 부치나 보다고 이해를 부른다. 요즘 검문이 어찌나 심해졌는지 모두들 긴장의 끈을 조인다. 4월 제노사이드 기념일1994년 4월 7일, 대량학살에 대한 추모가 시작되는 날이 가까워 그런가 보다.

어쨌든 이러다 차 부서지겠다고 뭐라고 소리를 질러도 왕무시하고 달리더니 결국 카구구로에서 덜컥 멈춰 버렸다. 그나마 집 근처라 천만다행이다. 일단 짐을 내리고 조수가 이리저리 살펴서 손을 보더니 다시 쌕쌕거리며 달려간다.

그리고, 애프터 서비스

늘 누구보다 귀 기울여 듣자 하는데 뭔가를 놓친다. 이번에 진행한 염소 프로젝트도 그러하다. 은데라Ndera 센터에서 염소를 나눠준 54명이 18그룹으로 나눠 산다길래 선물 가방과 성경을 그리 준비했더랬다. 18그룹으로 나뉘어 서로 기대어 살겠거니 단순하게 생각한 탓이다.

그런데 에나테Enathe라는 여자아이가 이 사람 저 사람 쫓아다니며 성경책 "저 주면 안 되겠냐?"고 조르는 모습이 확 눈에 띄고 말았다. 그녀는 제노사이드 때 부모가 돌아가신 서바이버이긴 하지만 언니네서 살기 때문에 성경책을 같이 볼 수가 없단다. 여분을 준비 못한 소홀함을 자책하며 다음에 꼭 갖다 주마고 약속을 했다.

그리고 이튿날, 다음 주면 서울로 선교대회를 가야하기에 아무래도 시간이 없겠다 싶어 타운에 가서 성경책을 사서 오마르랑 길을 나섰다. 에나테가 영어를 모르니 자세한 이야기를 듣자면 통역이 필요할 것 같아서였다. 그녀의 집이 키갈리 외곽 공항 근처라기에 오토바이 택시를 타자고 했더니 오마르 왈, "오, 노!" 비싸다고 버스를 타잔다. 그래, 그러자. 레메라 종점 가서 점심 먹고, 마소로 가는 버스 찾아 이리 뛰고 저리 뛰고, 그 사이 비는 내리고, 다시 마사카로에서 버

스 바꿔 타느라 기진맥진, 거참 처음부터 오토바이 탔으면 좋았을 것을, 한번은 그의 뜻대로 따르고 효율을 가르쳐야지.

빗줄기는 굵어지고 안식교 대학 정문에서 만나기로 한 그녀는 보이지 않는다. 이리저리 두리번거리는데 조그만 나무 부스 안에 있던 그녀가 배시시 웃으며 나온다. 아마도 비를 피해 있었던 모양이다. 비도 피할 겸 앉아 소다라도 마시려나 물으니 이 근처에는 그런 데가 없단다. 한참을 가야하는데 "갈 수 있겠냐?" 둘이 동시에 묻는다. 왜, 무중구가 비 맞고 들길 못 걸을까 봐? 할 수 없이 또 길을 걷고 걸어 에나테의 마을까지 서편제 들길 걷듯 많이도 걸어간다. 마을길로 들어서는 그녀의 발걸음이 조심스러워진다. 아마도 무중구인 나와 가는 길이 불편해서 그러리라. 갈 수 있겠냐고 물은 까닭도 아는 사람들의 눈이 무서워 그랬을 것이다. 여기선 외국인과 현지인이 함께 가면 혹시나 돈이라도 건네받았나 싶어서 나중에 찾아오는 일도 있다고, 성경책이나 건네고 그냥 갈 것을 괜히 곤란에 빠트리는 건 아닌지….

우리나라 50년대의 읍내 모습을 지닌 초라한 마을, 유리창은 깨어져 썰렁해 보이는 안식교회에서 노래 소리 들려온다. 그리고 조그만 음료수 집에 앉아 우유와 사각머핀 같은 케케와 계란을 놓고 대화를 시작했다. 에나테는 내가 성경을 갖다 주마고 약속은 했어도 이리 빨리 직접 가져다 줄줄은 몰랐다고 감격에 겨워 감사 인사를 하고, 옆에 앉은 오마르 녀석은 그녀보다 더 호들갑스럽다. 그녀의 거듭된 감격 인사에 속으로 약간 찔끔 가책을 느낀다.

사실, 이리 먼 길 걸어 그녀와 얘기를 나누러 온 까닭은 어제 나누어준 염소가 제대로 분배되었는지 물어보기 위해서였다. 염소를 나눠주는데 지역 책임자가 "이보다 더 어려운 사람도 많이 있음을 기억해 달라"고 했던 말이 계속 걸렸기 때문이다. 아니, 염소를 나눠주기 위해 책임자를 만났을 때 분명히 제일 어려운 사람들을 추천해 달라고 그리 신신당부를 했건만, 이건 또 뭔 소리냐고? 알고 보니 무슨 후원이든 제노사이드 생존자부터 혜택이 돌아가기 때문에 그렇게 말을 했다고 한다.

간간이 들리는 소문에 의하면 후원을 많이 받아 차를 가진 서바이버도 있다고 한다. 그래서 마을에 사는 그녀에게 어떤 과정으로 추천받고, 다들 정말 가난한 사람들인지, 공정하게 선별된 것 같은지 등을 물어보려고 했던 것이다. 어린 고아들의 어려운 살림을 돕겠다고 후원해 준 두바이 충만교회 분들의 취지에 어긋나서도 안 된다. 어제 염소 받은 서바이버들 다 아는 사람이냐 물으니 그렇단다. 그렇다면 대체로 공정하게 분배된 것이리라.

에나테는 다섯 살 때 부모님이 살해당하고 그나마 4남매는 군인들, 현 집권 정부의 도움으로 난민캠프로 보내져 목숨을 건질 수 있었다고 한다. 옆에서 통역을 거들던 오마르도 동변상련, 자기도 일곱 살 때 죽을 뻔 했던 기억이 되살아났는지, 서바이버들이 어떻게 생존했는지 절대로 모를 거라고 소리를 높인다.

정부의 지원으로 고등학교는 마쳤지만 대학은 공부를 잘해야 정부 펀드를 받아 갈 수 있기 때문에 지금은 언니네 집에서 아이를 돌보며 지내고 있다. 말하면서도 자꾸만 눈을 비비고 충혈되길래 왜 그러냐 물으니 눈이 나빠서 그렇단다. 세컨더리 보딩스쿨_{보딩스쿨은 기숙학교를 가리킨다. 르완다는 대부분 기숙학교이다}에 다녔는데 교실이 너무 어두워 눈이 나빠진 모양이다. 여행 준비로 바쁘긴 하지만 어떻게 시간을 쪼개 안경을 해주마고 약속했더니 또 같이 감격감격, 일단 옆에서 두고 보면서 공부를 더 하게 돕든지 아니면 영어 공부라도 시키든지 궁리를 해야겠다.

아프리카 대륙의 르완다라는 나라

인간의 생각이란 게 얼마나 편협한지 내가 겪고 만지고 보는 아주 작은 세계의 것을 전체로 단정하기 쉽다. 서울에서 만난 많은 사람들이 내가 아무리 르완다에 산다고 해도 그냥 '아프리카' 어떤 나라에 살겠거니 생각한다. 아프리카에도 54개국의 크고 작은 나라들이 있는 큰 대륙이다. 우리나라보다 크다. 대체로 아프리카라면 그저 한 나라처럼 뭉뚱그려 생각하는 것 같다.

우간다는 '이디 아민'이라는 독재자 때문에 뉴스를 타서 르완다보다 좀 더 알려져 있다. 우리는 우간다조차 아주 가난한 나라라는 인식을 가지고 있지만 르완다에 비하면 우간다는 양반이다. 며칠 전 부룬디에서 일하는 선교사를 만났더니 본인의 생각으론 르완다가 더 잘 산단다. 때로는 상대적이기도 하지만 우간다나 르완다, 브룬디나 모두 잘사는 것 따져 봤자 도토리 키 재기일 뿐이다.

오늘도 종일 전기가 나가 안 들어온다. 노트북의 배터리를 오래

쓰려면 전기 연결할 때는 배터리를 빼고 사용하라는 소리를 여러 번 들었지만 언제 전기가 갑자기 나갈지 몰라 그럴 수가 없다. 안 그래도 며칠 전기가 안 나간다 싶어 그새 전기 사정이 좋아졌나 했는데. 시내의 다른 쪽은 전기가 들어왔던데 이곳은 저녁 8시까지도 안 들어와 캄캄한 가친지로를 지나며 마음이 썰렁했다. 가친지로의 원래 뜻은 'Secret Place' 이다. 타운에서 옮겨온 이곳은 목재상들이 즐비하고 가구를 만들어 팔기도 한다. 뭔가 필요한 것들을 찾을 만한 곳이기도 하다. 여기서 전기를 많이 쓰기 때문에 여간해서 내가 사는 동네는 전기를 잘 안 끊는다고 하는데도 종종 끊긴다.

보통 집에서 아래까지 걸어 내려와 오토바이를 잡는다. 길바닥은 어찌나 고운 황토 흙인지 바람 잦은 요즘 오후에 외출하면 입안으로 황토 미숫가루를 들이키는 기분이다. 황사? 한국에서 봄이면 황사 날아온다고 뭐라 하지만 여기에 한번 서 있으면 그건 정말 별거 아니다. 나는 이렇게 아프리카에 살고 있지. 아흐흥~~~

진성호

한국예외봉사단 지역커뮤니티 전북 대표. 2006년 11월부터 2008년 11월까지 KOICA 봉사단원으로 르완다 키금리국립공과학교술원에서 봉사하였다. 현재 호주 유학 중이다.

Little White Shell

2006년 11월 27일 이른 새벽,
지저귀는 새소리에 눈을 떴다.
장거리 비행으로 인한 여독으로
늦잠을 자리라 마음먹었는데
생각보다 이른 시간에 아침을 맞이하였다.
테라스에 나가보니 낯선 풍경들이 눈앞에 펼쳐졌다.
멀리 산중턱에 옅은 안개 사이로 희미하게 보이는
고급스러운 집들이 이곳이 르완다가 아닌가?
착각을 불러일으킨다.
하지만 고개를 살짝 돌려 다른 곳을 보니
역시나 흙으로 지어진 자그마한 집들이
이곳이 르완다가 맞아! 외치는 듯하다.
그렇다.
이곳은 르완다이다.
내가 앞으로 2년 동안 살아야 할 땅.
나의 모든 것을 쏟아내야 할 땅.
그 첫발을 내딛는다.

인천을 출발해서 홍콩, 남아프리카공화국의 요하네스버그, 브룬디의 부줌부라를 거쳐 르완다의 수도 키갈리에 도착했다.

출국심사를 마치고 나가려는 순간 세관이 나를 붙잡았다. 잘못한 것도 없는데 순간 덜컥했다. 무슨 일인가 했더니 손에 들고 있던 비닐봉지를 달란다. 안에 들어있는 내용물을 검사하나보다. 세관에게 비닐봉지를 건넸다. 그러자 비닐은 가져가고 내용물만 돌려준다. 필요하면 종이가방을 사란다.

르완다에는 비닐봉지 사용이 엄격하게 제한되어 있어서 입국을 할 때 비닐류를 소지하지 못하게 되어있다. 환경을 생각하는 이들의 정책이었다. 개발도상국하면 늘 약간은 지저분한 이미지가 뇌리에 박혀있었는데 나의 생각이 잘못되었음을 깨닫는 순간이었다. 겉으로 보기에 깔끔하고 깨끗한 이미지의 나라들이 오히려 환경을 해치고 더럽히는 건 아닌가 싶다. 우리나라만 해도 비닐봉지를 사용하지 않는 곳이 없으니.

그렇게 모든 입국준비를 마치고 위탁수하물을 찾기 위해서 기다리고 있는데 컨베이어벨트가 멈출 때까지 짐이 나오질 않았다. 짐이 도착하지 않은 것이다! 르완다와의 기분 좋은 첫 만남을 시작하려고 하는 순간 갑자기 찬물이 확 끼얹어졌다. 일주일쯤 후에야 무사히 짐을 찾을 수 있었는데 그 일주일간의 고생이란 겪어보지 않으면 쉽게 이해하지 못한다. 그렇게 르완다와는 애증의 관계로 첫 발을 내딛었다.

여독이 채 풀리기도 전에 현지 적응훈련이 시작되었고 르완다에서의 삶이 어느 정도 적응이 되어갈 때 쯤 파견지가 정해졌다. 나의 파견지는 키갈리국립기술과학원. 대학졸업을 한 학기 남겨두고 봉사단원이라고 온 나를 KIST 교직원들은 의심의 눈초리로 바라보았다. 나조차도 자문한다. 과연 내가 이곳에서 무슨 일을 할 수 있을까?

아프리카의 정보통신 허브를 꿈꾸다

IT에 대한 르완다 국민들의 관심은 정말 크다. 지금 르완다의 모습은 과거 우리나라의 모습과 굉장히 비슷하다. 아니 오히려 더욱 처참할지 모르겠다. 르완다는 과거 내전으로 인해서 너무나도 힘든 시기를 보냈다. 게다가 전 세계가 관심을 가질만한 지하광물을 가지고 있지도 않다.

르완다의 땅덩이는 우리나라 강원도보다 조금 큰 정도이며 심지어 내륙국이다. 대부분의 수입품은 모두 케냐나 탄자니아를 거쳐서 들여오고 있다. 그래서인지 1950년대 가난을 딛고 일어서 IT 강국이 된 대한민국을 그들의 본보기로 삼았다는 사실이 그리 놀랄만한 일은 아니다.

IT 업종은 르완다에서 각광받고 있다. 그러기에 KIST는 르완다 고등학생들이 부타레국립종합대학교와 더불어 가장 가고 싶어 하는 학교이다. KIST 학생들이 그러한 열정을 가지고 입학하기 때문에 교육에 대한 열망은 대단하다. 심지어 학교에서 일하고 있는 교직원들조차도 나에게 컴퓨터를 가르쳐 달라고 한다. 이유인즉슨 컴퓨터를 잘하면 이곳보다 보수가 더 좋은 곳에서 일을 할 수 있기 때문이다.

르완다가 아프리카의 IT 강국에 대한 꿈을 이루기에는 몇 가지 문제점이 있다. 대부분의 학생들은 대학교에 들어와서야 처음 컴퓨터를 만져본다. 우리에게는 흔한 TV조차도 각 가정에 보급되지 못한 현실에 PC보급은 더더욱 극소수의 선택받은 가정에게만 주어진 선물인 셈이다.

물론 고등학교에도 컴퓨터가 어느 정도 보급 되어 있다. 하지만 대부분이 낡은 구형 컴퓨터인데다 지역별로 보급의 차이가 크다. 고등학교에 컴퓨터가 있다고 해서 학생들이 마음대로 사용할 수 있을까? 역시 그렇지 않다. 숙소 근처에 있는 한 고등학교는 엄청난 시설을 자랑하는 컴퓨터실이 있었다. 나조차도 한국에서 보지 못했던 새로운 제품들이 그곳에 있었다. 하지만 이 학교에는 이렇게 좋은 컴퓨터와 다른 기기들을 사용할 선생님이 없다. 컴퓨터실은 언제나 문이 굳게 잠겨있다.

르완다의 교사들은 임금이 적은 편이다. 때문에 다른 직업을 구하기 위한 전단계로 생각하거나 다른 일과 겸직하는 경우가 대부분이다. 게다가 다른 좋은 직장을 구할 경우 뒤도 안 돌아 보고 학교를 떠난다. 따라서 아이들에 대한 애정이 부족한 느낌이다.

돼지 목에 진주목걸이랄까? 아주 좋은 시설과 컴퓨터를 가지고 있어도 제대로 활용을 못한다면 아무런 소용이 없다. 르완다가 IT 강국이 되기 위해서는 아직도 넘어야 할 산이 많다.

컴퓨터실 만들기

KIST에서 내게 처음으로 주어진 일은 컴퓨터실 만들기. 한국국제협력단을 통해 컴퓨터와 프린터기, 프린터용 토너 그리고 UPS가 지원되었다. 먼저 KIST 부총장의 도움으로 새로 꾸밀 컴퓨터실을 확보하였다. 1994년 KIST가 개교하면서 처음으로 사용한 강의실이다. KIST의 역사를 고스란히 느낄 수 있는 곳이었지만 한편으로는 새로 지어진 건물에 들어갔으면 좋았을 걸, 아쉬움을 뒤로 하고 컴퓨터를 설치하기 시작했다.

KIST의 직원 두 명과 함께 컴퓨터를 설치하는 작업은 그리 오래 걸리지 않았다. 어? 그런데 뭔가 이상했다. 키보드의 키 배열이 다르다! 불어 식 키보드와 윈도우라니. KIST는 현재 영어로 수업이 진행되고 영문 윈도우 환경에서 수업을 받고 있는데….

르완다는 과거 벨기에 식민지였기 때문에 한국국제협력단에는 불어권 국가로 등록이 되어있었나 보다. 그래서 불어 식 윈도우와 키보드를 선택해서 보냈으리라. 우리나라에서 지원하는 활동임에도 불구하고 이정도로 관심이 없고 무지하다니. 나의 사명감은 커져만 갔다.

우리는 새로이 영문 윈도우를 설치하는 작업을 하였다. 물론 거의 대부분의 학생들이 불어를 이해할 수 있지만 수업에 통일성을 주기 위해서 영문으로 바꾸기로 하였다. 하지만 불어로 되어있는 키보드는 영문 키보드의 자판배열을 외우고 있지 않는 한 사용에 혼란을 줄 수 있기 때문에 그대로 두었다. 예상치 못했던 일로 생각보다 작업시간이 좀 길어졌지만 깔끔한 컴퓨터실을 보니 왠지 기분이 좋아졌다.

마르셰 결혼식에 초대합니다

KIST에서 일을 시작한지 한 달. 가장 친한 친구이자 KIST 동료 직원인 마르셰의 결혼식이 코앞이다. 요즘 마르셰는 무척이나 들떠 있다.

"진, 나 오늘 처가댁에 다녀 오려해. 반지도 끼워주고 말이야."

르완다는 어떻게 보면 결혼식을 총 세 번 한다. 먼저 신부 부모님 집에서 결혼식이 진행된다. 신부를 데려오는 조건으로 신랑은 소를 주거나 그에 해당하는 소 값, 즉 돈을 준다. 얼마인지는 신랑의 재력에 달렸다. 그렇게 신부 부모님께 허락을 받은 뒤 신부에게 반지를 끼워준다. 여기까지가 첫 번째 결혼식이다.

신랑신부가 아가세케를 들고 있으면
사람들이 앞으로 나가 직접 축의금을 넣어준다.

그 다음으로 지역관청 같은 곳에서 혼인신고를 한다. 우리나라 같으면 신랑신부 둘이 가서 간단하게 서류직성만 하면 되지만 르완다에서는 그리 만만치 않다. 일단 많은 사람들이 그 둘의 모습을 지켜본다. 지역관청 직원들의 진행 하에 선서를 하고 서류에 사인을 한다. 증인들까지 사인을 다 하고 나면 결혼이 유효함을 선언하면서 끝난다. 보통 한두 시간 정도 소요되는데 그냥 사인만 하고 끝내는 것보다 이런 절차를 거치면 뭔가 신중함이나 책임감 같은 게 더 느껴지지 않을까. 아무래도 결혼은 인생에 있어서 엄청 중요한 일이니 말이다.

이렇게 혼인신고까지 하고 나면 마지막으로 교회나 호텔에서 결혼식을 올린다. 흔히 우리나라에서 하듯이 신랑신부는 많은 사람들 앞에서 부부가 됨을 선언한다. 우리와 다른 점이 있다면 특이하게도 축의금을 전달하는 시간이 따로 있다. 신랑신부가 아가세케^{평화바구니,}

바나나껍질을 이용해 만든 르완다 전통바구니를 들고 있으면 사람들이 앞으로 나가 직접 축의금을 넣어준다. 식이 끝나면 가족과 친지들이 모여 기념촬영을 하는데 식이 진행된 곳이 아닌 풍경이 좋은 곳으로 이동을 한 뒤 사진을 찍는다. 이들 역시 결혼식 후에는 피로연을 한다. 피로연에도 예식과 비슷한 절차가 있다. 가족들이 축사를 하고 신랑신부는 전통 바나나 술을 함께 마시며 케이크를 잘 나누어 모든 하객들이 먹는다. 이렇게 피로연을 마친 뒤에야 다른 곳으로 이동해 식사를 한다.

이 모든 절차를 거쳐야 비로소 정식 부부가 되어 함께 산다. 어딜 가나 그렇겠지만 르완다 사람들에게도 역시 결혼이란 정말 큰 행사이다. 그 날 만큼은 모든 사람들이 축하해 주고 함께 즐기며, 결혼식은 거의 하루 종일 이어진다. 내가 느끼기에는 조금 지루한 면이 없잖아 있었지만 함께하는 다른 하객들에게서는 전혀 그런 느낌을 받지 않았다. 한 시간이면 끝나는 우리나라 예식에 너무 익숙해져있기 때문일지도 모르겠다. 마르셰는 결혼식 내내 싱글벙글 입이 귀에 걸렸다.

"마르셰, 부디 행복하게 살아."

축하 혹은 저주

마르셰는 지금 깨소금 같은 신혼을 만끽 중이다. 결혼식 때 찍은 사진을 보니 부부는 정말 행복한 모습이다. 마르셰의 행복한 모습을 보고 있자니 왠지 모르게 고향생각이 난다. 마르셰를 위해 선물을 하고 싶다. 한국에 있었다면 이것저것 선물해 주고 싶은 게 많지만 지금 내가 있는 곳은 르완다. 고민 끝에 결혼식 사진을 모아서 아름다운 음악과 함께 동영상으로 만들었다. 그리고 잘 나온 사진 몇 장은 예쁘게 꾸몄다. 그들 생에 가장 아름다운 모습. 그래도 내가 마르셰에게 해 줄 수 있는 가장 좋은 선물이리라. 마르셰에게 주기 전, 고드프레이에게 보여줬다.

"고드프레이, 나 마르셰를 위해서 깜짝 선물을 준비했어."

"오, 그래? 마르셰가 좋아하겠는데."

"그럴까? 정말 그랬으면 좋겠다. 네가 먼저 보고 평가 좀 해줘."

고드프레이는 자기가 선물을 받은 것처럼 기뻐했다.

"와우, 진! 이거 네가 만든 거야? 정말 예쁘다."

"응. 어때? 괜찮은 것 같아? 마르셰가 좋아할까?"

"물론이지. 아마도 마르셰가 받은 선물 중 최⋯."

계속 사진과 영상을 살펴보던 고드프레이는 말을 멈췄다. 그리고 밝게 웃던 그의 얼굴이 갑자기 변하며 농담 섞인 말을 했다.

"진! 너 두 번 다시 마르셰를 보고 싶지 않은가 보구나?"

당황스러웠다. 마르셰를 축하하기 위해 만든 나의 선물을 보고 한 고드프레이의 말을 이해할 수 없었다. 나의 얼빠진 모습을 보고 고드프레이는 웃으며 말했다.

"진, 르완다에서 보라색은 죽음을 의미해. 결혼식 사진에 보라색이라니."

내가 만든 사진에는 보라색이 많이 사용되었다. 나는 보라색 계열을 좋아한다. 지금까지 살면서 내가 보라색을 좋아하기 때문에 문제된 적은 한 번도 없었다. 그렇기 때문에 더 당황스러웠다. 아, 지금 막 결혼한 이들에게 추모 사진이라니. 실수도 이런 실수가 없다. 축하하기 위해 정성스레 공들여 만든 선물이 자칫 저주가 될 뻔 했다. 나의 실수를 알려준 고드프레이에게 감사하며 서둘러 사진 보정 작업을 했다.

다시 아름답게 치장한 사진과 동영상을 CD로 만들어 마르셰에게 주었다. 마르셰는 뛸 듯이 기뻐했다. 보라색으로 장식한 사진을 받았을 마르셰를 잠시 상상해 보았다. 으, 끔찍하다. 작은 선물에 감동한 마르셰를 보니 나 역시 기분이 좋아졌다. 한편으로 르완다에서만큼은 보라색을 마음속으로만 좋아해야겠다고 생각했다.

학교에 선생님이 없다?

하루는 코이카 사무소장님과 함께 수요 조사차 내가 살고 있는 집 근처의 중·고등학교를 찾았다. College Saint Andre라는 이 학교는 교육부장관 등 국가의 요직에 있는 사람들의 출신학교로 르완다에서 제법 유명한 학교이다.

코이카 소장님과 함께 학교에 대한 소개를 듣고 시설을 둘러보았다. 학교가 정말 깨끗하고 제법 규모도 있어보였다. 그 중에서 가장 마음에 들었던 곳은 바로 컴퓨터실. 40여 대의 컴퓨터와 프로젝터 스마트보드 그리고 무선인터넷까지, 다른 학교에서는 쉽게 찾아볼 수 없는 기기들이 마련되어 있었다.

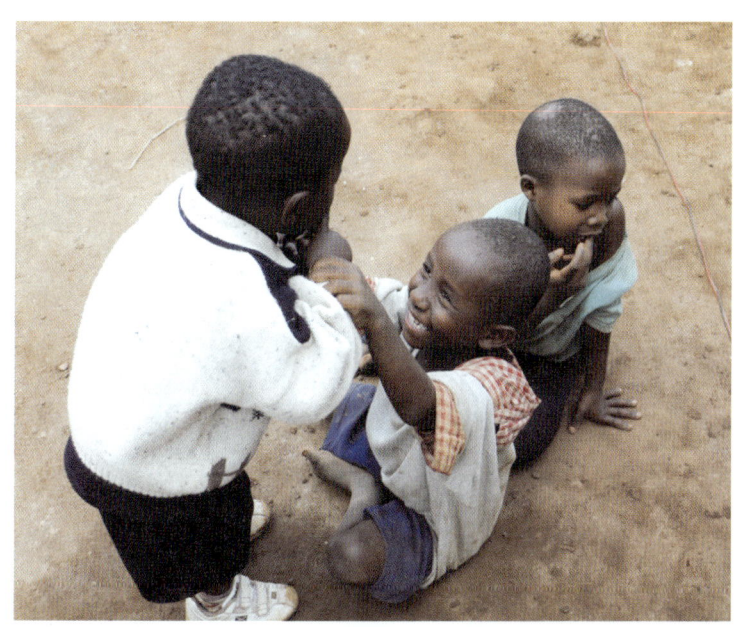

이렇게 훌륭한 컴퓨터실은 보고만 있어도 뿌듯했다. 이곳 학생들은 컴퓨터 수업을 제대로 받고 있겠구나. 나의 예상은 빗나갔다. 가장 중요한 컴퓨터를 가르쳐줄 선생님이 없다! 전에 계시던 선생님이 그만 두고 지금까지도 선생님을 구하지 못했단다. 안타까운 상황이었다.

"컴퓨터 수업을 맡아보는 게 어때요?"

코이카 소장님의 말이 끝나자마자 교장선생님은 나를 애절한 눈빛으로 바라보았다. 차마 그 눈빛을 외면할 수 없어 결국 봉사단원이 파견되기 전까지 시간을 쪼개어 수업을 맡기로 했다. 교장선생님은 아이처럼 기뻐했다. 우선 비교적 여유가 있는 월, 수, 금요일 오전 9시부터 12시까지 하기로 하고 시간표를 받았다.

첫 수업에 너무나 많은 학생이 몰려왔다. 두 반이 같은 시간에 컴퓨터 수업이 있었기 때문이다. 심지어 다른 반 학생들도 왔다. 그동안 컴퓨터를 얼마나 배우고 싶었는지, 아니 얼마나 컴퓨터를 만져보고 싶었는지 느껴졌다.

교실 크기와 컴퓨터 수에 비해 학생은 너무 많았다. 결국 통제가 제대로 되지 않아 인원을 줄여야했다. 그래서 교장선생님과 다시 상의해 이 학교에 좀 더 오래 남아있게 될 시니어 학생들, 우리나라로 치면 중학생들을 가르치기로 했다. 수업시간에는 본 반 학생들보다 늘 많은 학생들이 앉아 있었다. 그렇다보니 출석을 부르고 다른 반 학생들을 쫓아내는 것이 늘 수업의 시작이었다. 수업에 참여하지 못하는 학생들에게는 언제나 미안한 마음이 가득했다.

나는 South Korean이야

학기가 끝나갈 무렵 학생들에게 그 동안 가르쳤던 플래시를 얼마나 잘 활용할 수 있는지에 대한 과제를 만들어서 제출하도록 했다. 자기 자신을 가장 잘 어필할 수 있는 프로필 만들기. 아직은 다들 서툰 솜씨지만 그동안 열심히 따라하며 배운 것들을 다시 되짚어 볼 수 있는 시간이 되리라 생각했다.

작품을 소개하는 시간. 자기 이름인 로즈를 알리기 위해서 장미꽃 이미지를 넣은 학생, 평소에 가라데를 배운다며 가라데 도복을 넣은 학생 등 나름 배운 것들을 최대한 살려서 저마다의 개성으로 프로필을 채웠다.

그 중에서 유독 내 눈을 사로잡은 작품이 있었다. 한국에서 온 선생님에게 플래시를 배워서 이렇게 작품을 만들 수 있었다는 내용으로, 나로선 꽤 감동적이었다. 그런데 이게 웬일인가! 하필이면 북한 국기라니. 나에 대한 고마움의 표시로 코리아 국기를 찾아서 넣으려고 했던 것 같은데 의도치 않은 결과가 발생했다. 우선 잘 만들었다며 박수를 쳤다. 하지만 알려줘야 할 건 알려줘야지.

"파스칼, 나는 South Korean이야. 파스칼이 찾은 건 North Korea 국기란다."

나는 태극기를 검색해서 보여주었다. 파스칼이 너무 미안해 해서 오히려 내가 미안할 지경이었다.

그러고 보면 그들도 우리와 참 많이 닮았다. 몇몇 사람들의 이기적인 생각으로 인해 많은 사람들이 고통을 겪고 후세에 짐을 안겨준 셈이니 말이다. 르완다 사람들이 내전을 겪었듯 나 역시 분단된 나라에 살고 있다. 북한의 국기를 보면서 내 나라의 국기가 아님을 설명하는 내내 마음이 찜찜했다. 우리나라가 통일이 된다면 국기는 어떤 모양일까.

집에 돌아가서 복습을 할 수도 없었을 상황에서 이 만큼이나 과제를 충실히 마쳐준 그들이 정말 고마웠다. 그리고 날 생각해주는 마음도.

작은 하얀 조개 Little White Shell

르완다의 별명은 아프리카의 스위스, 그리고 밀 콜린Mille Collines이다. 밀 콜린은 1,000개의 언덕이라는 뜻의 불어다. 르완다는 1,000여개의 산으로 이루어진 나라이다. 이 중 가장 높은 산이 바로 카리심비Karisimbi. 높이는 4,507m로 대한민국에서 가장 높은 산인 한라산1950m을 두 개 올려놓은 것 보다 더 높다고 생각하면 된다.

나는 르완다의 최고봉에 오르고 싶었다. 먼저 카리심비에 다녀온 후배단원들에게서 정보를 얻어 함께 카리심비에 오를 사람들을 모았다. 나를 포함하여 총 일곱 명이 모였다. 카리심비에 입산하기 전 마지막 마을에서 우리를 도와 짐을 들어줄 포터를 고용하고 기대에 찬 마음으로 산을 오르기 시작했다.

어느 정도 올랐을까, 함께 오르던 단원 중 한명이 고산증세로 많이 힘들어했다. 천천히 올라가고 싶었지만 해가 저물기 전에 베이스캠프에 도착하지 않으면 자칫 위험해질 수도 있다며 가이드는 계속

　해서 재촉했다. 설상가상으로 비까지 마구 퍼부었다. 모두들 체력도 많이 떨어지고 고지대여서 낮은 온도에 비까지 맞아 몸이 덜덜 떨렸다. 나름 철저히 준비한다고 했는데 아프리카여서 온도에 너무 둔감했었나보다.
　마침내 겨우겨우 베이스캠프에 도달했지만 시설은 너무나 열악했다. 제대로 비를 피할 수 있는 공간조차 없었다. 더군다나 ORTPN에서 빌려온 4인용과 3인용 텐트는 비를 제대로 막아 줄 수 있을지 의문이었다. 너무 많이 낡아버린 3인용 텐트에는 가방을 넣어두었고 그나마 양호해 보이는 4인용 텐트에 일곱 명이 자기로 했다. 그렇게 대충 잠자리를 정리하고서 포터가 피워둔 모닥불에 옹기종기 모였다. 저마다 젖은 몸과 옷을 말리고 저녁으로 준비해온

라면을 먹기로 했다. 아뿔싸! 냄비가 없다. 냄비를 깜박하다니. 배는 너무 고픈데 젓가락만 빨고 있게 생겼다. 생 라면이나 부셔먹어야겠다, 생각하고 있는데 옆에서 포터가 씨익 웃으며 은박도시락 용기를 내민다. 점심때 사용했던 은박도시락. 그 날 끓여 먹은 라면 맛은 내 평생 잊지 못하리.

4인용 텐트에 일곱 명이 주루룩 누워있는 모습이 상상이나 되는가? 그나마 매트 두 개를 가로로 깔고서 등과 허리만이라도 푹신푹신한 곳에 누울 수 있음이 다행이었다. 너무 좁아서 끝에 있던 세 명은 번갈아가며 쪽잠으로 하루를 보냈다.

다음날 새벽, 사람들의 컨디션을 살펴보았다. 거의 대부분이 회복하지 못한 것 같았다. 나 역시 씨뿌드드. 날씨 또한 여전히 흐렸다. 최종적으로 정상에 가고 싶은 사람만 올라가고 남은 사람들은 베이스캠프에서 쉬기로 가이드에게 이야기하였다. 처음에는 신변보호 때문에 두 개 팀으로 나누기 힘들다며 회의적이었지만 올라가고 싶어 하는 우리의 굳은 의지에 결국 그렇게 하기로 했다.

이제는 세 명만이 산을 올랐다. 가이드와 포터는 마음이 급해서였는지 서둘렀다. 베이스캠프부터 정상까지의 산행에 비하면 전날은 그저 작은 언덕에 오르는 준비운동에 불과했다. 역시 사천오백칠 미터는 만만치 않다. 비 때문에 젖은 땅이 우리를 더욱 힘들게 하였다.

산 정상을 200여 미터 앞에 두고 날씨가 개기 시작했다. 눈 덮인 정상이 서서히 그 모습을 드러냈다. 카리심비는 현지어로 Little White Shell이라는 뜻이다. 작은 하얀 조개라. 직접 본다면 카리심비라는 말이 절로 나온다. 우리의 수고를 알았는지 카리심비는 아름다운 모습으로 답했다. 누군가 이런 이야기를 한 적이 있다.

"Life is climb. But the view is great."

그렇다. 그 아름다운 광경은 고된 인내의 시간을 지나 정상에 도착해서야 볼 수 있다. 카리심비는 나에게 어떤 어려움도 끝까지 참아내고 정상을 향해서 계속 나아갈 수 있는 자신감을 주었다.

투 롱게라 Turongera

르완다에서 주말을 알차게 보내기란 쉬운 일이 아니다. 여가 생활을 즐길만한 것들이 많지 않기 때문이다. 그 흔한 극장이나 노래방은 눈 씻고 찾아볼 수가 없다. 뭔가 조금 더 의미 있는 주말을 보내고 싶었다. 다른 단원들과 함께 이런저런 의견을 나눈 결과 함께 고아원을 방문하기로 했다. 그리하여 우리가 방문을 할 만한 고아원을 여기저기 수소문하다가 르완다에 계신 김오영 선교사를 통해 고아원 한 곳을 알게 되었다.

고아원을 처음 방문하던 날 아이들에게 줄 쿠키를 만들었다. 이 아이들은 군것질이라는 것을 해본 적이 있을까? 어렸을 때 친구들과 어울려 먹던 떡볶이, 어묵 등을 맛보게 해주고 싶었다. 당장 아쉬운 마음을 달래며 정성스레 쿠키를 만들었다. 아이들의 눈빛이 기대에 가득 차 반짝거린다. 뛰어난 솜씨는 아니었지만 우리가 만든 쿠키를 맛본 아이들의 표정은 감동 그 자체.

언제 다시 볼 수 있을지 기약 없는 것,
이제는 그리워해야만 한다는 것을
어떻게 설명해야할지 몰라 그냥 관두기로 했다.
언제나처럼 **"투롱게라."**

아이들이 쿠키를 먹고 있는 동안 우리는 게임 준비를 했다. 말랑말랑 풍선을 터뜨리기 위해 있는 힘껏 친구를 껴안고, 뒷짐 지고 사탕을 먹고 얼굴에 잔뜩 밀가루를 묻힌 채 환하게 웃는 그들이 고아라는 게 믿겨지지 않았다. 게임하는 동안 어찌나 즐거워하는지 나 역시 어린 시절로 돌아간 느낌이었다.

하루는 티셔츠에 'I ♥ Korea' 라는 페인팅을 해서 고아원 아이들에게 나눠 준 적이 있다. 한 아이가 Korea를 가리키며 물었다. 이거 무슨 뜻이야?

"코리아, 나의 나라야."

그날도 아이들과 즐겁게 게임도 하고 청소와 빨래를 한 뒤 돌아가려는데 뜬금없이 아이들의 공연이 펼쳐졌다. 우리가 나눠준 티셔츠를 입고 합창을 하고 전통춤도 추며 고마움을 표현하고자 했다. 아이들은 분명 해맑게 웃고 있었는데 나는 괜스레 눈물이 핑 돌았다. 돌아가야 할 시간을 훌쩍 넘겼음에도 우리는 아이들의 공연을 끝까지 관람했다.

어느덧 임기를 마칠 무렵, 고아원에 마지막 인사를 하러 갔다. 누구나 이별을 경험하지만 이 아이들은 아직 이별에 낯설었다. 언제 다시 볼 수 있을지 기약 없는 것, 이제는 그리워해야만 한다는 것을 어떻게 설명해야 할지 몰라 그냥 관두기로 했다. 언제나처럼 "투롱게라." 다음에 보자. 금방 다시 만날 것처럼 안녕. 초롱초롱한 아이들의 눈망울이 아직도 눈에 선하다.

애증으로 시작해 짝사랑으로 남다

임기 종료가 가까워 신변정리를 하기 시작했다. 한국으로 보낼 짐들을 잘 포장해서 EMS로 보내고 KIST 직원들과 그동안 알고 지내던 선교사님들, 일본해외봉사단원들 그 외 여러 국적의 친구들에게 마지막 인사를 건넸다. 오지 않을 것만 같았던 이별의 시간이 다가왔다. 2년이란 시간을 보내면서 혼자 아파하기도 했고 슬퍼하기도 했으며 그보다 더 즐거워하기도 했다.

르완다는 나에게 많은 것을 주었다. 그들의 도움을 받고, 사랑을 받고, 관심을 받았다. 그리고 무엇보다 그들의 신뢰를 받았다. 처음 나는 사람들에게 르완다에 봉사하러 간다고 했다. 르완다에 가면 내가 가진 모든 것을 쏟아 붓고 오리라 생각했다. 하지만 르완다는 나에게 봉사란 주는 것이 아닌 받는 것임을 깨닫게 했다. 애증의 관계로 시작한 르완다와의 만남이 이제는 나만의 짝사랑이 된 듯하다.

임기 종료 후 아프리카의 다른 국가들을 여행하기 위해서 첫 목적지인 우간다 캄팔라 행 버스를 탔다. 우간다 국경까지 이동하는 그 시간, 참 많은 생각들이 스쳐갔다. 이제 정말 끝이구나. 국경에 도착해 출국심사를 마치고 도장을 받았다. 나는 아쉬움을 뒤로한 채 우간다를 향해 걸었다. 앞으로 다시 돌아오기 힘든 길을.

정외식

2000년 4월부터 기아대책기구 우즈베키스탄 지부에서 3년 동안 농업기술 매니저로, 2003년부터 아제르바이잔에서 2년 동안 국제단체의 농업사업 프로그램 매니저로 일했다. 2005년 8월부터 국제구호단체 굿네이버스 르완다 지부의 지부장을 맡아 유치원운영부터 초등학교 교실건축사업, 급식과 장학사업, 재봉기술학교, 가축과 씨앗대부사업 등을 하였다. 2008년부터 2009년까지 예맨에서 신규지부 확장을 지원하였으며 현재는 안식년을 맞아 지리산 자락에서 휴식을 취하며 미래를 설계하고 있다.

르완다에서 보내는 편지

2005년 8월, 르완다에 도착하였습니다.
도착 후 제일 먼저 한 일이 바로 **"삼손이"를 구출**하는 일이었지요.
굿네이버스 르완다 전임자의 집에 삼손이라는 개가 있었다는데
지난 5월에 실종되었다고 합니다.
누가 훔쳐가지 않았으면 죽었을 거라고 입을 모으더군요.
그러던 어느 날,
사무실 주위의 마른 풀을 태우기 위해
이리저리 풀 섶을 헤치다가 깊은 구덩이를 발견했습니다.
어림잡아 한 7m정도 되는 구덩이였는데
무언가 움직이는 것이 감지되었지요.
자세히 들여다보니 검은 개 한 마리가
힘없이 어슬렁거리고 있는 게 아니겠습니까?
직원들에게 삼손의 생김새를 물으니 바로 사진을 가져다주었습니다.

놀랍게도 구덩이에 빠진 개가
바로 4개월 전에 실종된 삼손이였습니다.
그렇잖아도 아내는 어디선가 새벽이면
개가 낑낑대는 소리가 꼭 아기 울음소리처럼 들린다고
몇 번 말해 왔습니다.
그 동안 구덩이에 빠져서 얼마나 힘들었을까?
그나마 조용한 새벽에 힘을 내어 구출해 달라고 울음소리를 보냈나 봅니다.
4개월간 먹지도 못했을 텐데 **어떻게 살았을까** 모두 신기해했습니다.
르완다는 비가 오면 주로 소나기처럼 쏟아지기 때문에
흙이 많이 쓸려 내려갑니다.
그래서 집 주위에 깊은 구덩이를 파서 빗물을 일단 멈췄다가
조금씩 흘러가게 합니다.
비가 오는 날이면 물에서 발버둥 쳤을 삼손이를 생각하니 마음이 짠했습니다.
밧줄을 내리고 어렵게 줄을 타고 내려가
삼손의 몸을 묶고 무사히 구출해 내었습니다.

그런 삼손을 보면서
한국을 바라보는 **르완다의 눈빛**이
바로 그러한 한없이 구원을 바라는 것이라면 너무 지나친 표현이 될까요?
아닙니다.
르완다의 지식인들이 들으면 마음이 상할 수도 있겠지만
르완다의 현실은 깊은 웅덩이에 빠져 살면서
그것이 웅덩이인 줄 모르는 것 같다는 생각이 들 때가 많습니다.
종족이 다르다는 이유로 역사를 피로 물들인 어른들의 과거가 어떠하던,
형제처럼 살아가는 **아이들의 눈빛에서** 그나마 작은 희망을 봅니다.

르완다에 온지도 4개월이 지났습니다.
현지인들에게 르완다에서 제일 위험한 질병이 뭐냐고 물으면
"말라리아" 라고 합니다.
대부분 "에이즈"라는 답이 나오겠지 하고 있다가
의외의 대답에 고개를 갸우뚱하지요.
우리가 손을 잡는 사람 10명중 2명은 에이즈환자이고
결혼을 하려면 신랑, 신부 모두 에이즈검사를 받아야만 합니다.
하지만 에이즈는 자각증상이 늦게 나타나서
피부로 느끼는 두려움이 작지만,
말라리아는 당장 아프고 치료시기를 놓치면 사망하기도 하니
오히려 더 두려워하나 봅니다.
제가 살고 있는 주변은 숲과 저수지가 있어서 그런지 모기가 정말 많습니다.
밤만 되면 무서운 손님, 불청객 모기가 말라리아 침을 숨겨서 찾아옵니다.
밤만 되면 어디로 들어왔는지 모기장으로 안으로 들어와
모기를 잡느라 **잠을 설치기** 일쑤입니다.
어제 밤에는 모기 잡느라 침대에서 일어서다가
나무로 만든 낡은 침대 한쪽이 무너져 버렸습니다.

르완다의 전기는 우리나라 속담 "미친X 널뛰기"하듯
들어왔다 나갔다를 반복합니다.
그것도 모르고 참, 전자모기향을 바리바리 싸온 저는 모기에 물려도 쌉니다.
거의 무용지물이 된 모기향 대신
하루는 아내와 제가 정원에 자라는 각종 풀을 뜯어서 분유통에 넣고
모기향 대용이라며 불을 피웠습니다.
어린 시절, **마당에서 피우던 모깃불**이 생각난 것이지요.
한 10분 정도 불을 피우니 온 집안에 연기가 가득 찼습니다.
조금 지나자 눈물, 콧물에 도저히 숨조차 쉴 수 없어서
분유통에 물을 붓고 문이란 문은 모두 열고 난리를 피웠습니다.

집사람과 저는 모기 죽이려다 사람이 먼저 돌아가시겠다면서
한참을 웃었습니다.
피우는 모기향이 너무도 절실하던 차에
이웃나라 우간다에 살고 계시는 분이 르완다를 방문한다고 합니다.
돌돌 말린 **코일 형 모기향**을 좀 사다 달라고 부탁했더니
1년 치라며 60통을 사왔습니다.
누가 훔쳐가기라도 할까 봐 방안에 고이 모셔놓고
모기향 상자마다 번호까지 매겨 놓았습니다.
그러다 몸이 자꾸 피곤하고 축 늘어지면서 누울 자리만 보입니다.
처음에는 **가벼운 몸살감기**인줄 알았는데
한기가 들었다 열이 났다가를 반복하고 두통이 심했습니다.
급기야 이틀 동안은 화장실을 들락날락 거의 탈진상태가 되었습니다.
아프리카 오지 경험이 많은 분이
저를 보고 말라리아에 걸린 것 같다며 약을 주더군요.
말라리아는 몇 시간 상관으로 생사가 갈리기도 합니다.
어쨌든 주변의 도움으로 겨우 나아 이렇게 글을 씁니다.
밤마다 **절간의 향불처럼** 모기향을 피우며 생명의 은인을 생각합니다.

2006년 12월, 벌써 1년 4개월이 지났습니다.
**르완다는 건기와 우기로 나뉘고, 지금은 작은 우기로 접어들어
이틀에 한번 정도 소나기가 내립니다.**

얼마 전, 남편은 없고 자녀만 4명 있는 가정을 방문했습니다.
우리를 보자마자 다른 집은 씨앗이며 가축을 주면서
왜 우리는 안 주냐고 어찌나 보채는지요.
그래서 제가 **"아주머니는 집도 있고 땅도 있는데
아무것도 심지 않으니 아무것도 줄 수 없다"**고 했습니다.
그랬더니 아주머니가 씨앗이 없어서 심을 수 없으니 씨앗을 달라고 합니다.
그냥 주면 돌아서자마자 시장에 가서 바로 팔아버릴 것 같아서
쉽게 줄 수가 없었습니다.
어디에 심을 거냐고 물어보니 풀이 우거져 밭 같지도 않은 곳을 가리키며
저기에 심을 거라고 합니다.
그래서 제가 아주머니께서 밭을 갈고 이랑을 만들어
씨앗을 뿌릴 준비가 끝나면 주겠다고요.
다음 날, 먼발치에서 바라보니 온 식구가 밭을 일구고 있었습니다.
밭을 다 갈았기에 가서 보고 씨앗을 주면서
수확을 하면 꼭 이웃과 조금이라도 나누라고 당부하고 돌아 왔습니다.

가끔 사람들이 물어봅니다.
아프리카 사람들은 무엇을 먹고 어떤 옷을 입고 사느냐?
이곳의 주식은 콩과 고구마와 쌀입니다.
쌀은 비싸고 고급음식에 속합니다.
초등학교 학생들에게 제일 먹고 싶은 음식이 뭐냐고 물으면
90% 정도가 쌀밥이라고 합니다.
들에 가보면 손바닥만 한 논에 허수아비를 세워놓고
아이들이 새를 쫓는 모습을 자주 볼 수 있습니다.
르완다는 온화한 기후로 **2모작 벼농사**도 가능하지만
논도, 기술도, 의지도 부족한 편이지요.
르완다를 방문하는 사람들도 아프리카 분위기를 맛보고자 하지만
시골로 가지 않으면 잘 느낄 수 없습니다.
나라가 너무 작아서 오히려 다른 아프리카 나라보다
도로 포장도 잘 되어 있는 편입니다.
부자들은 자동차도 3~4대 가지고 있을 정도이고
수도 키갈리의 이동전화 보급률은 60%정도나 됩니다.
가난한 사람들은 흙으로 만든 집에
부엌이라 봐야 솥단지 하나
걸어놓는 것으로 끝인데요.
어떤 시골집은 그 솥조차 없어서
다른 집이 요리가 끝나기를
기다렸다가 빌려서 쓰고
돌려주는 모습도 보았습니다.

옆집을 지키던 경비원이 죽은 지 2개월 만에 발견되었습니다.
우리 집과는 엉성하게 쇠로 만든 펜스 하나로 붙어 있는 집이어서
오고 가며 인사도 나누었는데
최근에 보이지 않아서 다른 곳으로 간 줄 알았습니다.
그런데 2개월 전,
옆집에 도둑이 들어 쇠파이프로 경비원의 머리를 쳐서 살해했다고 합니다.
그렇게 목숨을 뺏고 훔쳐 간 것이
고작 시멘트와 지붕으로 쓸 함석이라고 합니다.
도둑들이 훔쳐 달아나면서 밖에서 문을 잠그는 바람에
아무도 그곳에 사람이 있는 줄 몰랐다고 합니다.
경비원이 2달째 월급을 받으러 오지 않자
주인이 이상하게 여겨 사람을 보내 문을 부수고 들어가니
악취와 함께 피부는 썩어서 뼈가 보이는 상태로 발견되었습니다.
너구나 도둑을 잡고 보니 **모두 이웃사람들,**
그 중 한 명은 개인적으로 알고 있는 사람이었습니다.
얼마 전까지 우리 사무실로 공사도 하러 오고
잡히기 전에는 사무실에서 쓰는 고장 난 차를 밀어 주러 오곤 했습니다.
그들이 훔친 물건을 모두 팔면 우리 돈으로 **4만 원 정도** 된다고 합니다.
이 이야기를 전하는 오늘 밤 키갈리 하늘은 조금 더 무거워 보입니다.

르완다는 적도 가까이 위치하고 있어서 햇볕은 따갑지만
고도가 높아서 대체로 온화한 날씨를 보입니다.
아침저녁으로는 서늘하거나 춥고,
낮에는 한국의 초여름이나 초가을 날씨 정도 됩니다.
작은 나라의 수도 키갈리는
한국의 읍이나 면 정도의 규모로 어디를 가나 사람이 많고,
경사가 급한 산이나 도저히 집을 짓고 살 수 없을 것 같은데도
사람이 살고 있습니다.
제가 살고 있는 곳에서 보면 골짜기 건너 작은 산이 중심가입니다.
부자들이 산중턱 달동네에 살고 가난한 사람들은 주로 아래쪽에 삽니다.
여기서 "시내 간다"는 말은 산으로 간다는 말이 됩니다.
워낙 전기 사정이 좋지 않다 보니 비 오는 날의 정전은 뭐 그러려니 하고
하루 종일 전기가 들어오면 오히려 불안불안, 정상적으로 보이지 않습니다.
그래도 최근에 지은 건물이나 제법 큰 건물에는 발전기도 있고
소위 부자 동네인 산의 중심가에는 전기도 잘 나가지 않습니다.
정전되어 **캄캄한 밤** 촛불을 밝히고
창문 너머 보이는 달동네 사람들을 부러워합니다.
하지만 사람이 살아가는데 전기가 꼭 필수 조건은 아니기에
촛불을 켜고 분위기 잡는 것으로 위안 삼습니다.
전기가 들어오면 무엇이든 하려고 부지런히 움직이고
밤이 되면 아예 일을 포기하고 9시쯤에 잠자리에 들어
아침 일찍 일어납니다.

사무실 복사기가 또 말썽을 일으켰습니다.
사무실에 있는 집기 중 성한 물건이 거의 없다고 보시면 됩니다.
거 참, 이상하게도 급히 서류를 작성해 관공서에 내야 하는 날이면
어김없이 정전 되어 발을 동동 구르며 몇 시간씩 기다리곤 합니다.
그러다 포기하고 힘들게 발전기가 있는 복사집을 찾아 갑니다.
주로 여권을 복사하는 주인아저씨가 저보고
"넌 우리보다 얼굴이 희기 때문에 복사비를 더 내라"고 합니다.
저는 그럼 "얼굴 검은 당신들이 잉크가 더 많이 든다"고 받아 칩니다.
어떻게든 바가지를 씌우려는 사람들을 만나면
내가 참, 여기서 무얼 하고 있는지, 회의가 들기도 합니다.
르완다는 우기도 있고 산도 많아서 물이 부족한 편이 아닙니다.
그런데 상수도 시설이 워낙 안 되어 있다 보니
고지대 사람들은 새벽부터 1km가 넘는 계곡까지
물을 길러 가야 합니다.
물을 긷기 위해 어른, 아이 할 것 없이 물통을 머리에 이고
줄지어 가는 것을 보면 마음이 편치 않습니다.
왜냐하면 제가 살고 있는 집에는 졸졸거리긴 하지만
그나마 물이 끊임없이 나오기 때문입니다.

어제는 **굿네이버스 르완다**가 운영하고 있는 초등학교에
일주일 치 급식재료를 싣고 갔습니다.
거기서 교장 선생님이 늘 그렇듯이 아쉬운 소리를 합니다.
학교에 뭐가 없다, 등록금을 내지 못한 아이들이 몇 명 있다,
이것 좀 해 달라….
그뿐만 아니라 사무실에 있으면
일주일에 한두 번은 어머니들이 아이를 데리고 찾아옵니다.
아이가 학교에 낼 등록금이 없어서 그러는데 좀 도와 달라고.
사업장에서 만나는 대부분의 사람들이 그런 문제를 가지고 옵니다.
오는 사람마다 모두 도와 줄 수도 없고
한 사람 도와주면 소문이 나서 그 이웃들이 또 찾아옵니다.
그런 날, 차를 타고 길을 가다 보면
붉은 흙먼지처럼 마음이 산란하고 착잡해 집니다.

모든 사람들이 무엇이든 얻고자 에워싸고 포위하는 느낌입니다.
르완다 현지인 중에서 아직까지 그저 가까운 이웃이나 가벼운 친구로
대해주는 사람을 만나지 못해서 서글퍼지기도 합니다.
오늘 밤도 정전, 촛불을 밝히고 저녁을 먹습니다.
계곡 저 편, 산동네엔 불빛이 환하고 그들의 삶도 넉넉해 보입니다.
조금 심란한 마음으로 캄캄한 뒤뜰에 서서 저기 동쪽
우리나라가 있을 하늘을 바라봅니다.
우리도 몇 십 년 전에는 르완다 국민처럼 **좀 더 잘 살기를** 갈망하며
지금의 한국을 만들어내었겠지요.
우리가 르완다 사람들을 위해 베푸는 이 모든 것들이,
곤궁이 만들어낸 그들의 피폐한 마음을 조금 더 여유롭게
만들어 주기를 바랍니다.

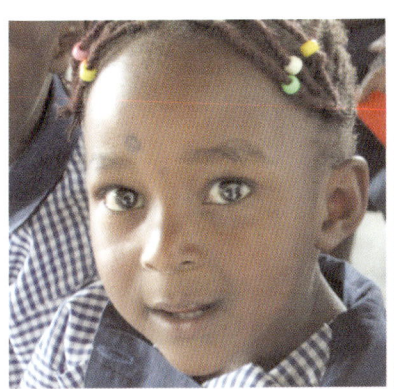

넓고 다양한 문화가 산재해 있는 아프리카,
제가 살고 있는 동부 아프리카는
불어권의 서부 아프리카와는 많은 차이가 있습니다.
리비아·알제리·모로코·이집트·튀니지 등이 속한 북아프리카는
거의 중동아시아 분위기이고 중동아시아로 생각하기도 합니다.
지역에 따라서 음식도 천차만별입니다.
르완다는 **콩, 고구마, 쌀** 등이 주식이고
삶은 녹색 바나나 카사바라는 음식도 즐겨 먹습니다.
바나나도 르완다는 작고 수분이 적으면서 달다면,
우간다와 케냐는 길쭉하고 물기가 많아서 시원한 맛이 납니다.

르완다에서 제일 맛있는
고구마를 팔고 있다는
"기타라마" 지역 시장,
그곳에 가면 고구마를 사러
시장에 꼭 들리곤 하였습니다.

르완다에서 제가 제일 좋아하는 음식이 카사바입니다.
카사바 뿌리를 주로 죽처럼 해서 먹습니다.
한국에서 산모가 미역국을 먹는 것처럼
르완다의 산모들은 카사바를 먹습니다.
카사바의 껍질을 벗긴 후 잘라서 나무젓가락에 핫도그처럼 꽂은 후
숯불에 천천히 구워서 먹기도 하고
갈아서 부침개처럼 해 먹어도 맛있습니다.
얼마 전 키갈리에 큰 마트가 생겼습니다.
거기 가면 소꼬리를 저렴하게 살 수 있어서 가끔 숯불 위에 솥을 올리고
푹 고아서 먹었습니다.
르완다에 사는 한국인들이 저희 집에 오면
소꼬리곰탕에 집에서 기른 **배추, 무로 담근 김치**를 내놓습니다.
후식으로는 군고구마와 과일주스를 대접하지요.
과일주스는 여기서 나는 과일과 우유, 주스 등을 갈아서 만드는데
영양도 풍부하고 한잔만 마셔도 배가 든든하니 좋습니다.

아프리카에서는 건물을 지키는 경비원들이
무장을 한 채 지키는 것이 일반화되어 있습니다.
은행은 금속 탐지기를 통과해야 갈 수 있고
관공서나 큰 건물은 무장경비들이 24시간 지키고 있습니다.
길거리에서도 자동소총으로 무장한 사설 경호업체 직원들이
트럭을 타고 가는 것을 어렵지 않게 봅니다.
우리가 살고 있는 집에도 밤에는 총을 든–총알은 없어 보입니다만
경비가 지키고 있습니다.
그런데 보통 사람들은 **도둑이나 강도보다 더 무서운** 사람이
경비라고 합니다.
경비와 한편이 되어 범죄를 저지르는 일이 가끔 일어나는데
르완다는 상대적으로 치안이 잘되어 있는 편이라 그런 일들이 적습니다.
굿네이버스는 비용을 아끼기 위해 좀 저렴한 경비회사와 계약을 했습니다.
경비가 있다는 것만으로 범죄 예방에 효과가 있을 거라는 바람이지만
밤만 되면 불안하기는 마찬가지입니다.

사무실 재산이래야 컴퓨터 2대, 프린터 1대,
15년 된 자동차 랜드 크루즈 밖에 없습니다.
랜드 크루즈는 사고가 나서 엔진도 트럭 엔진으로 교체하였고
일주일에 한 세 번 정도는 차를 밀어야 시동이 걸립니다.
자주 방전되어 정비소에 가 봤는데 당최 이유를 몰라서
임시방편으로 차를 안 쓸 때는 배터리의 케이블을 분리했다가
쓸 때는 다시 연결하여 시동을 겁니다.
그렇게 낡은 차엔 아무도 관심을 갖지 않을 것 같은데 가끔 도둑이 듭니다.
잭jack이 없어진 적도 있고 몇 개 안 되는 정비공구가 없어지기도 합니다.
그럴 때마다 경비회사에 찾아가서 입에 거품을 물고 항의를 하면
다음 달 경비비용을 공제해 주기도 합니다.
대부분 경비가 훔쳐 가는 것을 경비회사도 알고 있는 듯합니다.

어제 밤에는 경비가 보이지 않았습니다.
찾아도 없기에 오늘은 오지 않았나 보다 생각하고 방으로 들어왔습니다.
월급이 적다 보니 대부분 낮에는 다른 직장을 다니고
저녁부터 다음날 아침까지 경비를 서는 **그야 말로 "투 잡"입니다.**
밤에는 잠을 자는 경비도 많습니다.
회사에 전화를 할까 하다가 한번 더 나가보니
한쪽 구석에 누워 자고 있었습니다.
플래시를 얼굴에 갖다 비춰도 세상모르고 자고 있어 그냥 돌아 왔습니다.
경비가 우리를 지키는 것인지 우리가 경비를 지키는 것인지,
경비원이 그나마 자기 집에서 안자고
우리 집에서 자는 것만으로 고맙게 생각하기로 했습니다.

이 글이 르완다에서 보내는 **마지막 편지**가 될 것 같습니다.
저는 이제 르완다를 떠나
굿네이버스 신규지부 예멘 개척을 위해
다음 달에 예멘으로 옮겨 갑니다.
가서 한달 정도 답사를 하고
예멘 정부의 NGO 담당 차관을 만나
등록에 필요한 서류와 절차를 협의하고 나면 NGO 등록이 됩니다.
르완다에서 보낸 지난 **3년 3개월 동안**
여러 가지 경험을 통해 폭넓은 시야를 가지게 되었습니다.
당분간 연락이 되지 않을 것 같습니다.
정착이 되는 대로 아라비아반도의 고대국가 예멘에서 인사드리겠습니다.

사사키 가즈유키 佐佐木 和之

일본인이며 2000년에 처음으로 르완다를 방문하여 대학살의 사실에 충격을 받는다. 그 후 영국 브랫포드대학 평화학부에서 분쟁 후의 평화 구축에 관해 연구하였다(평화학 박사). 2005년부터 르완다의 현지 NGO인 REACH(Reconcilation Evangelism and Christian Healing) 직원으로 대학살 후의 화해와 공생의 길을 지원하는 프로젝트를 전개하고 있다. 현재 일본침례교연맹 국제미션자원봉사자, 간토학원대학 '기독교와 문화연구소' 객원연구원이다.

 # 머지않았음을

"슬프도록 아름다운 나라군요."
최근 르완다를 찾아온 친구가 말했다.
첩첩이 이어진 푸른 언덕에 아침안개가 낄 때면
나 역시 르완다는 아름다운 나라라고 맘 속 깊이 느낀다.
지금부터 16년 전, 절로 한숨이 나올 정도로 아름다운 대지에
일어난 일을 누가 상상이나 했겠는가.

나는 국제협력 NGO 직원으로서 1988년부터 2000년까지 에티오피아에서 일했다. 1991년까지는 30년간 계속된 내전 속에서 농촌 사람들의 생활 개선을 위해 이루어진 활동이었다. 전쟁의 영향이 북부 활동지역까지 미쳐 철수하지 않으면 안 되는 경우도 있었다. 내가 활동하는 지역에서도 강제적으로 젊은이들이 전장에 보내졌다.

물가는 급격히 상승하여 일반 서민들의 생활은 더할 나위 없이 곤궁해졌다.

당시 에티오피아의 언론은 전쟁의욕을 고취시키기 위한 선전 일색이 되어 전쟁반대를 공공연하게 외치는 사람은 거의 없었다. 내가 속해 있던 단체를 포함해 에티오피아에서 활동하던 국제협력단체도 침묵을 지켰다. '정치적'인 발언을 하면, 정부의 눈 밖에 나서 추방될 위험에 처하게 되리라는 것을 알고 있었기 때문이다.

집 근처 공항에서 전투기가 날아오르는 굉음을 들으며 무력감에 시달리고 잠들지 못하는 밤을 몇 번이나 보냈다. '이대로는 안 된다. 분쟁을 없애고 평화를 유지하기 위한 활동을 하지 않으면 안 되겠다'는 생각을 굳혀갔다.

학살의 무대

에티오피아에서의 임기를 마치기 직전인 2000년 5월, 처음으로 르완다를 방문했다. 나는 그 해 가을부터 영국의 한 대학원에서 평화에 관해 연구하기로 예정되어 있었다. 때문에 그전에 '분쟁 후의 평화 구축' 현장을 봐두고 싶었다. 당시 르완다는 UN과 국제 NGO 등이 활동을 중점적으로 하고 있는 나라로 알려져 있었다.

르완다에 도착한 다음날, 전국 각지에 있는 학살 장소 가운데 한 곳으로 가보았다. 그곳은 투치 피난민의 살육 무대가 된 성당이었다. 성당에 가면 살 수 있으리라 생각해 도망쳐 온 수천 명의 사람들이 몰려온 후투 민병에게 죽임을 당했다.

성당 벽에는 거무칙칙한 피가 흠뻑 묻어 있었다. 두지족이라는 이유만으로 어린아이들조차 머리를 짓찧겨 죽어간 흔적이었다. 사방에 튄 피는 천장과 바닥에도 검은 자국이 되어 남아 있고 희생자의 유골이 방치된 지하실에는 시체 냄새가 가득 차 있었다. 이렇게 끔찍한 일이 일어난 나라에서 사람들이 공존하는 것이 과연 가능할까? 그렇게 르완다는 나에게 강한 첫인상을 남겼다.

그때 당신은 어디에 있었는가?

나는 거의 매년 르완다에 갔다. 박사논문의 주제도 '르완다 대학살 후의 정의와 화해'로 잡아 관련자들에게 인터뷰와 조사를 시작했다. 처음 그들은 방어적이었다.

"이 조사가 우리들에게 무슨 도움이 되는가?"

**1994년 4월부터 7월까지
당신은 어디에 있었는가?**

"평화와 화해를 위한 활동을 하고 싶다. 르완다의 상황을 잘 이해할 수 있도록 여러분의 이야기를 들려주기를 바란다."

나의 진심을 이해해 준 많은 사람들이 대학살과 내전 당시의 처참한 체험, 슬픔, 분노, 감당하기 어려웠던 기억 그리고 희망에 관해 말해주었다.

학살 생존 피해자genocide survivor를 위한 복지지원을 관할하는 정부기관의 사무소에서 몇 명의 직원에게 이야기를 듣고 있을 때이다. 사업 내용을 알고 싶다는 나의 말을 가로막으며 자신도 학살 생존 피해자라는 직원이 말했다.

"질문에 답하기 전에 물어보고 싶다. 1994년 4월부터 7월까지 당신은 어디에 있었는가?"

나는 잠시 말을 잃었다.

르완다 내전 당시 국제사회는 인종차별주의와 이기주의 그리고 무관심으로 눈과 귀를 막고 있었다. 누군가 도와줄 거라는 희망의 끈을 끝까지 놓지 않고 있던 그들이 느꼈을 배신감. 무방비 상태로 죽어간 사람들. 어떻게 해야 그의 마음속 분노가 사그라질까.

첫발을 내딛다

현재 르완다 정권은 당시 학살을 주모해 국민을 선동한 지도자층에 대해서는 엄벌에 처하는 방침을 유지하고 있다. 하지만 일반 학살범의 경우 죄를 인정하면 형기를 대폭 경감하여 도로공사와 개간 등의 공익노동형에 종사시킨 후 지역사회에 복귀시키는 방침을 취하고 있다.

피해자 유족의 심정을 생각하면 가해자는 적어도 무기징역에 처해야만 한다고 생각하는 사람도 있을 것이다. 그러나 세계 최빈국 중 하나인 르완다는 막대한 수의 수형자를 감금하기 위해 국가 예산을 쓸 여유조차 없다. 수십만 명을 사형에 처하는 것이 현실적인 선택인가? 만약 그렇게 하면 두 민족 간에 원한의 소용돌이가 깊어져 새로운 충돌의 불씨가 될지도 모른다.

그렇다면 하다못해 피해자 측 사람들이 가해자의 얼굴을 보지 않고 살게 할 수는 없을까? 사실 그것도 거의 불가능하다. 르완다는 아프리카에서 가장 인구밀도가 높은 나라이며 후투족도, 투치족도 수 세기에 거쳐 같은 지역에 섞여 살아왔다. 그 때문에 따로 사는 것은 곤란할 뿐만 아니라 또다시 종족별로 나뉘게 되는 결과를 초래한다. 르완다는 지금 학살의 가해자와 피해자가 같은 마을에서 살 수 밖에 없는 상상을 초월한 힘든 과제를 해결하기 위해 노력하고 있다.

속죄의 집짓기

화해와 공생에 대한 시도의 하나로, 3년 전부터 르완다인 동료와 '속죄의 집짓기'를 시작했다. 자신이 저지른 죄를 인정함으로써 구금 대신에 공익노동형의 벌을 받은 학살 가해자가 피해자 가족을 위해 집을 짓는 일이다.

대학살 후 마음의 치유를 위해 REACH가 실시해온 그룹 카운슬링의 참가자 중에 열악한 거주 환경에 있는 사람들이 많다는 점에 착안했다. 많은 사람들이 대학살 당시 파괴된 집을 수리하지 못한 채 살고 있다. 그리고 가해자로부터 진지한 사죄와 가능한 한의 속죄를 바라고 있었다. 그래서 속죄의 집짓기를 시작하는 것은 어떠한가라고 제안하여 그들의 동의를 얻었다.

이 일의 이념적인 중추가 된 것은 '정의의 회복restorative justice'이라는 사고방식이다. 가해자를 벌하는 것 이상으로 '피해자의 회복'을 중시한다. 그리고 가해자가 저지른 범죄 행위에 대해 스스로 깨달아 속죄할 수 있게 함으로써 양자의 관계회복을 꾀한다.

그 중에서도 가장 중요하게 고려한 것은 수형자들이 자신의 범죄 행위를 어떻게 스스로 깨달을 수 있는가 하는 점이었다. 앞서 말한 바와 같이 공익노동형의 수형자는 죄를 인정함으로써 감형처분을 받은 사람들이다. 그러나 몇몇 학살 가해자를 인터뷰한 경험에서 볼 때, 그들이 저지른 행위에 대한 죄책감은 그리 크지 않다. 정부의 명령에 따랐을 뿐이다, 하지 않으면 나의 목숨이 위험했다, 나는 습격에 따라갔을 뿐이다 등의 변명이 대부분이었다. 학살 가해자 고백의 대부분은 자기 책임의 축소와 전가라는 공통된 특징을 지니고 있었다(나는 여기서 1945년 이전에 일본군과 관헌이 아시아 지역에 자행한 수많은 잔학행위에 대해, 천황의 명령에 의한 것으로 치부하고 관련 일본인 개개인에게 그 책임을 거의 묻지 않았다는 사실을 상기하지 않을 수 없다).

옛것은 지나갔습니다

집짓기에 착수하기 전, 우리는 정부의 허가를 얻어 수형자를 대상으로 학습을 실시했다. 목적은 크게 세 가지이다. 피해자가 잃어버린 것이 얼마나 큰지, 그들이 입은 상처가 얼마나 깊은지에 대한 이해를 심화시킨다. 진실 고백, 사죄, 변상 등의 행위를 통해 가능한 한 속죄를 하도록 촉구한다. 그들에게 부과된 모든 일이 피해자의 치유와 생활 재건에 도움이 되는 속죄의 과정으로 이해하고 성의를 갖고 열심히 하도록 동기를 부여한다.

그러나 단지 강의와 토론으로 죄의 자각이 깊어지는 것은 아니다. 그래서 우리는 REACH의 활동에 참가함으로써 생존 피해자 여성들의 힘을 빌리기로 했다. 참가자들에게 직접 그들의 이야기를 들려주기로 한 것이다.

겪었던 일을 이야기하고 있는 피해 여성

학습회 참가자 아니에스 씨

학습회의 두 번째 시간. 아니에스 씨에게 증언을 부탁했다. 그녀는 학살을 주도한 다수파 후투족이었지만 투치족인 남편은 습격자들에 의해 납치 살해되었다. 남편의 죽음을 슬퍼하기도 잠시, 그녀는 목에 줄이 묶인 채 마을 관청 앞 광장까지 끌려갔다. 후투족 남자들은 "투치에 시집간 배반자!"라며 광장 한복판에서 그녀를 집단으로 강간했다. 그때의 후유증으로 그녀는 심한 요통에 시달렸다. 그뿐 아니라 악몽 때문에 밤중에 벌떡 일어난다거나 남자가 지나갈 때마다 몸이 떨려 어쩔 줄을 몰랐다. 증오는 깊어져 갔다. 그때 일을 떠올리는 그녀의 얼굴은 고통으로 가득했다. 약 50명의 참가자는 숨죽인 채 듣고 있었다.

학살에 가담한 대다수의 가해자는 그때까지 범죄 경험이 없는 '보통 사람들'이었다. 투치족을 철저하게 비인간화하는 이데올로기에 세뇌당하고 나서지 않으면 죽을지도 모른다는 공포심은 결국 그들을 학살에 가담케 했다.

"바퀴벌레를 두들겨 잡아!"라는 슬로건을 외쳐대며 낫을 들이댄 상대가 인격을 지닌 살아 있는 인간이었음을 느끼고 깨닫는 것, 피해자의 아픔과 슬픔, 그리고 원통함을 조금이라도 마음으로 알려고 하는 데서 참된 속죄의 발걸음은 시작된다.

아니에스 씨는 수년 전에 REACH 그룹 카운슬링에 참가하여 처음으로 자신의 속마음을 털어놓았다. 그 그룹에는 그녀와 같은 학살 피해자 측의 여성뿐만 아니라 가해자로서 복역 중인 남편을 둔 여성들도 있었다. 처음에는 '상대방 측' 여성들의 얼굴을 보는 것 자체가 괴로움이었다. 하지만 오랜 시간 서로의 체험과 생각을 듣고 이야기를 나누다보니 같은 여성으로서 짊어지고 있는 괴로움과 숙제가 있음을 알게 되었다. 또한 협동그룹을 만들어 가축은행과 바구니 만들기를 시작하면서 동료의식이 싹텄다.

아니에스 씨는 REACH의 집회에서 학살 가해자와 만나 눈물의 사죄를 받은 이후로 그들 역시 학살에 가담하도록 강요된 피해자라고 생각하게 되었다. 그녀는 조금은 편안해진 얼굴로 이야기했다. 그리고 회장에 있던 목사에게 성서의 한 구절을 읽어주었으면 한다고 전했다.

> 그래서 누구든지 주 그리스도 안에 있으면 그는 새로운 피조물입니다. 옛것은 지나갔습니다. 보십시오. 새것이 되었습니다. 이 모든 것은 주 그리스도를 통하여 우리를 당신과 화해하게 하시고 또 우리에게 화해의 직분을 맡기신 하느님에게서 옵니다.
>
> —신약성서 고린도후서 5장 17-18절

그녀는 단언했다.

"내게는 더 이상 미움은 없으며 두려움도 없습니다. 나는 새롭게 창조된 사람이 되었기 때문입니다. 이전에는 항상 미움이 들끓어 어떻게 할 수 없었습니다. 그러나 지금 내 마음에는 평안이 주어졌습니다. 지금은 누구에 대해서도 증오를 품고 있지 않습니다. 아직 피해자 가족에게 가서 직접 사죄하지 못했다면 부디 그들을 찾아가십시오. 용기를 내어 죄를 인정하고 진실을 말하고 용서를 받기 위해 한 발 내디뎌 주십시오! 그렇게 하면 여러분도 용서받을 수 있을 것입니다. 나는 이미 사죄하려고 찾아온 7명의 가해자를 용서했습니다."

그녀의 호소에 많은 참가자들은 숙연해졌다. 피해자인 그녀에게 호통을 당할지도 모른다고 생각하고 있었는데, 생각지 않게 격려와 용서의 말을 들었기 때문이다. 이처럼 집짓기 프로젝트의 참가자들은 미움을 극복하고 용서를 향해 발걸음을 내디딘 피해자와 만나 격려를 받음으로써 형벌 때문에 어쩔 수 없이 하는 것이 아니라 마음에서 우러난 속죄의 집짓기에 나설 결의를 굳히게 됐다.

그들에게 집짓기란

2007년 6월 수형자에 의한 집짓기가 시작되었다. 햇볕에 말린 벽돌을 쌓아올려 짓는 약 15평의 집이다. 본채와는 별도로 요리할 작은 건물과 옥외 화장실도 만들 필요가 있다. 우기에는 작업을 중단해야 할 때도 있지만, 10명 안팎의 팀이 2개월 정도면 완성할 수 있다.

우선 점토질 적토에 짚을 넣고 물을 뿌려 밟으면서 잘 섞는다. 그 진흙을 목제 틀에 눌러 넣는다. 그렇게 만들어진 네모난 덩이를 태양에 말려 벽돌로 만든다. 가장 힘든 일은 물 긷기이다. 건축현장에서 도보로 1시간 거리에 있는 물가에서 20리터 플라스틱 용기를 짊어지

"나는 집 수 과 같은 듯, 아니 집 수 이상의 집을 해버렸다. 그렇지만 지금은 인간이다!"

고 와야 한다. 나였다면 금방 포기해버렸을 텐데. 묵묵히 태양건조 벽돌을 쌓아 올리는 수형자들. 그들의 표정은 진지함 그 자체이다.

방문객 몇 명과 건축현장을 찾은 어느 날, 수형자 한 사람이 찾아왔다.

"학살 당시 우리는 마치 짐승처럼 잔혹한 짓을 했습니다. 외국인 여러분은 우리 르완다인을 짐승과 같다고 생각할지 모르겠습니다. 지금의 우리는 어떻게 보입니까?"

나는 이 수형자의 물음에 가슴 깊숙한 곳에서의 외침을 들은 듯했다.

"나는 짐승과 같은, 아니 짐승 이하의 짓을 해버렸다. 그렇지만 지금은 인간이다!"

참가자들 다수가 당시 권력자들의 명령에 따른 것이라고는 하지만 어찌되었든 살육, 약탈, 파괴 등에 관여한 사람들이다. 파괴된 집을 스스로 세우는 것. 그것은 그들이 자신의 존엄을 되찾는 과정이기도 하다.

머지않았음을

지금까지 200명의 학살 가해자가 참가하여 스물다섯 채의 집을 지었다. 멋진 '자기 집'을 얻은 그들의 기쁨은 우리의 상상 그 이상이었다. 아이들과 함께 형수 집에 얹혀살아 주눅이 들었던 스테파니아 씨, 물이 새는 형편없는 땅속 집에서 나이든 어머니 그리고 3명의 아이와 새우잠을 자야만 했던 마데리나 씨, 집세가 밀려 쫓겨나기 직전인 유디다 씨…. 집을 얻은 그들의 얼굴은 눈에 띄게 밝아졌다.

작년에 실시한 조사에 의하면 대다수의 수익자가 이전보다 안락하게 살게 되었다고 답변해 정신적으로 좋은 영향을 끼쳤음이 증명됐다. 피해자들이 가해자에 대해 품고 있는 감정에도 긍정적인 변화가 보였다. 수익자의 85%가 이전에 비해 가해자에 대한 공포심과 분노가 약해졌다고 대답해 프로젝트의 '화해 효과'를 높이 평가했다.

지금 이 광경이 희망

프로젝트에 참가한 학살 가해자 대부분이 이미 형기를 마쳐 자신의 마을에서 가족과의 생활을 재개하고 있다. 그러나 그들의 속죄를 위한 노력은 아직 끝나지 않았다.

반년 전 타데요라는 옛 수형자에게서 편지를 받았다. 편지에는 같은 마을의 허름한 집에 사는 학살 생존 피해자 여성을 위해 동료와 함께 무상으로 집을 지어주고 싶다고 적혀 있었다. 즉시 타데요 씨와 동료인 옛 수형자들과 면담하여 그들의 의사를 확인했다. 그들의 열의에 감동한 우리는 곧 건축자재의 구입비를 부담하기로 결정했다.

그렇게 자주적인 집짓기가 시작되었다. 농민인 그들은 한 주에 3일은 집짓기를 하고 3일은 농사일을 했다.

맨 처음 수익자로 선정된 바레리야 씨는 학살로 남편과 아이 둘을 잃고 가족 중에서 혼자 살아남았다. 그 후 다른 남자의 둘째부인이 되어 아이도 둘을 낳았으나 남편은 현재 실종됐다. 그녀는 아이들과 함께 직경이 3미터도 되지 않는데다 비까지 새는 허름한 집에서 살고 있었다.

일본에서 온 단원 몇 명과 함께 집짓기 현장을 방문하여 바레리야 씨를 만났다.

"이제 비가 샐 염려가 없습니다. 그들에게는 진심으로 고맙습니다."

그녀의 표정은 딱딱하고 심각했다.

"당신에게 희망은 무엇입니까?"

"지금 이 광경이 **희망**입니다."
그녀의 시선 끝에는 옛 수형자들이 시원스레 작업을 하고 있었다.
그리고 그 주변에는 어린 아이들이 모래장난에 여념이 없었다.

"지금 이 광경이 희망입니다."

그녀의 시선 끝에는 옛 수형자들이 시원스레 작업을 하고 있었다. 그리고 그 주변에는 어린 아이들이 모래장난에 여념이 없었다.

재료비가 확보되는 대로 적어도 앞으로 세 채의 집을 더 짓고 싶다고 말하는 그들의 표정은 밝고 온화했다. 다른 두 마을에서도 옛 수형자들이 자주적인 집짓기를 시작하려 한다.

그들에게서 희망을 보았다

가족과 함께 르완다에서 살기 시작한 지 벌써 5년이 다 되어간다. 많은 사람들로부터 "앞으로 얼마나 더 있을 작정입니까?"라는 질문을 받는다. 그때마다 나와 아내는 "아직 결정하지 않았습니다. 가능한 한 오래 있고 싶습니다만…."하고 답한다. 왜 르완다에 그렇게까지? 글쎄, 달리 할 말이 없다. 그러나 굳이 이유를 대자면 대학살 후 화해와 공생이라는 힘든 과제에 맞서 계속해서 결사적인 노력을 해 온 그들에게서 희망을 보았기 때문이다.

르완다에서 분쟁이 다시 일어나지 않으리라는 보장은 그 어디에도 없다. 이들은 앞으로도 진정한 화해와 공생을 위해 먼 길을 걸어가야 한다. 상상을 초월하는 깊은 슬픔을 짊어지고도 그에 관계없이 앞을 보고 살아가는 사람들에 대한 지원을 앞으로도 계속하고 싶다. 그들이 밝히고 있는 희망의 빛을 결코 꺼지게 해서는 안 된다. 그 희망이 다음 세대를 짊어진 젊은이들에게 확실하게 전해져 마침내 이 아름다운 나라에 진정한 평화가 실현되기를.

박유란

강원도에서 자란 씩씩하고 유쾌한 미술학도이다. 우연히 KOICA를 알게 되고 바로 지원서를 제출, 2007년 12월부터 2009년 12월까지 르완다 키추키로 고등학교 미술선생님이 되었다. 귀국 이후, 지금도 학생들의 눈빛과 여유로운 하늘이 그리워 아프리카 증후군을 앓고 있다.

 # 르완다에도 눈이 올까요?

라틴어 "Aprica"는 '태양이 잘 비친다',
그리스어 "Aphrika"는 '추위가 없는 곳'이라는 뜻이다.
초기 인류 호모 에렉투스의 기원이 아프리카로 증명되었다.
멀고먼 우리의 조상은 아프리카에서 건너왔다는 말이다.
그래서 아프리카를 간 사람들은 까닭모를 푸근함에
붙박이가 되고 싶은지도 모른다.

누구나 한번쯤 아프리카에 대해 꿈꾼다.
태초의 문명을 그대로 간직하고 있을 것 같은 그 곳.
시계 바늘이 움직이는 그대로 하루하루를 살아가는 사람들,
복잡하고 갑갑한 현실이 아닌,
자연 그대로의 삶을 살아가는 그 곳을 동경한다.

선생님! 너, 어느 별에서 왔나요?

르완다에서 미술을 가르치는 유일한 한국 사람이 되었다.
내가 맡은 반은 시니어 6학년으로 우리나라로 치면 고등학교 3학년,
졸업반 학생들이다.
평균 연령 23세, 키는 대부분 **180cm를 훌쩍 넘기는 아주 건장한 청년들**이다.
내가 처음 교실에 문을 열고 들어가는 순간,
새까만 얼굴에 새하얀 이와 까만 눈동자가 빠르게 움직이는데,
온몸의 신경세포들이 일제히 굳어버렸다.
어색한 미소, 어눌한 키냐르완다어로 인사를 하고 잠시 침묵이 흘렀다.
첫 수업부터 이놈들의 기에 눌릴 수 없다는 오기가
불끈 솟아 주먹에 힘을 주었다.
우선, 각자 자신을 소개하라고 말하고 얼굴 특징을 빠르게 그리기 시작했다.
얼굴의 점이나 여드름, 입고 있던 티셔츠, **어쭈! 저 놈은 윌 스미스를 닮았네.**
이제 이름만 외우면 좀 더 친해질 수 있을 것이다.
흑인들은 다 비슷하게 생겨서 구분이 어려울 것 같지만
자세히 들여다보면 눈 크기부터 피부색깔까지 똑같은 구석이 전혀 없다.
스쳐보면 그 사람이 그 사람 같지만
같이 생활하다보면 확연한 차이를 느낄 수 있다.
학생들의 소개가 끝나고 간단하게 내 소개를 마쳤다.
그러자 잠시 머뭇거리던 학생들이 수줍게 질문을 하기 시작한다.
"결혼은 하셨나요?
남자친구는 있나요?
르완다에 혼자 왔나요?
도대체 정체가 무엇인가요?"
조그마한 동양여자가 갑자기 들어와 내가 너희들의 선생이라고 서 있으니,
그저 신기한 모양이다.

 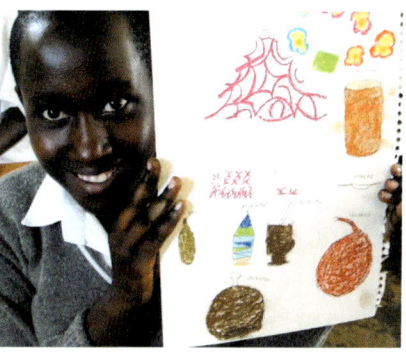

어쨌든 이런저런 우여곡절 끝에 한국에서 왔으니까,
너희들도 이제 **한국말 좀 배워야 한다**고 살짝 으름장을 놓고
칠판에 한국말을 적기 시작했다.
하나씩 영어 발음대로 적어나가는데 쉽지 않았나.
한글도 다른 나라 사람이 배우기엔 참 어려운 글자 같다.
새로운 나라의 언어가 신기한 듯 하나둘 씩 따라서 읽기 시작.
제법 잘 따라서 읽었다.
그 놈들도 참, **"사랑해"**라는 말은 제일 빨리 배우고,
시도 때도 없이 던지는 바람에 은근히 낯간지러울 때가 많았다.

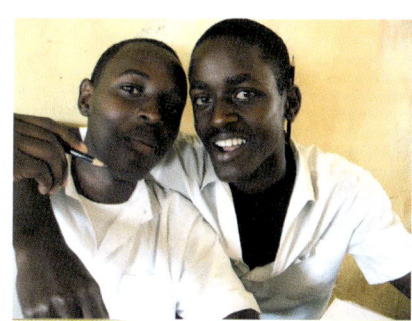 

나를 만나기 전까지 우리 반 학생들은
대한민국이 어디 있는지 어떤 나라인지 전혀 몰랐다고 한다.
대한민국 홍보 영상을 보여주고 **가장 기억에 남는 것**을 그리라고 했다.
태권도와 불교, 골프 선수 박세리를 그리는 학생도 있었고,
석가탑을 그리기도 하고 첨성대를 그리기도 하였다.

이제 다음,
르완다라는 나라를 알리기 위해
그리고 싶은 것들을 그리라고 하였다.
물을 길러 갔다 왔다 하는 아이들이나 가족들의 그림이 많았고,
전통 의상을 입고 앉아 공예품을 만드는 여인,
시골 마을, 고릴라도 등장했다.

 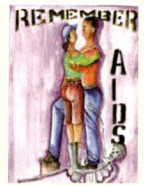   

그들은 자신이 HIV, 에이즈에 걸렸는지도
모르고 생활한다.
성에 대한 무지는 높은 출산율을 낳고
HIV 또한 날로 증가하고 있는 실정이다.
학생들의 그림에서도 무섭고
두려운 그림자를 드리운다.

저학년들을 상대로 꿈을 그리는 시간,
나중에 어른이 되어서 하고 싶은 일, 되고 싶은 사람을 그리라고 했더니,
어찌나 꿈들이 소박하고 순수한지요.
경찰, 가수, 목사가 주를 이룬다.
무엇보다 가장 황당했던 그림은 "아기를 낳고 싶어요!"

  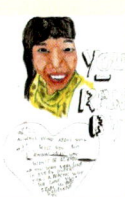  

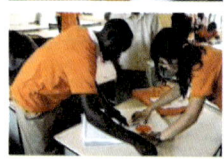

학생들이 가장 즐거워했던 수업 시간은 티셔츠 프린팅 시간이었다. 코이카에서 지원받은 티셔츠에 **다양한 물감과 염료**로 개성에 맞는 그림을 디자인하고 새겨 넣었다. 이 수업 시간에는 교실 밖에서 다른 학생들이 **너무너무 부러운 눈빛**으로 하루 종일 쳐다보았다.

나의 키다리 아저씨,

내가 르완다에서 생활하면서 가장 소중하고 고마웠던 우리 반 아이들은
나의 가장 든든한 후원자였다.
생김새, 살아 온 환경, 접해 온 문화, 모든 것이 달랐지만,
그림을 사랑하고 같이 그릴 수 있어 무엇보다 마음이 통했다.
낯선 이방인에 대한 거리낌 하나 없이 처음부터 따뜻하게 대해 주고,
혹시나 무슨 일이 생길까봐 언제나 지켜준 아이들.
아프리카를 떠난 지 6개월이 지났는데도
아직도 갈팡질팡 마음을 다잡지 못하는 가장 큰 이유는
그 아이들이 그리운 까닭도 들어 있을 것이다.

생일선물이 닭이라고? 그것도 살아 있어요.

그날도 여느 때처럼 수업을 하러 교실에 들어섰다.
나를 보자마자 학생들은 뭐가 그리 재밌는지 계속 웃는다.
잠시 후, 뒷문으로 앞치마를 두른 학생이 닭을 가지고 들어왔다.
살아서 푸다닥거리고 있는 닭을.
그 날은 르완다에서 맞이하는 나의 첫 생일,
학생들은 어찌 알았는지 나를 위해 생일을 축하하는 편지를 닭 날개에 붙여 선물로 주었다.
닭은 나를 노려보고, 학생들은 모두 신나게 축하 노래를 부른다.

전혀 예상치 못한 상황에 너무 놀라서 할 말도 잊어 버렸다.
내 생일을 기억해 준 학생들이 너무 고맙기도 하고,
르완다에서 닭이 얼마나 귀하고 비싼 동물인지 알고 있었기에 더욱 그랬다.
300원이 없어서 수 십리를 걸어 학교를 다니는 아이들이
10,000원이 넘는 닭을 사려고 얼마나 힘을 보탰을까?
약한 모습 보이기 싫어 고개를 돌렸지만 끝내 울컥 눈물이 쏟아지고 말았다.

그동안 자기들 때문에 선생님 고생 많이 했다며,
보양식으로 먹으라고 살아있는 닭을 사준 것이라고 한다.
르완다에선 닭을 먹으면 힘이 불끈 솟아
앞으로 절대 아프지 않을 것이라고….

그 닭을 처음엔 죽을 때까지 잘 길러야지 했는데,
잠 많은 나의 새벽을 어찌나 후벼 파는지요.
어느 날, 닭볶음탕의 제물이 되고 말았다.

우리 집은 혼자 살기 너무 큰 집에 마당도 아주 넓었다.
그래서 집을 관리해 주는 파파의 도움을 받아서
한국에서 보내준 씨앗으로 **배추, 무, 열무, 고추 등** 온갖 채소를 심었다.
르완다 어느 집 마당에 혹시 배추와 무가 자라고 있다면
그 집은 거의 틀림없이 한국인이 살고 있는 것이다.
토양의 질이 좋은 탓인지 르완다 텃밭에 씨를 뿌리면
채소들이 어찌나 잘 자라는지 모른다.
무 씨앗을 너무 많이 뿌리는 바람에 **순식간 자란 무**들은
거의 처치 곤란한 지경에 이르렀다.
어디서 본 기억은 있어서 무를 채 썰어 무말랭이를 만들고
처마 밑에는 무청으로 시래기를 만들기 위해 널었다.
배추를 다듬어 절이고, 무를 채 썰어 이것저것 넣어 버무리고,
서너 포기 담그는 것이 거의 김장 수준으로 힘이 들었다.
비교할 수는 없었지만 정신적인 수고까지 감안하면 충분히 그럴 것이라 짐작한다.
여하튼 김치를 만드는 내내 고향에 계신 엄마 생각이 나서
김치에 **나의 눈물 몇 방울**도 양념으로 들어갔으리라.
그렇게 만든 김치는 건더기는커녕 국물도 버리기 아까워 냉장고에 고이 간직했다가
김치 국물 부침개, 김치 국물 찌개 등을 만들어 먹었다.

전쟁이다!!! 전기와 물

전기플레이트에서 밥을 하는데 전기가 나가 버렸다.
에구구, 오늘도 설익은 밥을 먹어야 하나 보다.
샤워를 하다가 물이 뚝 끊어지는 것도 낭패지만
갑자기 암흑이 찾아오면 "알프레드 히치콕"의 **'현기증'** 이다.
노트북을 사용하다가 몇 번 뜨거운 맛을 보고 나서는
언제나 비상용 배터리를 준비해 둔다.
배터리가 다 방전되었는데도 전기는 감감소식이 없다.
그러면 뭐 어쩌겠는가?
르완다에 1년 이상 지내면 언젠가 들어오겠지 체념하고
그대로 잠들어 버린다.
어느 날은 수도관이 터질 만큼 미친 듯이 물이 쏟아져 나오다가
다음 날은 한 방울도 나오지 않을 때도 있다.
한 동안 물이 나오지 않아서 빗물을 열심히 받아서 설거지도 하고 화장실도 해결했다.
뭐, 그럴 수도 있지. 르완다 인구의 60% 이상이 전기와 물이 없는 집에서 생활한다.
길에서 노란색 통을 머리에 이거나 손에 들고 다니는 모습은 일상이다.
그나마 조금씩이라도 **전기와 물이 나오는 집**에서 사는 것이 어딘가.

청와대도 한번 못 가 본 내가
르완다 대통령의 크리스마스 파티에 초대되어 대통령궁에 가게 되었다.
지방에서 올라온 아이들에게 페이스페인팅과 풍선으로 인형을 만들어주며
즐거운 시간을 보냈다.
그리고 참으로 영광스럽게도 코이카 단원 최초로
르완다 대통령과 악수까지 하였다.
박유란 세상에 별 일도 다 있다.

한국에 코이카가 있다면 일본엔 자이카가 있다

영토가 작아서 그런지 자이카와의 교류가 많다.
스포츠 경기를 가장 많이 즐기고, 서로의 행사에 참여해 격려하고,
서로 초대해서 맛있는 음식을 함께 먹기도 한다.
코이카와 자이카끼리 체육대회라도 열리면
마치 아프리카에서 한·일전이 벌어지는 듯 긴장감이 살짝 감돈다.
이상하게 그런 날은 나도 모르게 애국심이 불타오른다.
승부는 승부일 뿐, 경쟁심보다는 동지애를 발휘하도록 노력해야겠다.

2009년 10월 3일. 추석맞이 한인 체육대회가 열렸다.
좀 더 일찍 자리 잡은 다른 나라의 한인사회는 조직이 잘 되어 있지만
르완다에는 아직 한국 사람이 많지 않다.
르완다에 있는 모든 한국 사람들, 코이카를 비롯한 선교단체와 사업체를 합치면
모두 70명 정도이다.
추석을 맞아 단합과 친목을 도모할 겸 르완다 모든 한국인들이 참여하는
체육대회를 개최하게 되었다.
팀을 골고루 나누어 발야구, OX퀴즈, 이어달리기, 2인 삼각 등
모든 연령이 참가할 수 있는 장을 만들었다.
르완다에서 구하기 힘든 한국음식을 공수 받아 상품으로 걸었다.
서먹해서 눈치만 보던 사람들이 라면, 참기름, 건어물 등을 얻어 내기 위해
숨이 턱까지 차오르도록 뛰어 다니면서 금세 어우러졌다.
혈기 넘치는 한국의 젊은이들이 석 달에 걸쳐서 준비한 덕에
르완다 주재 한국인들을 한데 뭉칠 수 있게 하였다.

"너 뭐 먹고 살았어?"

한국으로 돌아 왔을 때 주위사람들이 가장 많이 물어 본 질문이다.
르완다 사람들은 감자, 콩, 우리가 흔히 먹는 노란바나나와는
품종이 다른 녹색바나나,
옥수수가루를 버무려 쪄 낸 우갈리 등을 주식으로 하고
각종 야채, 열대과일 등을 먹는다.
음식에 조미료 사용이 거의 없다.
소금이나 기름을 주로 사용하고 토마토 소스를 만들어 음식에 넣어 먹는다.
내륙국가라 해산물 구하기가 무척 힘들고,
구해도 신선도가 좋지 않은 편이다.
근처 키부 호수에서 잡은 민물고기를 많이 먹는다.
르완다에서 가장 먹고 싶었던
한국음식은 **떡볶이, 어묵, 양념통닭, 젓갈** 종류였다.

르완다에서 즐겨 먹었던 음식은 감자튀김, 염소꼬치구이, 계란오믈렛이다.
감자튀김은 감자를 통째로 혹은 얇게 썰어 튀긴다.
패스트푸드점의 감자튀김과 비교가 안 될 만큼의 감자전분이 한 입 먹는 순간
입에서 사르르 퍼진다.
하루라도 안 먹으면 계속 생각나는 음식이다.
염소꼬치구이는 염소고기를 부위별로 잘라서 양파, 토마토, 피망을 사이사이 껴서
그들만의 독특한 양념을 발라서 숯불에 구워 먹는다.
고기 누린내가 전혀 나지 않으며, 매운 칠리 소스를 곁들어 먹으면 더욱 맛있다.
계란오믈렛은 우리나라에서 흔히 먹는 계란말이 비슷한 맛이다.
계란을 풀어 감자튀김, 토마토, 양파 등을 넣고 커다랗게 부쳐낸다.

르완다엔 아쉽게도 길거리 음식이 없다.
환경미화를 중요하게 생각하기 때문에
거리에서 음식을 들고 다니는 사람을 찾아 볼 수 없다.
길에서 음식을 먹는 것을 아주 부끄러운 일이라고 말한다.

내가 사는 키갈리 시내는 개성 있게 옷을 입고 다니는 사람들이 많았다.
남자들은 보통 청바지나 면바지에 셔츠를 입는 단순한 스타일,
여자들은 티에 거의 스키니 진 수준인 청바지를 입거나
직접 만든 전통 옷을 많이 입는다.
무릎 위로 올라가는 치마를 잘 입지 않았지만,
최근에는 짧은 치마를 입은 젊은 여성들도 볼 수 있다.
르완다 여자들은 생머리에 대한 집착이 아주 심하다.
꼽슬꼽슬, 가늘게 엉켜있는 자신의 머리카락을 어떻게든 생머리로 만들기 위한
노력을 보면 애처롭기까지 하다.
가짜 머리를 자신의 머리끝에 연결해서 땋기도 하고,
생머리처럼 붙이기도 한다.
여자들이 하고 있는 머리의 80%이상이 인공모발이고 자주 감지도 않는다.
머리에 손오공이 들고 다니던 여의봉 같은 바늘이 꽂혀 있는데
자주 감지 않는 머리가 가려우면 그 바늘을 뽑아서 슥슥 긁는다.
한번 비틀어 꼬아 올린 레게 머리는 1년도 거뜬히 가지만
멋쟁이들은 수시로 머리 스타일을 바꾼다.
르완다에는 출장 미용사들이 많이 있다.
번듯하게 차린 미용실은 드물고 자기 집 한 켠을 사용하거나
주로 손님이 부르면 도구를 들고 간다.
미용사를 집으로 불러서 텔레비전을 보거나 밥을 먹으면서 편하게 머리를 한다.

르완다에서 생산되는 **대표적 술**은 프리무스primus와 미징크miziing인데
르완다에서 가장 유명하고 사람들이 즐겨 찾는 맥주이다.
프리무스는 약간 순한 맛에 조금 더 저렴한 편이고,
미징크는 톡 쏘는 맛이 강하다.
그리고 새로 나온 흑맥주 터보 킹turbo king도 있다.
주로 염소꼬치구이와 감자튀김을 먹을 때 마시는데
가게마다 가격이 조금씩 다르다.
그들은 함께 어울려 술을 마시더라도 술잔을 권하거나 2차를 가는 일은 드물고,
취하기 위해 마시는 것이 아니라 **분위기를 즐기기 위해서** 마신다.

흑인들은 역시 **타고난 몸매와 유연한 골반**을 자랑한다.
음악만 나오면 리듬에 맞춰서 몸을 흔들기 시작한다.
생활 속에 자연스레 춤이 배어 있다.
르완다에도 키갈리를 비롯해 지방 곳곳에 클럽이 있는데,
한국처럼 세련되고 화려하지는 않지만
공연과 파티를 즐기는 르완다의 젊은이들 사이로 빠져 들기에는 충분하다.
르완다에는 노래방이 없다.

르완다에서 가장 대중적인 교통수단은
우리나라 봉고차를 개조해서 만든 일명 마타투라는 버스다.
한 줄에 네 명이 앉아서 가는데
옆에 덩치 큰 사람이 앉으면 몸과 몸 사이가 꽉 껴서
목적지까지 힘들게 가는 상황이 발생한다.
맨 뒤쪽에 앉은 사람이 중간에 내리려면
앞쪽의 사람들이 줄줄이 일어나야 되는 재미난 광경이 펼쳐진다.

집 밖으로 나가면 온 동네 사람들의 시선이 모두 나에게 집중된다.
그 중 용기 있는 자들은 자신 있게 "니~하~~"를 외친다.
동양계는 중국 사람으로 착각하는 르완다 인들이 많다.
때로 꼬마들이 앞까지 뛰어 와서 악수를 청하고,
"하우~와우~유~?"를 수줍게 던진다.
그리고 쇼콜라초콜릿와 봉봉사탕을 힘차게 외친다.
버스를 타면 옆에 앉은 사람이 신기한 듯 민망할 정도로 쳐다보기도 하고
말을 걸거나 내 머리카락을 만지작거리면서 부러운 눈빛을 보낸다.
지금은 마타투보다 조금 더 큰 대형 승합차들도 많이 생겼다.
one hour ticket이라고 한 시간 안에 다른 버스로 환승이 가능한 버스가 생겼다.
버스마다 안내원이 타고 있어서 타거나 내릴 때 돈을 지불한다.
아직 무인결재시스템이 도입되지 않아서
버스를 타면 문 앞쪽에 있는 사람이 바로 버스안내원이 된다.
항상 잔돈으로 준비하는 것이 편리하다.
차 사이를 쌩쌩 달리는 오토바이를 많이 볼 수 있다.
타기 전에 먼저 흥정을 하고 목적지를 말하면
운전사 옆에 있는 보조용 헬멧을 쓰고 출발하면 된다.

위험하긴 하지만 24시간 이용 가능하므로
급한 일이 있거나 버스가 다니지 않을 때 자주 이용한다.
조그만 오토바이는 단거리용, 조금 더 비싼 큰 오토바이는 장거리용이다.
간판을 달고 운행하는 택시는 많지 않다.
키갈리에 몇 대 밖에 없고 리터기를 이용해서 비싼 편이라 이용한 적이 거의 없다.
대신 불법택시가 있는데 출발하기 전 꼭 흥정을 하고 타야한다.
외국인한테는 엄청난 가격을 부르지만 가격의 절반 정도까지 깎으면 된다.
택시보다는 버스, 오토바이를 많이 이용한다.

흥정도 기술이다.
자전거는 시내에서는 거의 볼 수 없고,
시내 외곽이나 지방도시를 가면 많이 볼 수 있다.
자전거도 가끔 택시로 이용하는데 짧은 거리를 가거나 짐이 많을 때 이용한다.

그들의 밤눈 또한 거의 천리안 급이다.
아주 컴컴한 암흑 속에서도 지나가는 사람을 아는 척 한다.
정말 알고 인사를 건넬까?
궁금해서 지켜봤더니 실제로 이름도 부르고 안부를 전한다.
그러니 밤 운전도 아주 잘하고 안경을 쓴 사람도 별로 없다.
청각도 발달해서 어디 멀리서 부르는 소리를 다 알아 듣는다.
심지어 달리는 오토바이에서도 이야기를 나누는 신기한 모습도 가끔 본다.

절대로 급한 것도 없다.
관공서에서 기다리는 사람이 많아도 창구를 더 열지도 않고,
상시 하던 대로 일을 한다.
음식점에 가도 보통 30분에서 1시간은 기다려야 나오기 시작한다.
답답해 속 터지는건 오직 한국 사람이다.
문제가 생겨도 항상 미소를 지으며 *"No problem!"* 을 외친다.

빠른 문화에 익숙한 사람들은 적응하기 힘들다.
떠나오니 르완다 사람들의 여유가 점점 그리워진다.
익숙한 일상을 떠나 전혀 낯선 곳에 가면
문화와 언어를 머리가 아닌 가슴으로 배운다.
편리한 습관들과의 결별에서 오는 외로움도 자연스레 극복할 수 있다.
남을 위해 나를 버리는 일, 참고 배려함으로써 훨씬 더 큰 만족을 얻기도 한다.
르완다에는 우리보다 열악한 조건에서 묵묵히
그러나 즐겁게 살아가는 많은 사람들이 있다.

한 때 아픈 역사에 눈물 흘려야 했던 사람들,
아직 미개하고 발전이 더딘 환경에서 가난하게 사는 사람들.
행복의 기준은 돈도 과학기술문명의 발전도 아님을….
한 없이 푸르고 맑은 키갈리의 하늘,
그보다 더 맑은 르완다 사람들의 웃음 속에서 그들만의 미래, **희망**을 본다.

무토 사에리 武藤 小枝里

아프리카 교육·인재육성 분야의 전문가로 일본인이며 교육학 석사, 국제개발학 석사를 수료하였다. 이제까지 주로 JICA 전문가로서 르완다를 비롯한 아프리카 국가들에 교육·인재개발 분야의 어드바이저로 활동했다. 현재는 콩고에서 JICA의 TVET 활동을 하고 있다.

1996과 2007사이

    1993년에 나는 학생자원봉사자로 케냐의 난민캠프를 찾아가 3주간을 보낸 적이 있다. 언젠가는 개발도상국에서 사람들에게 도움이 되는 일을 하고 싶다고 막연히 생각하며 어떻게 하면 그 꿈을 실현할 수 있을까 암중모색하던 시기였다.

    이듬해 4월, 제출마감 시기가 임박한 석사논문을 마무리하기 위해 연일 연구실에서 숙식하는 생활을 하고 있었다. 당시 혼자서 연구실에 묵는 것이 무서워서 텔레비전을 켜놓고 자곤 했는데 어느 날 생방송 뉴스에 잠이 깼다. 텔레비전에서는 외국인 리포터가 세차게 흐르는 탁류를 배경으로 뭔가를 필사적으로 이야기하고 있었다. 화면을 주시하니 엄청난 수의 시체가 탁류에 휩쓸려와 웅덩이에 수북이 포개지고 있었다. 내가 처음 본 르완다의 모습이다.

이른 아침 텔레비전 뉴스는 나에게 큰 충격이었다. 이런 곳에서 논문 따위를 쓰고 있을 때인가, 초조해지기 시작했다. 어떻게 하면 르완다에 갈 수 있을까, 흥분도 하다가 내가 가서 할 수 있는 일이 과연 무엇이 있을까, 곰곰이 생각하기도 했다. 그렇게 고민하면서 논문을 작성했다.

마다가스카르

1994년 8월, 나는 한 일본인 수녀의 일을 돕기 위해 1개월 정도 마다가스카르에 머무르게 되었다. 그 수도회는 아프리카 각국에 지부가 있고, 마다가스카르에는 각국에서 파견된 소녀를 수녀로 양성하는 학교가 있다. 수도원에 머무는 동안 아프리카 교구장의 이야기를 들을 수 있었다. 그녀는 르완다 수도회 수녀의 안부를 확인하기 위해 나이로비에서 르완다까지 혼자 다녀왔다고 한다.

그녀가 케냐의 국경을 넘어 르완다에 들어서면서부터 차도 사람도 보이지 않아 수없는 시체 속을 걸을 수밖에 없었다고 한다. 도중에 우연히 차를 얻어 타고 마침내 키갈리 수도원에 도착하여 목숨을 건진 수녀들과 재회를 했다며 그때 일을 떠올렸다. 키갈리에 파견되어 있던 외국인 수녀가 르완다 수녀를 숨겨주고 어렵게 식량을 확보하여 살아남았다는 이야기였다.

마다가스카르에서 귀국한 후 르완다에서 교육과 관련된 일을 하고 싶다는 마음이 점점 더 강렬해졌다. 그로부터 약 1년이 지난 1995년 여름, 유엔봉사자로서 르완다에 갈 수 있는 기회가 왔다.

1996, 마침내 르완다에

1996년 1월, 키갈리 공항은 유리창이 깨진 채였고 벽에는 온통 총탄 자국이 남아 있었다. 당시 학살로부터 아직 2년도 채 지나지 않은 때라 사람들 마음에 깊이 새겨진 상처는 여전히 생생했다. 험상한 표정의 남자들, 어두운 얼굴의 여자들, 그리고 넘쳐나는 고아들의 처참한 모습, 마을을 짓누르는 압박감으로 가득 차 있었다. 통행금지가 시작되는 밤 10시 직전에 차를 타고 가다보면 아이들이 죽 늘어서 길가 가게의 처마 밑에 몸을 바싹 붙인 채 자고 있었다. 종이를 모아 피운 모닥불 불길에 비친 그들의 얼굴이 묘하게도 어른스러웠던 것이 지금도 어제의 일처럼 떠오른다.

정세가 서서히 안정되기 시작하고 마을과 촌락에도 사람이 돌아오기 시작하던 무렵이다. 나는 유네스코에서 이동식 글자 가르치기 교실의 교재를 개발하는 일에 참가했다. 글자 공부에 필요한 교과서와 칠판 등을 상자에 넣어 각지에 나누어주는 일이었다. 접어서 상자에 넣을 수 있게 칠판과 자를 만들고 책은 글자를 모르는 사람들을 위해 그림을 많이 넣었다. 그리고 어디서나 사용할 수 있도록 천에 인쇄를 한 르완다 지도를 만드는 일 등을 현지 사람들과 함께 했다.

당시 르완다는 불어권이어서 일상생활을 하려면 기본적인 불어나 현지어를 빨리 익혀야했다. 영어도 기초적인 의사소통밖에 할 수 없는 나에게는 힘든 일이었다. 내전 직후라 마을도 사람도 혼란스럽고 생활도 불안하였다. 더구나 외국인 가운데 일본인도 그다지 많지 않아 쓸쓸하기도 했다. 간혹 유엔과 NGO에서 일하는 아시아의 젊

은이들을 만났다. 그들 역시 나처럼 아시아와 아프리카의 차이에 다소 당황해하면서도 열심히 각자의 일을 하고 있었다. 그리고 아시아인들끼리 서로 격려해 주곤 했다.

그 중에서도 한국의 자원봉사자 그룹이 베풀어준 친절은 평생 잊을 수 없다. 식사 때마다 불러주고 이런저런 생활상의 불편을 덜어주려 하였다. 누구라고 할 것 없이 같이 어울리려 하고 만나러 와주었다. 그들과의 우정이 없었다면 나는 르완다에서 끝까지 버티지 못했을 것이다. 지금 생각하면 1년은 정말 눈 깜짝할 사이였다. 그러나 정말 여러 가지 일이 있었다.

2007, 다시 르완다로

2007년 2월부터 나는 르완다 교육부에서 TVET^{Technical and Vocational Education and Training} 근무를 했다. 개발도상국에서 교육원조 사업을 하고 있다고 하면 칠판 앞에서 수업을 하는 이미지를 떠올리는 사람이 많다. 혹은 기술교육과 직업훈련이라면 작업복을 입고 실습실에서 기계를 앞에 두고 학생을 지도하는 모습을 상상하는 사람도 있을 것이다. 그러나 부끄럽게도 나는 문과 출신이어서 부엌 칼 하나 제대로 갈지 못한다.

내가 하고 있는 일은 기술교육과 직업훈련에 관한 정책과 그 전략을 세우는데 필요한 조언 및 지원을 하는 것이다. 정부와 산업계 그리고 TVET기관의 연계를 통해 시장의 요구에 맞는 TVET 실시를 목표로 하고 있다. 또 정부가 효율적으로 이 정책을 실시할 수 있도록 다른 나라와 연계하여 원조를 조정하는 일도 하고 있다.

르완다 인구의 약 7할 정도가 아이들이다. 그들이 의무교육을 마친 뒤, 사회·경제 개발에 효과적으로 공헌하기 위해서는 기능과 기술을 몸에 익혀 일할 곳을 확보하는 일이 중요하다. 국가의 신업게발과 경제정책이 현실적인 성과를 이루어낼 수 있도록 노동시장의 요구에 맞는 교육 커리큘럼을 개발하고 교원을 양성하는 것이 TVET정책의 핵심이다.

르완다에서는 1968년에 창립된 국립대학에서 1994년까지 배출한 인재가 고작 2,400여명에 불과하다. 유일한 이공계 대학인 국립 키갈리 과학기술대학은 불과 몇 년 전에 설립되었다. 1994년의 학살로 기술인력 인재가 많이 희생되었다. 따라서 산업화를 통한 경제개발을 위해서는 심각한 기술자 부족 문제를 해결하지 않으면 안 된다.

이러한 과제를 수행하기에 현실은 매우 곤란한 실정이다. 사무실의 인터넷은 자주 끊기고 휴대전화의 네트워크도 불안정하고 쉽게 정전이 된다. 예산부족은 말할 것도 없고 인재부족도 심각하다. 산적한 과제와 업무를 담당하는 공무원은 사업 당 한 명뿐이다.

같은 장소, 다른 시간

르완다에 처음 왔을 때 나는 키갈리의 아름다움을 전혀 느끼지 못했다. 당시 나는 학살된 시체가 누워있는 성당을 방문한 적이 있었다. 내전이 일어난지 2년 가까이 지났는데도 어떻게 살해되었는가를 확실히 알 수 있을 정도로 그 모습은 끔찍했다. 발밑에 있는 해골이 젊은 여성의 것임을, 뼈에 조금 붙어 있는 천을 보고 알게 되었을 때 받았던 충격은 지금도 생생하다.

10년 뒤인 2007년, 르완다에 다시 오게 된 나는 아주 불가사의한 기분에 사로잡혔다. 공항도 차가 달리는 길도 확실히 윤곽은 비슷한데 인상은 완전히 달라졌다. 다른 나라에 온 것 같은 착각마저 들었다. 마침 예전 그 성당에 다시 방문할 기회가 있었다. 가는 도중 주위의 모습은 그때와 완전히 달라져 있었다. 철골로 만들어진 특이한 다리가 나타났을 때 비로소 예전의 기억을 떠올릴 수 있었다. 성당 입구는 깨끗하게 문으로 둘러싸여 있었다. 학살기념 성당으로 보존하기 위해 여러모로 수리되었기 때문이다. 1996년 당시 교회 이곳 저곳에 흩어져 있던 뼈는 성당 안에 유골로 보관되었다.

들어가기를 주저하고 있는데 바람을 타고 어떤 냄새가 풍겨져 왔다. 학살 직후 마을 전체를 뒤덮고 있던 바로 그 냄새다. 돌아보니 예배당 안에 일직선으로 늘어진 줄에 걸레 같은 것이 걸려 있는 게 보였다. 자세히 보니 그것은 시체에서 떼어낸 피와 흙이 묻은 옷이었다. 오랜 세월에 색도 바래지고 형태도 망가져 있었다. 그러나 냄새만큼은 확실하다. 그 순간 문득 깨달았다. 그렇다. 가장 달라진 것, 마을에서 사라진 것은 바로 이 '죽음'의 냄새였다는 것을.

전국기술학교연맹

TVET의 사업은 9년간의 기초교육 보급과 교육센터 개발이 양대 사업이었는데 국가개발사업 중 가장 중요한 과제로 인식되고 있었다. 그런데 그렇게 중요한 TVET 사업 내용은 아직 구상 단계에 있어 구체적인 전략도 마련하지 못하고 있다. 공립 기술고등학교의 기술·직업 교육의 질은 심각하게 낮아 졸업생의 취직률도 20% 미만에 그쳤다. 그리하여 한정된 인재, 예산, 교재, 훈련기자재를 한층 효과적으로 활용하여 TVET 사업을 해나가기 위해서는 학교간의 연계를 강화하고 현장 단계에서부터 교육을 개선해야함이 불가결하다고 생각했다. 그래서 이미 자주적인 활동을 하고 있던 몇몇 기술고등학교와 연계하여 전국 규모의 기술학교연맹을 설립하기로 하였다.

그리하여 TEVSA Technical Education and Vocational Schools Rwanda 라는 기술연맹이 2008년 1월에 약 45개의 기술학교, 직업학교에 의해 설립되어 활동을 개시했다. 이러한 대규모의 연맹이 설립될 수 있었던 것은 2006년부터 몇몇 ETO에 의해 자주적으로 학교 간 네트워크가 형성되어 각 학교에서 상호원조가 이루어지고 있었기 때문이다.

일반적으로 개발도상국에서 무언가 새로운 일을 시작하면 외국의 원조와 협력이 있었기 때문이라고 생각하기 쉽다. 하지만 현지에서 자발적인 의지 혹은 문제 해결을 모색하는 시도가 없다면 그 어떤 개발원조도 성과를 거두지 못한다. 즉 원조의 성과 여부를 결정짓는 관건은 작지만 꾸준히 활동을 하는 현지인들을 어떻게 조직하느냐에 달려있다고 할 수 있다. 자주성, 주체성의 '싹'이 없이는 어떤 원조도 성공할 수 없다.

전국기능경기대회

2년간 활동한 경험 가운데 잊혀지지 않는 추억 중 하나가 TVESA의 첫 활동인 전국기능경기대회를 개최한 일이다. 2008년 10월, 약 38개 학교에서 예선전을 통과한 200여명이 참가하였다. 대회장은 전국 여덟 개의 기술학교에 마련되었고 전기, 전자, 건축, 목공, 자동차 정비, 기계, IT, 토목, 컴퓨터, 부기의 열 개 학과별로 경기가 실시되었다.

이 활동에 KOICA와 JICA의 자원봉사자 일곱 명이 참가했다. 그들은 기술고등학교의 인솔자, 시험관, 시험 출제자 및 채점자 등 다양한 역할을 맡아 활약했다. 보통은 학교 교실에서 전기와 설계를 가르치던 그들도 이처럼 많은 학생을 모아 대회를 치르기는 처음이었다. 현장의 준비도 제대로 하기 어려웠다. 각 학교에서 대표를 경기장까지 데려다 주는 일도 학교의 단 한 대뿐인 차와 공공버스를 이용해 분담해야 했다.

그러한 가운데 어떻게 계획대로 진행할 것인지, 공평성을 어떻게 유지할 것인지를 현장의 선생님들과 함께 자원봉사자 모두가 고심했다. 현장에서는 예상치 못했던 일이 잇따라 벌어졌다. 시험감독 인원이 부족해 어떤 자원봉사자는 하루 종일 혼자서 감당해야 했다. 경기에 쓰이는 훈련기자재 수가 부족하여 주위가 캄캄해질 때까지 경기가 계속되기도 했고, 복잡한 채점집계에 고심한 이도 있었다. 행사를 마칠 때쯤엔 모두 공복에 녹초가 되었다.

그러나 이러한 경험은 평소의 학교 내 활동이라는 관점보다 한

단계 높은 곳에서 전체를 둘러볼 기회가 되었다. TVET사업에서 중요한 것이 무엇인가를 생각하고 그들이 다른 개발원조와 개발도상국 지원 프로그램에 참가하게 될 때 자신의 역할을 어떻게 설정해야 되는지 구체적으로 생각하는 좋은 계기가 됐다.

아프리카의 TVET

현재 아프리카의 다수 국가에서는 EFA^{만인을 위한 교육}에 의해 초등교육이 제공되고 있다. 그리하여 많은 아이들이 초등교육을 마친 후에도 교육을 더 받기 원하고 또 취업에 유리한 기술교육이나 직업훈련에 다시금 기대를 걸고 있다. 그러나 학교와 훈련기관의 수는 한정되어 있다. 대부분의 아프리카는 초등교육을 위한 충분한 재원이 없어 설령 학교에 간다 해도 아이들은 아주 열악한 환경에서 공부하고 있다. 또 초등교육이 취학 면에서 개선되었다고 해도 빈곤과 질병 등 여러 가지 곤란한 여건 때문에 졸업할 때까지 계속 다닐 수 있는 아이들은 아직 많지 않다.

과거 TVET는 개발도상국 산업개발의 관건인 기술자 양성을 위해 원조기관으로부터 큰 지원을 받고 있었다. 그러나 비용 대비 효과가 나빠 경제적인 기반이 약한 개발도상국에서는 지속적인 발전이 불가능했다. TVET 개발을 추진하는 아프리카 국가들과 개발 파트너 모두 과거의 TVET 사업 방법을 반성하고 과거의 경험에서 교훈을 찾아 현재의 사업이 성공할 수 있도록 해야 한다.

TVET의 성과, 즉 TVET 프로젝트의 성공여부는 프로젝트 수행자의 관점에 본 산출물이 아니라 취업률, 조직에의 기여라고 하는 TVET 졸업자를 받아들이는 수요자의 입장에서 평가되어야 한다. 그러나 아프리카에서 수요측면, 즉 시장과 사회의 요구를 포함한 종합적인 관점에서 프로젝트를 실시, 운영이 아직은 용이하지 않다.

아시아의 역할

아프리카 TVET에 일본을 비롯한 아시아 국가가 어떻게 효과적으로 공헌할 수 있을까? 일본에서는 아프리카 지역이 필요로 하는 기술지도자가 해마다 줄어들고 있다. 또한 언어 장벽도 크다. 일본 TVET 분야 교사는 일본어 이외의 언어로 지도를 한 경험이 많지 않다. 일본에서는 스승의 기술을 훔친다, 몸으로 익힌다, 따라 해보면서 익히게 한다는 것이 기술자 세계의 불문율이지만 이와 같은 방법이 어디에서나 통용되지는 않는다.

또 TVET 제도와 자격제도도 과거 종주국의 영향이 강해, 일본을 비롯한 아시아국가의 TVET 지원이 효과를 발휘하기 어려운 것이 현재의 상황이다. 그러나 르완다처럼 아시아의 경제발전을 모델로 해서 싱가포르, 인도, 한국 등과 TVET 개발 협력하고 있는 국가도 증가하고 있기 때문에 앞으로 상황이 변화할 가능성은 있다.

TVET 협력에서 가장 중요한 점은 고급기술을 가르치거나 새로운 기자재 제공이 다가 아니라, 시장의 요구에 맞는 TVET 구조의 확실한 정립이다. 그를 위해서는 TVET 관리를 강화해야한다.

2년간의 활동과정 중 정책수립에서부터 현장에 이르기까지 항상 직면해야만 했던 과제는 기자재와 교원의 기술부족도 있지만 무엇보다도 관계자의 운영능력 부족이었다. 르완다에서 인재양성의 시스템을 구축하는 일의 중요성은 누구나 인식하고 있으나 실제로 담당할 수 있는 인재가 충분하지 않고 또 작업 자체가 많은 시간이 걸린다. 현재 TVET 분야에서는 교원양성 시스템과 국가자격의 틀이 정비되어 있지 않아 ETO에 진학해도 일반 중학교와 마찬가지로 시험을 보고 그와 같은 자격밖에 얻지 못한다. 훈련을 통해 습득한 기능을 객관적으로 평가할 수 있는 자격제도가 없기 때문이다.

그러나 이러한 과제를 해결하는 방법으로 단순히 아시아의 성공예를 모방해서는 정착하기 어렵다. 단지 훈련의 제고가 아니라 산업·경제발전에서 TVET의 역할에 관하여 포괄적으로 고려하고 전략을 전개해온 아시아의 경험을 적용하는 것은 큰 의미를 지닌 일이다. 그러한 점에서 아시아 TVET 관계자의 연계가 더욱 더 활성화되기를 기대한다.

TVET가 궁극적으로 추구하는 바는 생애에 걸쳐 무언가를 만들어내면서 개인과 사회를 개선시켜나가는 것이라고 생각한다. 즉 TVET를 통해 양성된 인재가 더 좋은 질, 더 좋은 서비스를 제공할 수 있는가가 TVET 사업의 핵심이다. 무언가를 만들어내는 과정을 통해 사람이 '더 나은 것을 창조해낸다'는 자세를 배우는 일은 타인이 제공한 서비스와 타인이 만든 물건에 대해 평가할 수 있는 능력을 갖추는 것도 의미한다. 즉 상대방의 노력과 가치를 인정하고 존중하며 타인과 사회에 대해 자신의 생산물과 서비스의 책임을 실감하는 학습의 기회라고도 생각한다.

TVET는 단순한 기술자의 양성이 아니라 사회의 일원으로서 더 나은 사회를 구축해가기 위한 개인의 기본적인 마음가짐에 관한 교육이라고 생각한다. 이러한 TVET의 역할이 이해될 때야말로 아프리카의 사회·경제 발전에 진정으로 공헌할 수 있을 것이다.

르완다의 웃음

1996년 르완다에서의 경험은 국제협력의 첫 활동으로써 모든 것이 혼란스러운 긴급원조의 현장에서 단지 살아남기 위해 동동거리며 발버둥만 쳤던 느낌이다. 그동안 아프리카의 다른 나라에서 교육협력활동을 하며 르완다의 급속한 부흥과정에 관해서 듣곤 했다. 어떻게 변했는지 내 눈으로 직접 보고 싶다는 마음과 주저하는 마음 사이를 오락가락하며 지냈다. 아프리카에서 부흥지원에 종사하는 교육전문가라는 꿈을 내딛는 첫걸음이었지만 내용은 전혀 쫓아가지 못하였다. 그러나 당시 난민을 대상으로 한 교육지원 경험을 통해 난민을 만들지 않는 국가 건설을 위해 교육의 중요성을 느끼고 그런 일을 제대로 할 수 있는 전문가가 되려면 어떻게 해야 할지를 고민하게 되었다. 그 물음에 대한 대답이 이후 내 활동의 주제가 되었다. 내가 얼마나 성장했는지는 자신 있게 답할 순 없지만 귀중한 시간을 부여받았음은 틀림없다. 할 수 있는 일을 가능한 한 열심히 하려고 필사적으로 활동한 나날이었다. 무엇보다도 10여년 만에 재회한 르완다가 웃음으로 맞이해 주어 큰 격려가 되었다.

2009년 귀국 직전의 르완다는 사회개발이 점점 더 본격적으로 진행되고 있었다. 그러나 한편으로 빈부격차의 확대, 주변국의 정치 불안 등 위험요인도 없진 않다. 빈곤 퇴치 정책은 각자에게 자신의 생활이 이전보다 편해졌다고 실감할 수 있게 해줘야한다고 생각한다. 그렇지 않고는 르완다 사람들이 평화롭게 지낼 수 있다는 확신을 지닐 수 없다. 빈곤에 빠져 있는 한 질시와 분쟁에 시달릴 위험성이 높기 때문이다. 각자의 만족, 불만족의 감정이 사회를 움직인다. 살아가기 위한 힘을 북돋우는 직업훈련과 기술교육은 가난한 가정의 아이들이 빈곤에서 벗어나는 중요한 수단이다. 이를 위한 르완다의 TVET 사업에 장기적인 지원이 무엇보다 중요하다.

르완다에서 만난 한국자원봉사자 여러분의 앞으로의 활약을 진심으로 기대하며 다음에 르완다를 방문할 때도 모두가 웃음이 넘치기를 기원한다.

손 초우 Shaun Chau, 周 初政

중국계 호주인이다.
영국 옥스퍼드대 출신 변호사이며
2008년부터 2009년까지
르완다 대통령실 전략정책단에서
직원들의 역량강화를 위해 근무하였다.
이전에는 영국 수상실의 전략팀에서
또 외교연방성에서 정책자문 역을 맡았다.
현재 라이베리아 국무부에서
역량개발 프로젝트를 책임지고 있다.

나의 르완다 도전기

나는 영국 수상실의 전략팀에서 에너지, 교통, 행정개혁 등의 정책을 다루는 자문을 맡아 4년 동안 근무했다. 뛰어난 역량을 가진 분들과 일하면서 배움도 많았지만 보다 더 새로운 곳에서 일하고 싶은 욕심이 들었다. 그러던 중 "토니 블레어 프로젝트"를 담당하는 옛 동료를 만났다. 그가 하는 사업은 주로 영국의 젊은 전문가들을 아프리카로 파견하여 실무분야에서 정책을 자문해 주는 역할을 수행토록 하는 것이었다. 전 수상이었던 토니 블레어가 주관했던 국제정책원조사업이기에 "토니 블레어 프로젝트"라고 부른다. 나는 국제정책에도 관심이 있었기에 그가 하는 일에 대해 구체적으로 알고 싶었다. 하지만 당시엔 내가 직접 그 일을 수행하리라곤 꿈에도 생각하지 않았다.

오히려 엄청나게 진취적인 아내가 아프리카라는 나라와 관련된 이 프로젝트에 관심을 보이며 참여해 볼 가치도 있고, 아주 좋은 기회라고 적극 추천하였다. 아프리카에 대해선 많이 알지도 못하고 큰 관심이 없었던 터라 도대체 잘 할 수 있다는 확신이 들지 않았다.

그럼에도 불구하고 나와 아내는 새로운 나라와 색다른 경험에 대한 욕심으로 지원하였다. 그리고 지원하고 나서 오히려 관심이 증폭되었다. 선진국의 젊은 인력들이 아프리카 국가들의 대통령 정책자문을 한다면 공공정책에 실질적인 영향을 미칠 수 있을까를 살펴볼 수 있는 기회이기도 하였다. 영국정부에서 일하는 동안 나는 종종 내 영향력이 너무 미약하여 눈에 띄지도 않고 제한되어 있다는 생각을 많이 하였다. 하지만 더 작은 나라에서라면 내가 추구하는 정책과 실무가 훨씬 더 큰 영향을 미칠 수 있을 것 같았다.

종족 간 분쟁으로 황폐화된 르완다 같이 작은 나라가 국제사회에 의해 구제된 후 어떻게 복구되고 있는지도 살펴볼 수 있을 것이다. 또한 "토니 블레어팀"의 초창기 멤버로서 새로운 조직이 어떻게 사회적 기업으로 성장해 나가는지도 볼 수 있을 것이다. 초창기에 합류하여 일한다면 기초부터 시작하여 조직의 성장 과정, 문화를 구축하는 일을 알아볼 수 있는 기회가 될 것이다. 그리하여 나는 2008년 8월 르완다로 향하는 케냐 항공기에 탑승하게 되었다.

폴 세잔 보다는 앙리 마티스

출발하기 전, 팀원들끼리 런던에서 르완다를 이해하기 위한 간단한 워크숍을 갖긴 했지만 깊이 있는 연구는 생각도 못한 상태였다. 하지만 어떠한 이론보다 직접 부딪혀 경험하는 것이 최고의 지식을 얻고, 직접 보고 듣는 것이 연구를 위한 완벽한 보고寶庫라는 신념으로 르완다에 도착하였다.

아프리카의 여러 나라처럼 르완다도 오렌지 빛깔, 진흙같이 비옥한 대지를 가졌다. 하늘에서 내려다 본 넓고 푸른 땅, 황토 빛 풍광이 여기가 아프리카임을 보여 주었다. 콘크리트 회색빛에 간간이 푸른 색조가 주를 이루는 선진국에 비교한다면 르완다는 폴 세잔 보다 앙리 마티스에 가깝다. 천 개의 언덕이 있기도 하지만 은빛의 큰 호수를 잇는 강물이 굽이굽이 흘러 산을 감돌아 흐른다.

25도에서 30도를 오르내리는 르완다에도 아프리카 특유의 열대 날씨가 있다. 해가 오르는 아침이면 화끈하게 갤 것 같은 느낌, 하루를 시작하는 기대감이 찾아온다. 가끔 쏟아지는 비도 확실하게 퍼부어 흙탕물이 작은 시내를 이룬다. 도시의 먼지를 씻어가는 이런 소나기는 대체로 모든 사람들이 좋아한다. 놀이 지고 달이 차오를 때도 은은한 광채가 은빛으로 대지를 휘덮는다.

르완다는 언제나 가난했다. 2008년 1인당 국민총생산은 약 500불, 국민 1인당 하루 수입이 2달러 미만의 금액이다. 도착한 순간 빈곤의 냄새를 맡았지만 선진국에서 보이는 빈곤과는 모습이 다르다. 여기의 빈곤은 삶 그 자체, 곳곳에 스며들어 있다.

자가용은 최상류층에서만 볼 수 있고, 대중교통수단도 많지 않다. 차가 없어 거리가 조용하긴 하지만 직장인들도 먼 거리를 걸어 다녀야 하니 오가는데 드는 시간이 너무 많다. 수도 사정도 좋지 않아 집안일에서 물을 긷고 오가는데 또 많은 시간을 잡아먹는다. 대부분 집에 전기가 없고 있어도 백열등 하나만 달랑 달려 있다. 숯불을 피워 요리하고 시골에서는 집 주위에 있는 흙을 손으로 파서 으깬 후 진흙집을 짓는다. 창문도 제대로 없는 작은 집에 온 식구가 끼여서 잠을 잔다. 르완다에서 지낼수록 교육제도의 열악함, 위생 시설의 전무, 제한된 보건 서비스, 아직 정착되지 않은 법이 지배하는 세상, 빈곤의 또 다른 사회적 특징들을 발견하게 되었다.

그런 르완다에도 풍요로움이 있다. 다른 아프리카 사회와 마찬가지로 가족과 친구 관계가 아주 큰 인적자원을 이루고 사회자본을 형성하고 있다는 점이다. 친인척 관계가 돈독한 아시아계인 나는 이를 쉽게 알아볼 수 있었다. 결혼식 준비도 결혼 당사자들이 주로 하는 서구와 달리 친구와 가족들이 거의 계획하고 돈을 마련한다. 한 달에 한 번 전국적으로 시행하는 마을청소사업 "우무간다"만 보아도 높은 공동체 의식을 엿볼 수 있으며 거의 모든 사업장이 종족 분쟁 대학살에서 살아남은 아동의 교육을 지원하기 위해 애쓴다. 르완다의 장기경제개발계획인 '비전 2020'은 잘 살고자 하는 높은 의지와 새로운 국가를 만들고자 하는 열망을 엿볼 수 있다.

희망이 전망을 넘는다

르완다를 피상적으로 살펴본다면 우리가 예상한 답을 보여 준다. 하지만 다른 측면에서 뒤집어 보면 예상을 뛰어넘는다. 우선 르완다 사람들은 정말 훌륭한 민족성을 지녔다. 그들은 자기 의견을 쉽게 내세우지 않는 신중한 사람들이다. 수줍은 성격들이 많아서 보수적인 경향도 보인다. 르완다 사람들에게서 사교성을 기대한다거나 빠른 일처리를 원한다면 아직 르완다를 잘 모른다고 할 수 있다. 신중한 성격이라서 무슨 생각을 하고 있는지도 알기 힘들고, 그들의 신뢰를 얻기도 쉽지 않다. 겉보기와 달리 위계질서가 뚜렷해 윗사람이 일을 시키면 군말 없이 그대로 수행한다. 집안에서도 마찬가지 모습을 보이지만 그렇다고 권위적이지는 않다.

수도인 키갈리도 예상을 뛰어 넘었다. 아시아 개발도상국을 방문했던 경험이 생각나 사람과 차량들의 엄청난 혼잡을 예상했었다. 아프리카도 우간다의 캄팔라처럼 전형적으로 혼잡한 도시가 있다. 그러나 키갈리는 그렇지 않았다. 인구 백 만정도의 도시이기에 그럴지도 모른다. 도심을 벗어나서도 널찍하게 정리가 잘 되어 있었다. 사람들이 적지 않음에도 다른 개도국에서 보기 힘든 질서와 차분함이 공존하고 있었다. 나는 이런 모습에서 개도국의 왁자지껄 열정적인 분위기를 경험하기 힘들고, 오히려 장기체류하기에 적합하다는 생각이 들었다. 동아프리카의 다른 나라들에 비해 자유롭지 않다는 것을 보여 주기도 한다.

르완다에 관한 가장 중요한 사항은 종족 분쟁의 대학살, 그리고 이후의 과정이다. 사실 나도 르완다에서 일을 하기 전에 알고 있는 것은 대학살뿐이었다. 솔직히 말하자면 그렇게 큰 기대를 하지 않았다. 그러나 현지에서 본 후 깜짝 놀랐다. 불과 15년 전에 그런 엄청난 혼란과 격변이 휩쓸고 간 나라라는 걸 믿을 수 없을 것이다. 사회간접자본도 붕괴되고, 아무 것도 없는 나라에서 진정으로 발전하는 나라로 탈바꿈하였다. 큰 공사가 시내 곳곳에서 진행되고, 사람들은 화평하게 일터로 향하고 있다. 그렇다고 문제점이 없는 것은 아니다. 사회적 신뢰는 전 세계 어느 나라보다 낮고, 조심스럽게 물어보면 나라를 이끌고 있는 엘리트에 대한 불평을 들을 수 있다.

내성적이면서 약간 특이한 민족적 특질은 새로운 자긍심과 조국의 미래에 대한 신념으로 가득 차 있다. 이러한 반등은 두 가지 측면에서 해석할 수 있다. 첫째는 생존과 관련된 것이다. 대학살은 국가를 완전히 파괴시켜 다시는 정상적인 국가로 살아남지 못할 뻔 했다. 그러나 미래를 위한 전환점이 마련되어 이제 다시는 끔찍한 비극의 역사를 되풀이 하지 않겠다는, 국제적인 부랑아에서 아프리카의 모범국가로 다시 태어나게 되었다. 이러한 의식은 "우무간다"에서부터 콩고나 부룬디 같이 이웃한 국가들과 비교하여 민족적 자존심에 이르기까지 나라 전체에 가득하다.

르완다는 독자적으로 생존하기 어려운 경제이다. 작은 내륙국으로 가장 가까운 해변으로부터 수백 킬로미터나 떨어져 아프리카 중심에 놓여있는 나라이고, 이웃나라들이 중요한 시장으로 간주하지 않는 나라이다. 르완다의 경제적 어려움은 물가를 보면 알 수 있다. 수입 시리얼 1상자는 미화 10불, 다른 수입품들도 비싸다. 물류의 흐름을 역으로 살펴봐도 같은 문제점이 있다. 현지 산물을 수출하려고 할 경우 케냐의 몸바사 항구에 도착하기도 전에 이미 가격경쟁력을 잃게 된다. 르완다가 동아프리카 내륙지역에서 경제적 자생력을 갖출 수 있다는 제안도 인적자본을 감안할 경우 참 받아들이기 힘든 현실이다. 현재의 정권은 카가미 대통령의 강력한 지배하에 있다. 지속성이 보장된 것도 아니다. 르완다가 다당제 민주주의로 이행하는 과정에서 마찰이 없을 수 없다. 이 모든 것들이 걱정되지만 낙관론자로서 현재까지 이룬 것에 감탄하고 앞으로도 이러한 반등세가 계속되기를 희망한다.

르완다 대통령실 전략기획단

나는 대통령실 전략기획단의 자문역이었다. 새롭게 조직된 전략기획단의 업무 체제와 과정을 확립하고 조직원들의 역량을 강화하여 대통령에게 최선의 정책자문을 해 주는 기술적 과제가 내가 맡은 일이었다. 내 임무는 두 부분으로 나뉘어 있었다. 첫째는 훈련을 통해 SPU조직의 역량을 강화하고 주간회의 등 새로운 업무과정을 확립하는 것이다. 두 번째는 조직원들의 능력을 향상시키고 영국의 공무원들처럼 정책과제를 처리하는 통찰력을 갖게 하는 것이다. 나는 영국에서 SPU와 아주 유사한 조직에서 일한 경험이 있기에 이 역할을 담당하였다.

르완다에는 원활한 정치를 방해하는 무수한 어려움이 산재해 있다. 그 중에서도 가장 큰 문제점은 어떤 일을 시행함에 있어 절대 기준이 없다는 것이다. 예를 들어 피카소가 사라진 세상을 상상해보자. 사람들은 피카소와 같은 작품에 대해 말할 수는 있겠지만 누군가가 다시 그것을 재창조하는 일은 어렵다. 비슷한 일이 개도국에서 발생하고 있다. 사람들은 현재 자신의 삶을 잴 수 있는 잣대가 없다. 정치를 잘하고 있는지, 시장은 정말 제대로 돌아가고 있는지, 내가 받는 교육이나 공부가 어느 정도인지, 최고의 기준에 대한 명확한 개념이 없다. 그래서 현상유지가 가장 큰 목표가 되고 있다. 가장 좋은 것이 무엇인지 알고 있다 하더라도 그것을 이룰 방법이 없을 수도 있다.

훌륭한 법률을 제정하고 이를 집행하기 위해서는 훌륭한 법조인이 있어야 하고, 좋은 정책을 이루기 위해서는 풍부한 경험을 가진 공직자가 필요하며, 전력시장이 원활히 돌아가게 만들기 위해서는 숙달된 기술자와 전문가가 필요하다. 이러한 인력을 만들어내기에 르완다의 현대 역사가 너무 짧고 여러 가지로 부족한 점이 많다.

그리고 이런 모든 것들을 감내해야 되는 엄청난 문화적 제약이 존재한다. 선진국에서 운영되고 있는 시장제도는 법, 공정, 정부, 교육, 선거, 문제해결을 위한 과학적 접근방법 등에 기반을 두고 있다. 서구사회에서는 이러한 개념들이 수십 년 혹은 수백 년이 걸려 자리를 잡았다. 때론 그것을 이루기 위해 투쟁도 일어났다. 그러나 르완다를 포함한 여러 아프리카 국가들은 이러한 개념이 이제야 태동하고 있다. 교육을 많이 받은 사람들은 알고 있지만 국민의 대부분은 현실 혹은 전통적인 생존논리와 대치되는 것으로 받아들이고 있다. 때론 교육받은 분들도 자본주의의 경쟁구조를 받아들여야 하나 의심을 품는다.

르완다의 불평등 또한 엄청나다. 놀랄 일도 아니지만 개발도상국의 고학력 도시 엘리트와 대다수 농촌 주민 사이에는 큰 격차가 존재한다. 르완다도 예외가 아니다. 르완다에는 서구사회와 크게 다르지 않은 부유한 중상위층이 성장하고 있다. 이런 사람들은 지역의 좋은 대학에 진학하고 영국이나 미국에서 석사학위를 받은 후 부자가 되고 싶은, 국가경영에 참여하고 싶은 꿈을 갖고 있다. 축적된 부가 어떻게 사회로 환원될 수 있느냐가 개발의 또 다른 과제이다.

나의 역할은 국가의 통치를 강화하는 것을 돕는 일이었다. 많은 과제가 있지만 르완다는 이 지역의 다른 나라에 비해 상대적으로 나은 편이다. 관료제는 거의 모든 '유령' 공직자들을 없앴다고 할 만큼 군살을 제거하였다. 부정부패가 없지 않으나 이웃나라에 비하면 상대적으로 낮은 수준이다. 공직사회의 역량은 부족하지만 주어진 자원을 감안한다면 효율적이라고도 할 수 있다. 정부 부서에서도 업무 개선에 대한 요청을 끊임없이 주문한다. 대통령 또한 의욕이 넘치는 분이다. 국가발전을 위한 대통령의 열망은 공직사회를 계속 개선시킬 것이다.

선진국보다 르완다에서 더 쉽게 '성과'를 올릴 수도 있다. 르완다에서는 내가 하는 모든 일이 다른 사람들에게 기준을 제공하였다. 정확한 용어로 이메일을 보내는 것처럼 사소한 일만으로 얼마나 능률을 올릴 수 있는가를 보여 주는 것이다. 동시에 일하면서 느끼는 좌절감도 크다. 능력이 떨어지고, 일에 대한 관점이 다른 동료들과 일하기는 쉽지 않다. 직접적인 관리책임이 없는 소위 '자문관'이란 직책을 갖고 그 기준을 정하기는 어렵다. 다른 사람들이 나를 따르게 하려면 더욱 창의적이 되어야 한다.

르완다를 어떻게 도울 수 있느냐는 물음에 대답하기 어렵다. 개인인 당신의 영향력은 한계가 있다. 영향력이 지속되도록 만드는 것도 어렵다. 이런 문제를 접하면 생각은 복잡해진다. 그러나 방법은 있다고 생각한다. 문화를 바꾸는 역할이 중요하고 기술자문의 출발점이기도 하다. 문화전환 이외에 오래 지속되는 것은 체제와 과정이다. 장기적으로는 역량강화가 큰 도움을 줄 수 있다. 예를 들면 '짧고 효율적인 회의'처럼 과거에 비해 보다 효율적, 효과적인 업무방식을 개발하여 어떤 조직을 도울 수 있다면 오랫동안 지속될 것이다.

훈련의 중요성에 대해서도 엄청나게 많이 언급되고 있다. 그러나 인적자본이 부족한 나라에서는 더 중요한 것이 인적자본의 관리이다. 목표의식을 공유하는 인재들을 규합하고 연계하는 방안이 인적자본 자체를 육성하는 것만큼 유용한 방안이다.

르완다 혹은 다른 나라를 위해 일하고 싶은 사람들에게

이제 고민은 중단하고 행동하라고 말하고 싶다. 아프리카는 엄청나게 많은 문제들이 산재한, 그래서 두려움을 주는 곳이다. 언론에서 다루는 아프리카는 왜곡된 모습일지도 모른다. 하지만 완전히 다른 문화와 세계를 보는 것이 또 다른 기회가 될 수 있고 조금만 마음을 다잡는다면 지내기도 어렵지 않다. 불안과 위험을 걱정하기에 인생은 짧다. 기회를 받아들이면 그것이 우리의 인생을 바꿀 것이다.

두 번째, 외국인 무리에서 떨어져 지내라는 것이다. 외국인들과 어울리지 말라는 뜻이 아니다. 동료들과 떨어져 지내기가 쉽지 않겠지만 일정 기간 체류해서 하고자 하는 일을 제대로 하려면 현지에서 직접 도와줄 수 있는 사람들이 필요하다. 관광버스에서 벗어나서 현지인들과 어울리고 이야기를 나누어 보고 차에서 내려 길을 따라 걸어 보기를 바란다.

마지막으로 가르치기보다 배우려는 마음을 가져야 한다. 르완다나 다른 아프리카 나라를 갈 때는 아마도 뭔가를 베풀거나 가르치러 갈 것이다. 그것이 대부분 아프리카로 가는 이유이다. 하지만 가르치리라고 생각지도 않은 그 무엇을 가르칠 것이고 가르치는 것보다 더 많은 것을 배우게 될 것이다. 르완다를 돕는 일은 나에게 더 많은 도움이 될지도 모른다. 다른 대륙에 대한 잘못된 시각, 아프리카인들은 항상 도움을 받을 수밖에 없다는 사고를 뒤집을 수도 있다. 아프리카에는 홀로 설 수 있는 나라가 있고 르완다가 바로 그 나라가 될 것이다.

백주흠

1999년-2008년 벤처인, 현재 연세대학교 박사과정 휴학 중에 르완다 RDB(Rwanda Development Board)에서 컴퓨터분야 코이카 협력요원으로 근무 중이다.
블로그 http://onblackit.blogspot.com

아프리카로 간 소프트웨어 개발자

눈을 뜨자 창밖의 햇볕이 유난히 강하다. 시계를 보니 벌써 10시가 넘었다. 깜짝 놀라서 주위를 둘러보았으나 다행히 아직 아무도 출근하지 않은 듯하다. 재빨리 일어나 주위를 정돈하고 접이식 침대를 구석으로 옮긴 뒤 세수를 하러 화장실로 갔다. 10시인데도 건물 내에는 사람들이 거의 보이지 않는다. 이상하다 생각하고 핸드폰을 꺼내 보니 토요일이다. 집에 다녀온 지 일주일이 넘은 것 같아 점심을 먹기 전에 집에 가서 빨래를 좀 하고 와야겠다, 생각한다. 사무실로 돌아가 어제 못 마쳤던 프로그램 코드를 마무리하기 위해 자리에 앉았다.

벤처 생활 10년. 내가 만들고 싶은 프로그램을 내 손으로 완성했을 때의 성취감이란 이루 말할 수가 없다. 그 때문에라도 10년이라는 세월, 힘들지만 이 생활을 그만 둘 수 없었다.

소프트웨어나 인터넷 서비스를 만드는 일은 정말 즐겁다. 대학교 2학년 때부터 시작한 벤처인으로서의 사회생활은 벌써 10년이 다되어 가지만 사람들이 흔히 말하는 지루함이나 조직 내 갈등으로 대표되는 사회생활과는 전혀 다른 환경이었다. 다만 내가 만들고 싶은 것들만 만들다 보니 경제적으로 성공한 벤처를 꾸리는 데는 매번 실패해온 것은 좀 아쉬운 부분이다.

그보다 과연 이 일이 평생을 두고 할 만큼 가치 있는 일인가? 내 스스로의 답은 "아니다."

'꿈을 돕는 기업'이라는 거창한 비전을 가지고 창업한 회사임에도 불구하고 내 마음속 한 구석에는 한몫 크게 벌고 나면 멋지게 은퇴해서 여유있게 좋은 일하며 살아야겠다는 마음이 자리 잡고 있었던 것도 사실이다.

르완다와의 첫 만남

너무도 낯선 르완다

무거운 마음으로 도착한 르완다였지만 비행기가 자그마한 키갈리 공항에 착륙하기 전부터 마음이 쿵쾅거림을 느낄 수 있었다. 자그마치 20여 시간이 걸려 도착한, 가난과 내전의 나라 르완다. 이곳에서 어떻게 2년을 지내야 할까, 걱정이 앞선다. 하지만 서른을 앞

십여 년 뒤 이들 가운데 누군가
르완다, 아니 동아프리카 인터넷 산업의
주인공이 되어 있는 행복한 상상에 빠져본다.

둔 늦은 나이에 이렇게 군 생활을 할 수 있다는 것이 호강이라는 생각도 들었다.

비행기가 서서히 착륙하고 수속 절차랄 것도 없이 자그마한 공항을 빠져나왔다. 숙소로 이동하는 길에 보이는 낯선 광경들. 이곳이 수도라니, 정말 못 살긴 못 사는 나라인가 보다.

길에는 모두 시커먼 매연을 마구 내뿜는 20년도 더 된 것 같은 차들뿐이고, 가뜩이나 좁은 도로는 군데군데 보수가 되지 않아서인지 구덩이가 파여 있어 차들이 피해가느라 트위스트를 춘다. 바로 건너편에 보이는 건물로 가기위해서는 산허리를 따라 이리저리 한참을 돌아서야 갈 수 있으며 무엇보다 아직은 너무도 낯선, 많은 아프리카인들의 모습. 이 광경이 익숙해지기까지 시간이 꽤 필요할 것 같다.

버스는 30여분을 달려 숙소인 선 시티 호텔에 도착했다. 이름만 호텔일 뿐 한국기준으로 보자면 여관 정도의 시설. 하지만 1인 1실에 개인욕실까지 있으니 아프리카에서 이게 어딘가!

반쪽짜리 르완다 산 소프트웨어

물고기 잡는 법보다 물고기를 먼저?

아침 일찍 프로그램 시연회가 있어 급히 채비를 마치고 출근길에 나섰다. 언제나 그렇듯 르완다의 아침은 여유가 있다. 이들은 전기 공급이 원활하지 않아서인지 일찍 자고 일찍 일어나는 습관이 배어있다. 한국처럼 지각해서 달려가는 사람들을 보는 일은 좀처럼 쉽지 않다.

사무실에 도착하니 오전 8시에 약속되어 있던 시연회가 30분 정도 미뤄졌다. 함께 개발한 세 명의 인턴들에게 지연 소식을 알리고 우리끼리 테스트를 해본다. 아직 업그레이드해야 할 부분들이 군데군데 보이긴 했지만 첫 시연용으로는 만족할 만하다.

시간이 되자 우리기관의 기관장인 은쿠비토 씨가 소프트웨어 개발부서의 부서장과 함께 시연을 보기위해 방문했다. 함께 개발한 3명의 인턴 중에 가장 수고한 카베라에게 시연을 맡겼는데 현지어라 전부 이해할 수는 없었지만 막힘없이 잘하는 것 같다. 시연하는 동안 침묵을 지키던 기관장은 흡족한 미소를 띠며 개발성과에 대해 고맙다는 말을 전해준다. 아울러 이 소프트웨어를 전국에 텔레센터^{정부에서 운영하는 전국적인 공공 PC 이용센터}에 설치하고 다음 단계 운영에도 필요한 지원을 아끼지 않겠다고 한다. 한국으로 치자면 정보통신부 장관격인 기관장의 칭찬 덕분인지 부서 사람들도 수고했다며 한 마디씩 보탠다.

우여곡절 끝에 르완다에서 만들어진 이 소프트웨어는 한국으로 치자면 PC방 관리 소프트웨어와 비슷하다. 컴퓨터 사용량에 따라서 자동으로 요금을 산출하고 정산할 수 있는 기능이다. 한국 PC방 소프트웨어와의 차이라면 전국 30군데에 산재된 텔레센터의 매출정보를 실시간으로 중앙부서 관리자들이 볼 수 있도록 연동된 중앙 시스템이 있다는 것이다.

처음에는 이미 PC방 소프트웨어 개발 경험이 있는 한국 소프트웨어를 구매 후 수정해서 사용할 계획이었다. 하지만 현지사정에 맞도록 추가 개발해야 할 부분도 많고 아프리카 프리미엄으로 인한 가격부담도 커서 직접 개발하기로 결정했다.

사실 한국에서 1~2개월 정도면 개발 후 테스트까지 마칠 수 있는 충분한 기간이다. 그러나 이곳은 르완다. 개발인력을 교육시키는 과정과 운영교육 등을 고려해 최소한 6~7개월은 더 걸릴 것 같았다. 먼저 개발인력을 어떻게 뽑을 것인가. 어차피 정규직원이든 갓 졸업한 학생이든 모두 개발능력이 부족하기 때문에 기왕이면 더 열의 있는 인턴을 선발해 가르치기로 결정했다.

마침 KIST에 파견되어 있는 동료단원의 도움을 받아 컴퓨터학과 내에서 성적이 가장 우수한 학생 두 명을 인턴으로 추천받았다. 이미 기관 내 근무 중인 한 명의 인턴을 포함한 세 명에게 3개월간 C#이라는 프로그램언어를 가르쳤다. 1주일에 두 번씩 시험까지 치르며 가르친 결과 기본적인 프로그램은 만들 수 있는 수준이 되었다. 하지만 여전히 비동기 네트웍, 멀티쓰레드 등 우리가 만들어야할 프로그램 제작에 필요한 몇몇 고급기능은 당시 이들의 수준에서 습득하기 힘든 상태였기에 먼저 고급기능을 제외한 기본적인 형태로 소프트웨어를 만들기로 했다.

나는 1년 반이 지나면 떠날 사람이므로 꼭 필요한 기초 교육만 담당하고 시간이 걸리더라도 개발은 현지인 몫이라고 생각했다. 따라서 프로젝트도 이에 맞춰 진행되었다. 하지만 기관의 담당부서장 입장에서는 지루한 교육일정과 연습용 프로젝트 등이 답답하게 느껴졌나 보다. 어느 날 나를 찾아와 '긴급하게 소프트웨어가 필요하니 빨리 좀 부탁한다'고 했다. 소프트웨어 특성상 개발 후 업그레이드를 할 사람이 없으면 더 이상 사용하기 어렵다는 등 여러 가지 이유를 들어 설득해보려 했지만 기관 내에서 처음 들어보는 "부탁한다."라는 말 때문에 어쩔 수 없이 직접 개발에 참여하기로 마음을 먹었다.

그리고 2주 뒤, 썩 만족스럽지만은 않은 시연회가 열렸다.

내가 직접 개발에 참여하면서 가장 아쉬웠던 부분은 현지인 인턴들의 개발 열의가 다소 줄어든 점이다. 나 역시 한국에서 수년간 개발자로 일을 해보았기에 그들의 심정을 충분히 이해한다.

교육에만 집중해 그들 손으로 자기네 나라가 필요로 하는 그 무엇인가를 만들 수 있도록 돕고 싶었지만 기관의 요구도 무시할 수 없었기 때문에 결국은 절반의 목표를 이루고 내 손으로 프로젝트를 마무리 했다. 언젠가는 이들 손으로 만든 소프트웨어를 볼 수 있으리라 위안하면서.

웹 개발 교육

놀랍게 르완다에서 광케이블 전국망과 수도의 와이브로망 구축사업이 막 완료되었다. 마치 70년대 한국의 경부고속도로사업과 같이 르완다 입장에서는 천문학적인 금액이 투입된 엄청난 인프라 구축사업이었다. 변화Change가 곧 기회Chance라는 말이 있다. 이 변화의 시기에 기회를 잡을 주인공이 외국인이 아닌 르완다의 IT인들이기를 희망한다.

강의 자료를 시간 내에 준비하지 못한 관계로 10시에 예정되었던 인턴교육을 30분 미루었다. 사실 이전에 직원 교육 때처럼 학생들이 30분 정도는 지각하리라 여유있게 생각했던 것이 문제였다. 초롱초롱한 눈으로 강의실에 들어오는 인턴들을 보니 이번엔 더 잘해야겠다는 다짐이 앞선다.

내가 맡은 수업은 웹 프로그래밍. 2개월이라는 짧은 기간 동안 PHP, SQL, JAVASCRIPT를 가르쳐야 하기 때문에 많은 부담이 되었다. 사실 이 나라에서 단순히 웹 프로그래밍 기술을 습득해봐야 이미 인도사람들이 이곳에 와서 웹 에이전시를 운영 중이고 또 그 정도는 가르치는 학원도 있기 때문에 한국에서 온 내가 굳이 다룰 내용은 아니라고 생각되기도 했다. 그래서 조금 더 실용적인 방법을 구상하다가 역설계reverse-engineering 방식으로 르완다에서 필요로 하는 웹사이트를 만들기 위해 검증된 유사 웹사이트를 찾아 쉽게 따라 만드는 방법을 가르쳐보기로 했다.

첫 수업에는 오리엔테이션으로 르완다 경제에 대한 자료들을 공유하며 향후 1~2년 내에 어떤 웹사이트가 필요할지에 대해 이야기했다. 그리고 이어서 각자 어떤 웹사이트를 만들고 싶은지에 대해 짧게 이야기 하는 시간을 가졌다.

처음에는 자신이 없어서인지 아니면 이런 자리 자체가 어색해서인지 다들 머뭇머뭇. 항상 자신감 넘치는 엠마누엘이 먼저 입을 열었다. 그간 생각해오던 '병원 진료 예약 서비스'에 대해 이야기한다. 졸업논문도 이와 관련된 것으로 알고 있기에 이 친구, 언젠가 자기 손으로 만들어낼 것 같다는 생각이 든다. 엠마누엘의 이야기가 끝나자 머뭇거리던 분위기는

순식간에 바뀌어 서로 자신의 아이디어를 발표하느라 정신이 없다.

문득 내가 벤처를 시작했던 때가 떠오른다. 누군가 내 아이디어를 끝까지 들어주는 것만으로도 큰 힘이 되던 그때. 나도 이들처럼 벤처를 꿈꾸는 청년들의 틈바구니에서 내 아이디어를 머뭇머뭇 거리며, 하지만 기대에 찬 목소리로 발표하던 때가 있었지. 진지한 발표가 이어지는 동안 십여 년 뒤 이들 가운데 누군가가 르완다, 아니 동아프리카 인터넷 산업의 주인공이 되어 있는 행복한 상상에 빠져본다.

커피 한 잔 하실래요?

'포장'이 좋은 커피가 아니라 '품질'이 좋은 르완다 커피. 유럽, 미국의 대형커피회사와 싸워야 하는 르완다 현지 업체를 위해 지금도 여러 사람들이 노력하고 있다.

나는 커피 애호가이다. 매일 밤은 걸러도 신선하고 맛좋은 르완다 커피는 세 잔 이상 마셔왔으며 심지어 바로 이웃나라인 탄자니아로 여행갈 때도 르완다 커피를 가방의 가장 윗부분에 넣어갔다.

르완다 커피는 5월부터 7월까지가 수확기인데 이때 나오는 커피가 가장 신선하다. 르완다에 있는 커피 애호가인 나로서는 이 시기가 가장 행복하다.

보통 스타벅스를 비롯한 유럽과 미국, 일본의 고급 커피 회사들은 이 시기에 가공하지 않은 상태의 원두인 그린빈Green bean을 사간 뒤 볶아서 판매·수출한다. 그래서 대부분 배에서 몇 달간 항해를 마친 최소한 3개월 이상 르완다 커피를 마시게 된다. 일본의 최고급 커피

점의 경우 항공으로 최고가격의 르완다 커피만을 수입하기도 한다.

로스팅커피 볶는 일은 최종적인 커피의 맛을 좌우하는 아주 중요한 작업이다. 어떤 사람들은 르완다에서 르완다 사람이 볶은 커피의 맛이 좋을 리 없다고 한다. 하지만 잘 모르고 하는 말이다. 내가 직접 방문한 MARABA 회사와 Bourbon 회사의 경우 커피를 볶기 위해 한 대에 2만 불이 넘는 probat로스팅 머신은 이 회사가 세계에서 가장 유명하다 최신 기종을 사용한다. 물론 전문 로스팅 교육과정을 받은 로스터가 이 기계로 굽는다. 특히 대량으로 로스팅할 경우 좋은 기계가 매우 중요하다. 참고로 르완다는 한국보다 커피 맛 감별사들이 훨씬 많다. 전문 커피 맛 감별사인 Q-Grader 수만 해도 한국은 10명이 안 되는 반면 르완다에는 30명이 넘는다.

커피를 좋아하시는 어머니께 신선하고 맛좋은 커피를 보내기 위해 시중에 나와 있는 로스팅까지 된 르완다 커피를 종류별로 사서 맛을 테스트해 보았다. 이 중에서 가장 신선하고 맛있는 커피를 찾아 한 묶음 사서 보낼 예정이다. 사실 르완다 정부에서 현재 이런 테스트를 정기적으로 시행하고 결과를 웹사이트를 통해 온라인으로 공개하는 프로젝트를 추진 중이기도 하다.

르완다 커피는 원두재배뿐 아니라 가공까지 르완다에서 이루어지기 때문에 유럽이나 미국의 거대 회사가 아니라 르완다인들이 운영하

는 커피회사를 살리는데 작게나마 기여가 되었으리라.

다만 신선함을 위해 항공운송이라는 큰 대가는 치러야 한다. 자메이카 산 블루마운틴이 한국에서 고가에 팔리는 것을 감안하면, 맛에서 전혀 뒤지지 않는 르완다의 신선한 커피를 구매해 항공으로 보내는 것도 나쁘지 않은 선택이긴 하다. 게다가 현지기업을 도울 수도 있으니! 탄자니아 킬리만자로 커피나 우간다 커피와 비교해도 역시 르완다 커피 맛이 으뜸. 나는 지금도 르완다 커피만을 고집하며 즐긴다. 르완다 커피 한 잔 하실래요?

전자 브로슈어 지원 사업

경제적 가치는 작지만 사회적 가치는 큰 IT사업의 발견

수업이 끝나고 점심을 먹으러 나가는 길에 임마꿀레 씨에게서 전화가 왔다. 얼마 전 엑스포에서 만난 나보다 네 살 많은 아주머니인데 공장에 실이 떨어져 더 이상 직물을 짤 수 없으니 도와 달란다. 실이 얼마냐고 물었더니 200불 정도라고 한다. 나 역시 타국에 있는 입장이라 그리 넉넉한 형편이 아니라서 미안하다고 했다.

현지인과 친구가 되면 의례적으로 한번씩 이런 도움을 요청하는 전화를 받는다. 그럴 때마다 도와줄 수 없음이 그저 안타까울 뿐이다. 사실 엑스포에서 본 르완다 산 상품 중에 그 정도로 좋은 품질의 직물이 없었는데, 어떻게 실이 없어 공장 문을 닫을 수 있을까?

점심식사 내내 ICT를 이용해 이들을 도울 수 있는 좋은 방법이 없을까 곰곰이 생각해보았다. 몇 가지 아이디어가 떠오르긴 했으나 구체화하기에는 내가 가진 정보가 너무 적었다. 때마침 내일이 토요일이니 함께 살고 있는 전문 사진가 지훈 씨와 함께 수도에서 한 시간 반 정도의 거리인 난자 Nyanza에 위치한 공장을 방문하면 어떨까 생각해 본다. 마음을 정하고 임마꿀레 씨에게 다시 전화를 걸었다.

"내일 방문해도 되나요?"

"물론! 땡쓰 땡쓰."

"돈 주러 가는 건 아니고 구경 좀 하려구요."

"오케이!"

둘 다 서툰 영어지만 의사소통에는 별 문제가 없었다. 이제 지훈 씨에게 함께 갈 수 있냐고 전화를 했다.

"심심하던 차에 잘 됐네요. 같이 가요, 형!"

단숨에 그것도 기쁜 마음으로 동행

해줄 줄은 몰랐는데 정말 고마웠다.

다음날 아침, 지훈 씨와 함께 평소보다 이른 시간에 집을 나섰다. 냔자로 가려면 시내 중심가에 있는 버스터미널에서 30인승 규모의 버스를 타야 한다. 토요일 아침이었지만 특별한 예약없이 바로 출발하는 버스에 몸을 실을 수 있었다. 다만 내 자리가 뒤에 목 받침이 없는 통로에 위치한 접이식 의자여서 잠자기가 불편했다.

차는 출발하고 곧바로 비몽사몽. 한 시간이 넘게 목을 가누지 못하고 정신없이 졸다가 깼다. 창밖을 보니 흙집 옆으로 노란 물통을 이고 가는 한 무리의 아이들이 눈에 들어온다. 신발도 없는 맨발에 세수를 언제 했는지 얼굴에 온갖 흙이 묻어 있는 아이들이었지만 눈이 마주치자 해맑은 웃음을 짓는다. 나도 반가운 마음에 엄지를 치켜들며 짧게 답례한다. 차안에는 레게음악이 귀가 따갑지 않을 정도로 울려 퍼지고 이따금 버스가 도로에 난 구멍을 피해 좌우로 왔다 갔다 할 때마다 밀착해 있는 사람들과 함께 음악에 맞춰 오른쪽, 왼쪽으로 몸을 흔든다.

버스는 냔자에 도착하고 마중 나온 임마꿀레 씨와 함께 공장으로 향한다. 생각보다 공장이 깨끗하고 크기도 작지 않다. 초등학교 교실 여덟 개 정도를 합한 크기였는데 안쪽에는 나무로 제작된 고급 베틀이 여덟 개 정도 보였다. 임마꿀레 씨가 말하길 네덜란드에서 원조로 세워진 공장이고 베틀도 제공받은 거라고 한다. 1년 정도 봉사자가 와서 함께 일하며 교육까지 시켜주고 갔는데 지금은 떠난 상태라 자신들이 운영하고 있단다. 경제적으로 자립하지 못한 상태에서 원조가 중단되는 바람에 공장이며 베틀, 교육받은 서너 명의 전문 인력은 있지만 운영에 어려움을 겪고 있다고 한다.

공장에서 베틀을 이용해 직물을 짜는 과정과 완성된 상품들을 보면서 유일하게 전문직 여성 일자리를 창출하는 이 공장이 어떻게 하면 계속 운영될 수 있을까 고민해 보았다. 거창한 해결책은 아무리 머리를 짜내어도 나오지 않는다. 다만 그저 오늘 찍은 사진을 이용해 간단한 광고용 브로슈어를 만들어 이메일로 보내기로 하고 다시 키갈리로 향했다. 부디 광고용 브로슈어가 적당한 바이어의 손에 들어가 이들 공장이 멈추지 않기를.

그 후 이 일이 몇몇 사람들에게 회자되면서 아가세케 협동조합에서도 책자를 만들어 달라고 도움을 요청해왔다. 시청직원 니나의 말에 따르면 수도인 키갈리 지역에만 2만 명 이상의 여성들이 이와 관련된 협동조합에 가입되어 활동한단다.

그들이 일하는 모습을 사진에 담기 위해 지훈 씨와 시내의 작업장 한 곳을 방문했다. 아이와 함께 나온 10여명의 아낙들이 기술을 배우며 공예품을 만들고 있었다. 한국 돈으로 7천원에서 1만원짜리 바구니 하나를 만들기 위해 닷새는 정성들여 일해야 하는데 그보다 그렇게 만들어진 바구니가 팔리기까지는 상당한 시간이 걸린다는 사실이 무엇보다 안타까웠다. 그저 광고용 브로슈어 하나 만들어 메일로 보내는 일이 얼마나 도움이 될지는 모르겠지만 이렇게 만들어진 브로슈어가 니나를 통해 전 세계 바이어들에게 전해지기를 희망해본다.

운이 좋았어
르완다의 유일한 항공관문에 내걸린 World Friends, KOREA

　얼마 전 공항에 후배 단원들을 맞이하러 나간 적이 있는데 시간이 한참 지나도록 항공기가 도착하지 않았다. 아프리카에서는 흔한 일이라고는 하지만 지연된 것인지 취소된 것인지 연락할 방법도 없는 상태라 막막한 마음으로 한 시간여를 기다렸다. 그러다 공항 관계자들에게 수소문해 보았더니 비행기가 연착되어 두 시간 뒤에 도착한다는 이야기를 전해 듣게 되었다.

　한국이었다면 미리 공항 내에 디스플레이 장치를 통해 지연정보를 얻고 안정된 마음으로 기다릴 수 있었을 텐데…. 답답한 마음으로 공항입구를 나서던 중 공항 내에 광고용으로 사용 중인 키오스크 KIOSK 장치와 연결된 대형 LCD TV 두 대가 눈에 들어왔다. 광고 수주가 힘들었는지 그냥 공항관리기관을 홍보하는 문구만 반복되고 있었다.

　이 장치를 출발·도착하는 항공편 스케줄과 지연정보를 표시하는 장치로 사용하면 좋겠다는 생각이 머리를 스치고 지나갔다. 어차피 두 시간을 더 기다려야 해서 공항 내 커피숍에 앉아 노트북으로 간단하게 PPT 제안서를 만들었다. 그리고 내친 김에 IT 담당자를 만나 제안서를 내밀었다. 필요성은 이미 인지하고 있었다며 흔쾌히 한번 해보자고 한다.

　일주일 뒤, 데모 버전을 가지고 다시 방문했다. 반응이 호의적이라 시스템을 무료로 제공하는 대신 디스플레이 화면 하단에 항상

'World Friends, KOREA'라는 문구를 넣고 싶다고 했더니 망설임 없이 오케이란다. 이렇게 해서 얼마 전부터 외국인들이 오갈 때마다 늘 확인하는 비행기 시간표 밑에는 항상 World Friends, KOREA가 붙게 되었다.

별로 복잡하지 않은 프로그램 하나로 르완다는 국가 관문에 대한 이미지가 높아졌다. 게다가 한 국가에 대한민국 홍보까지, 참 운 좋은 프로젝트였다. 혹자는 이 문구 때문에 키오스크와 디스플레이 장치도 한국이 제공한 것이냐고 묻기도 한다.

르완다 작은 음악회 Music on the Hills

언젠가 TV 프로그램에서 금난새 씨가 나온 적이 있다. 사회자가 물었다. "가장 기억에 남는 공연이 언제인가요?" 금난새 씨는 수원

시향을 이끌고 울릉도에서 가진 공연이 가장 기억에 남는다고 했다. 단군 이래 울릉도 최초의 음악 공연이었기 때문에, 또한 고생 끝에 도착한 울릉도에서 가진 공연이었기 때문에.

사실 아프리카에 있는 우리도 의미 있는 음악 공연을 마음만 먹으면 얼마든지 할 수 있다. 하지만 지난 2년 동안 '평생 처음 접해보게 될 시골마을에서의 음악회'가 이곳 아프리카 인들에게 어떤 의미를 줄 수 있을지에 대해 생각해 보지 못했다. 그러던 중에 금난새 씨의 이야기를 듣고 영감을 얻었다.

같이 사는 동료 중에 음악에 재능이 뛰어난 친구가 한 명 있다. 색소폰, 건반, 기타에 하모니카까지. 이 친구를 만나 금난새 씨 이야기를 했다. 자기도 한번 해보고 싶단다. 사실 이전에도 지나가는 말로 아름다운 자연 속에서 언제 한번 음악공연 해보면 어떻겠냐고 물은 적이 있다. 그러겠노라고 건성으로 답하곤 했었지만 이번에는 왠지 그 대답 속에 진심이 배어있는 것 같았다.

꿈은 이루어진다고 했던가. 그렇게 시작된 말뿐일 것 같던 공연이 여러 기관과 봉사자들의 도움 덕분에 이루어졌다. 고물 마타투에 선교사님이 빌려주신 앰프와 발전기를 싣고 1시간 거리를 2시간 동안 달려서야 도착한 르완다의 작고 아름다운 시골마을 범바Byumba. 도움을 받기로 한 정부기관 건물 앞 공터에 흰 천으로 스크린도 만들고 주변에서 주워온 책상으로 키보드 받침대도 만들면서 공연 시작 시간이 되기를 기다렸다.

드디어 시작된 공연. 보기 힘든 외국인들이 무리지어 음악소리를 내고 있으니 현지인들이 신기한지 한두 명씩 모여들더니 첫 곡이 끝날 때쯤 되니 어림잡아도 백여 명은 되어 보인다. 준비된 의자가 20여 개뿐이라 2시간이나 되는 공연을 다들 서서 보아야 했지만 피곤한 기색 없이 공연을 함께 즐겼다. 정말 고마운 일이다.

말 뿐일 것 같았던 공연이 이렇게 실제로 이루어지다니…. 공연을 마치고 돌아오는 길 내내 꿈이 이루어진 감격에 서로 놀라움을 표현하느라 정신이 없었다. 아프리카, 르완다에서만 경험할 수 있는 의미 있는 일이었다. 다음공연이 기다려진다.

새로운 프로젝트 찾기

주택 전기 보급률이 한국의 인터넷 보급률보다 낮은 나라에서 한국의 IT인이 무엇을 할 수 있을까?

짬을 내어 냐부고고 의류 시장으로 향했다. 지난주에는 다른 일 때문에 잠깐 방문했었는데 그때 본 옷가지들이며 신발들이 어떻게 유통되는지 둘러보기 위해서이다. 때마침 시장 입구에서 옷가지들이 자루에서 막 쏟아져 나오고 있었다. 주위에는 조금이라도 더 싼 가격에 좋은 물건을 사기 위해 몰려든 시장 상인들로 북새통을 이루고 있었다. 쏟아져 나온 물건은 모두 청바지였는데 언뜻 보기에도 조금만 수선을 하면 새 것처럼 보일 만큼 깨끗한 상태였다. 듣자하니 모두 미국에서 원조 받아 들어온 물건이란다. 옷은 한국 돈으로 400원에서 1,000원 사이에 판매되고 있었는데 꽤나 유명한 상표도 간혹 보이는 듯했다. 이렇게 상인들에 의해 구매된 옷들은 시장 옆에 즐비한 수선 집을 거치거나 간단한 세탁과정을 거쳐 진열된다. 상가가 빌딩이 아닌 커다란 천막 안에 있다는 것만 제외하면 한국의 10여 년 전 동대문 시장과 거의 흡사한 모습이다.

이곳저곳 가게를 둘러보며 가격을 물어보니 점퍼며 웃옷은 한국 돈 2,000원에서 4,000원, 바지는 2,000원에서 3,000원에 균일가로 판매되고 있었다. 이들에게는 브랜드며 상품원단의 질에 대한 정보가 없다. 그들에게 옷은 그저 몸을 가리거나 보호하기 위한 도구일 뿐. 동양인들이 한 번씩 와서 유명 브랜드의 옷만 싹 쓸어간다는 소문을 들은 적이 있는데 그런 옷들도 같은 가격에 팔릴 것이 뻔했다.

집에서 가까운 키미롱고 시장은 농산물 시장인데 이곳에서는 전국에서 수송된 다양한 농산물, 육류 등을 구할 수 있다. 이곳에서도 냐부고고와 마찬가지로 농산물 품질에 상관없이 거의 비슷한 균일 가격에 팔리고 있다. 더 좋은 것을 사기위해서는 이집 저집 둘러보며 흥정해야 하는데 시간이 상당히 걸릴 각오를 해야 한다.

사실 정보기술의 중요한 역할 중 하나는 좋은 물건을 더 쉽게 살 수 있도록 돕는 것이다. 정보의 유무에 따라 고객은 더 좋은 물건이 있음에도 불구하고 못 살 수도 있기 때문이다. 정보기술이 발달하면 좋은 물건의 상품 회전율이 빨라지고 더 높은 가격에도 거래가 될 수 있다. 이런 선순환 구조는 더 나은 물건을 구하거나 생산하고자 하는 사람들의 욕구를 자극시키기 때문에 궁극적으로 소비자 만족도가 높아지고 시장 규모도 커진다. 다시 말해 더 많은 직업이 생겨나게 하거나 혹은 더 높은 평균 수익을 얻을 수 있는 산업으로, 기존 산업이 재편될 수 있다는 말이다.

한국의 인터넷 쇼핑몰 같은 오픈마켓 플랫폼이 어느 정도 구체적인 방법에 대한 힌트가 될 것 같기도 하다. 하지만 주택 전기 보급률이 한국의 인터넷 보급률보다 낮은 르완다에서 인터넷 오픈마켓이라니. 무모한 생각이지만 남은 1년 동안 고민해 볼만한 일인 것 같다.

동방의 불빛을 찾아라
한국을 르완다의 개발모델로 만든 정책자문

황원규

살아서 지옥문턱까지 가보리라

난 좌절하리만큼 무료함에 휩쓸려 있었다. 오랜 연구소 생활을 마치고 대학교로 옮긴지 7년. 수 삼년 전, 날 무척이나 아껴주셨던 큰누님이 갑자기 돌아가시고 바로 전 해에는 말년을 우리 집에서 모신 어머님이 오랫동안의 노환 끝에 돌아가신 터라 인생무상을 느끼고 있던 시점이었다. 오십을 넘어서면서 언제부터인지 나는 안일과 나태 속에 빠져있는 자신을 발견하곤 흠칫흠칫 놀라고 있었다.

2006년 4월의 어느 날 한국국제협력단에서 전화가 걸려 왔다. "교수님, 방학 때 카자흐스탄 국립 연구소에 가서 한국의 경제발전에 대한 강의 좀 해 주실 수 있나요?" 문득 카자흐스탄의 광대한 영토와 자원이 떠오르며 '과연 그들이 한국으로부터 무엇을 배울 필요가 있으랴?' 하는 의아심이 들었다. "혹시 카자흐스탄 말고 좀 더 어려운 다른 나라는 없나요?" 담당 팀장은 한참을 망설이더니 "하나 있긴 한데 지난 3년 동안 아무도 자원하는 이가 없는 곳이라서…. 교수님이 가기는 너무 어려울 것 같은데요." 갑자기 궁금했다. "어떤 나라입니까?" "르완다입니다." 순간 르완다가 어디쯤에 있는 나라인지 감이 잡히지 않았다. 단지 인종분규로 무슨 투가 무슨 치를 마구 죽이고 엄청난 난민사태가 발생하여 생지옥을 이루었던 나라라는 기억만이 가물가물했다. 그런데 내 입에서 나도 모르게 그만 엉뚱한 대답이 나오고 말았다. "예, 제가 그 나라에 다녀오겠습니다." 담당 팀장뿐 아니라 나 자신도 깜짝 놀랐다. 이렇게 르완다는 운명처럼 내 인생에 느닷없이 끼어들었다. 경제학자가 사하라이남 검은아프리카의 최빈국을 다녀와야지, 이때 아니면 언제 다녀오랴? 그래, 살아서 지옥의 문턱까지 다녀오리라!

검은 대륙의 심장 르완다를 향하여

국립의료원에 가서 이십만원이 넘는 예방접종을 받고, 7주 동안 매일 복용할 말라리아 예방약을 한 움큼 받아들고서야 6월말 이집트 행 비행기에 탑승할 수 있었다. 카이로에서 하루를 머문 후 밤 11시 50분 케냐 나이로비 행 탑승통로로 들어섰다. 비행기에 오르자 온통 흑인들뿐. 이방인은 거의 눈에 띄지 않는다. 다른 인종들의 특이한 냄새가 기내에 그득하다. 순간 천길 절벽 아래로 미끄러진 듯한 당혹감과 고독함이 온몸을 휘감으면서 발끝부터 힘이 쭉 빠진다. 그동안 누구보다 많은 개발도상국 인사들을 접촉했었고, 말레이시아, 우즈베키스탄, 불가리아, 캄보디아 등으로 정책자문을 다녀왔던 당찬 자부심은 어디로 갔는지 비몽사몽간에 아프리카 대륙을 남하하는 밤 비행기 안에서 기류의 울렁거림에 하염없이 몸을 맡겼다.

새벽 5시 20분 나이로비 공항에 도착하였다. 영상 12도. 의외로 싸늘한 날씨다. 공항 주위의 광활한 초원 너머로 희미하게 여명이 비치기 시작한다. 공항 환승객실에서 아프리카 전역으로 향하는 다양한 사연을 간직한, 다양한 인종들 틈에 끼여 네 시간을 졸고 난 후에야 르완다 행 비행기에 오를 수 있었다. 그런데 막상 비행기에 오르자 갑자기 선구자와 같은 공명심에 휩싸이면서 용기가 불끈 솟았다. '한국인이라곤 아무도 없는 검은 대륙의 심장부 르완다, 그곳에 내가 간다. 담대 하자. 누가 내 앞길을 막으랴.'

하늘에서 본 르완다의 첫 인상은 군데군데 붉은 황토색 속살이 드러난 헐벗은 산과 심심찮게 나타나는 자그마한 호수들이다. 아침 9시 반 키갈리 공항에 도착했다. 트랙으로 나서자 따가운 아침 햇살이 정면을 비춘다. 서울의 끈적한 여름 날씨보다 훨씬 쾌적하다는 생각이 들었다.

공항은 자그마하나 단정하다. 토요일인데도 통상산업부MINICOM의 담당 공무원인 피스Peace부인이 화려한 보자기 모자를 두르고 공항 안에서 맞이해 주었다. 온통 검어서 첫 눈에 얼굴 윤곽이 잘 드러나지 않으나 찬찬히 살펴보니 단정한 용모에 늘씬한 미인이다. 준비한 차로 시내로 들어섰다. 시골길 같은 도로 옆으로 누추한 상점들이 즐비하고, 남루한 차림의 사람들이 사뭇 분주하게 걸어가고 있다. 한국에선 구경도 하지 못할 정도의 고물차들이 시커먼 매연을 뿜으며 달리고 있다.

통상산업부를 키워라

　통상산업부는 공단 한가운데 낡은 2층 건물을 사용하고 있었다. 한국인 경제 전문가 초빙을 3년이나 고대해 왔다기에 꽤나 융숭한 대접을 받으리라 기대하고 있었지만 막상 부처에 가보니 완전한 착각이었다. 별도의 방도 마련되어 있지 않았을 뿐만 아니라 내가 무슨 일을 해야 되는지 누구와 상의해야 되는지를 알 수가 없었다. 담당국장도 공석이고 어제까지 잘 일하던 직원도 그 다음 날 보이지 않아 물어보면 사표를 냈다고 한다. 자료 협조도 안 되고 부처 배속을 받은 지 한 달이 다 되도록 국장급 이상은 얼굴도 못보고 지냈다. 담당자를 통해 몇 번이나 장·차관을 만날 수 있게 해달라고 부탁해도 진히 성시 되지 않았다.

　청사 주변지역의 공기가 얼마나 탁한지 오후면 책상 위에 이름 석자를 쓸 수 있을 만큼 먼지가 쌓인다. 가장 괴로운 것은 점심시간이다. 부처 직원들과 두루 사귀고자 매일 5~6명의 직원들을 교대로 데리고 부처 옆 현지식당에 가서 점심을 대접하곤 했다. 식사비는 일인당 천원 미만이라서 큰 부담은 되지 않았으나 식당의 불결한 위생 상태와 입에 안 맞는 음식을 내색 않고 먹는 것이 참 고역이었다. 생각 끝에 '뻴리뻴리' 라는 아프리카의 지독히 매운 고추를 넣고 매운맛으로 음식을 삼키기로 했다. 현지인들은 뻴리뻴리 하나를 집어서 국에 살짝 담갔다가 꺼내는데 내가 3개를 으깨 넣고 먹으니 신기한 모양이다. 그래도 단 한 번 배탈이 나지 않았다. 낡은 청사의 화장실은 수도꼭지에서 물이 나오는 것을 본 적이 없다. 큰 드럼통에 언제 채워 넣었는지 알 수 없는 물이 반쯤 차 있다. 이런 사정이니 양치질도 큰 고역이고 화장실 사용은 엄두가 나지 않는다. 하루에 점심 직후 딱 한번만 소변보러 가는 것을 원칙으로 하고 이에 맞춰 생활습관을 맞추어 갔다.

약 한 달을 통상산업부에서 허송세월을 보내고 나니 허탈감만 들고 여기에 온 이유를 망각할 즈음 통상산업부의 연례 연찬회 개최소식이 들려왔다. 장·차관 이하 부처 내 전 직원과 산하기관의 간부들이 2박 3일 동안 합숙하는 제법 큰 연찬회였다. 본부 실국과 산하기관별 업무발표를 하도록 되어 있다기에 내가 발표를 자원하였다.

무슨 말로 이들의 관심을 끌지를 고심하였다. 아니 그 이전에 왜 이들이 한국에서 온 전문가에게 관심이 없는 지를 따져 보았다. 수많은 말, 말, 말들에 식상해 있다고 생각되었다. 부처 책장마다 국제기구, 선진국 자문관들의 정책보고서, 각종 구호 전문가들의 보고서들이 차고 넘쳤다. 선진국에서 시행되는 온갖 좋은 정책들이 백화점식으로 나열되고, 이를 시행하지 못하는 르완다인과 정부의 무능과 무지, 무의욕을 질타하는 내용이 대부분이다. 정부 관료들은 이제 외국인의 자문과 조언에는 이골이 난 상태였다. "하다하다 이번엔 동양인까지 나타났구먼."하는 정도 이상의 반응은 없는 상태였다. 무기력하고 목표의식을 상실한 이들에게 가장 필요한 것은 빵도, 돈도 아닌 '자신감 회복'이라는 생각이 들었다. 이런 일이라면 이미 한국에서 개발도상국 초청인사를 대상으로 한 강연과 지방대학 학생들 강의를 통해 그 효과를 충분히 경험한 바 있지 않은가?

7월 하순, 연찬회는 북서부 콩고와의 접경도시인 기세니에 있는 키부선Kibu Sun 호텔에서 개최되었다. 키부호수를 따라 약간의 모래사장도 있고 아름다운 정원과 깔끔한 수영장이 있는 르완다의 최고급 리조트호텔이다.

나에게 할당된 시간은 15분, 청중은 80명이며 강의시간은 오후 3시였다. 아침 8시부터 시작했기에 지루할 대로 지루해진 시간대였다. 우선 이들의 관심을 낚아 챌 수 있는 캐치프레이즈가 필요했다. 한국의 50-60년대의 가난한 거리 사진과 2000년대 서울의 가장 화려한 사진을 극명하게 대조하면서 지난 40년 동안에 이룩한 한국경제의 눈부신 발전상을 요약 설명했다. 졸려서 감기던 눈들이 초롱초롱해 지는 것을 느낄 수 있었다. 그 다음은 이러한 기적이 한국에서만 가능한 것이 아니라 르완다에서도 가능함을 양국 간의 사회역사적 공통점을 제시하며 역설하였다. 눈들이 번쩍 떠졌다. 마지막은 이런 기적이 다른 곳이 아닌 여러분들이 일하는 통상산업부에서 시작되어야 한다고 주장했다. 무슨 말인가 하고 의아해할 때 목소리를 높였다.

"여러분들도 잘 아시다시피 르완다 통상산업부는 Ministry of Industry and Commerce를 줄여서 MINICOM으로 불리고 있습니다. 통상산업부가 자그마^{mini}해서는 안 됩니다. 가장 활약이 큰 선도부처가 되어야 경제개발이 가능합니다. 이제부터는 MINICOM을 MAXICOM으로 만듭시다. 그리고 몇 달 후면 우리 부가 국방부 옆 신축 건물로 이사가기로 되어 있는데 통상산업부는 단순히 소극적으로 방어만 하는 부서인 Ministry of Defence와는 수준이 다릅니다. 우리는 적극적으로 공격하여 우리의 경제영토를 넓히는 부처, 즉 Ministry of Offence가 되어야 합니다."

감정표현이 풍부한 아프리카인들의 기질이 즉각 드러났다. 당시 사회를 보고 있던 차관이 먼저 벌떡 일어나서 박수를 치기 시작하자, 모두들 일어나서 함께 기립박수를 보내기 시작했다. 짧은 강의는 대성공이었다. 내 강의만 성공한 것이 아니라 연찬회 자체가 한순간에 소기의 목적을 달성하는 순간이었다. 강의를 마치자 평소 별 관심을 보이지 않던 고위직 인사들이 너나없이 달려와서 악수를 청하며 감사하다는 말을 되풀이하였다. 이로부터 3년 후인 2009년에 통상산업부를 방문했을 때도 내가 제시한 슬로건들이 강조되고 있음을 발견하고 뿌듯하였다.

그 다음부터는 통상산업부에서 일하기가 참으로 용이해졌다. 나는 숙소를 싼 곳으로 옮겨 절약한 돈으로 점심시간마다 밥을 사주고 수시로 저녁에 맥주도 사주었다. 나를 수행하여 기관 방문하는 사람들은 현지인들이 먹기 힘든 식당에서 좋은 식사대접을 받았다. 그러면서도 그들의 어려움을 잘 이해하고 격려하는 코리안이니 어찌 좋아하지 않을 수 있으랴. 게다가 이젠 장차관이 인정하는 자문관이 되었으니 내가 하고자 하는 일은 서로 협조하고, 내가 하는 말은 무엇이든 경청하는 단계가 되었다.

대통령에게 강의를 하리라

르완다의 모든 공공장소에는 대통령의 초상이 걸려있다. 내가 일하던 방에도 폴 카가미 대통령의 길쭉한 얼굴이 머리 위에서 내 근무태도를 감찰하고 있었다.

연찬회를 마친 후 대통령을 향한 나의 행보가 본격화되었다. 기획관리실장에게 찾아가서 대통령 경제비서관을 소개해 달라고 부탁하였다. 경제비서관을 만난 후 다시 그에게 상관을 소개해달라고 하여 며칠 후 힘바라Himbara 박사를 만날 수 있었다. 대통령 전략정책수석비서관으로 탁월한 비전과 탁 트인 마음가짐 그리고 개발을 향한 열정을 갖고 있었다. 캐나다에서 박사학위를 취득하였고 남아프리카공화국에서 대학교수로 봉직했던 르완다의 최고 인텔리이다. 지성만 갖춘 것이 아니라 대통령을 움직일 수 있는, 이름처럼 힘도 있는 고위공직자다. 한국을 비교적 잘 알고 있었고, 르완다의 개발 모델로 한국이 적합할 것 같다는 내 제안에 적극적으로 공감하고 있었다.

며칠 후 대통령실 주최로 전국 기획관리실장 워크숍이 열리는데 강의를 해달라는 부탁을 받았다. 출국 5일 전이었지만 흔쾌히 받아들이고 강의원고를 준비하였다. 한국의 미를 보여주기 위해 운보 김기창과 천경자 화백의 그림으로 장식하고, 내가 르완다에서 찍었던 꽃 사진을 섞어서 슬라이드를 만들었다. 한 시간의 강의는 대성공이었다. 각 부처에서 강의요청이 쇄도하였다. 시간이 모자람을 한탄해야 할 지경이었다.

이제 3일 후면 귀국해야 한다. 통상산업부에 제출할 자료를 최종 정리하느라 바쁜 하루를 지냈다. 일본인 인권운동가인 카즈 씨 댁에서 저녁을 먹고 있는데 힘바라 박사에게서 전화가 왔다. "황교수님, 내일 아침 11시에 대통령께 강의를 해주시기 바랍니다. 대통령께서 만나보기를 원합니다." 비상이 걸렸다. 간단히 저녁식사를 마치고 집으로 달려와서 대통령에게 보고할 약 30분 분량의 강의준비를 하였다. 다행히 정전이 되지 않아 밤늦도록 일할 수 있음에 감사했다.
"오늘은 참 중요한 날이다. 르완다 인에게 희망을 심어 주어야 한다." 아침마다 숯불을 피워서 식사 준비하느라 고생하는 두 명의 어린 여 종업원들에게 늘 주던 간단한 팁을 오늘은 듬뿍 주었다. 중요한 일을 앞두고는 관대해져야 결과가 좋다는 내 나름의 원칙을 되새기며.

10시 경 대통령실로 향했다. 세 겹의 보안수색을 거친 후 힘바라 박사와 함께 대통령실 깊은 곳에 있는 큰 회의실로 안내되었다. 온 몸이 긴장감에 휩싸이면서도 한편으론 도전정신도 치솟는다. 강의 5분 전 공보수석이 내게 와서 "전체 할당 시간이 30분입니다. 강의는 15분 내에 마쳐주시기 바랍니다." 아니, 힘바라 씨는 30분 강의라고 했는데! 속으로 얼른 발표할 내용을 축약하기 시작했다. 11시 정각 힘바라 씨와 배석자들이 자리에서 일어선다. 방문이 열리고 사진에서 보았던 얼굴이 등장하였다. 폴 카가미 대통령은 내 생각보다 키가 훨씬 크고 비쩍 말랐다. 웃음기 하나 없는 얼굴로 성큼성큼 다가와 손을 내민다. 간단히 인사를 하고 배석하였다. 힘바라 박사가 내 소개와 르완다에서 무슨 일을 하고 있는지에 대해 간략히 언급했다. 화면에 운보 김기창 화백의 바보산수 그림이 비춰졌다. 강의를 시작했다.

"존경하는 대통령님께 르완다의 경제개발전략에 대해 강의를 하게 되어 영광입니다. 르완다는 왜 가난하고, 왜 유럽인들은 부자이며, 일본인과 한국인들은 어떻게 경제개발에 성공했는지에 대해 설명 드리고, 르완다가 해야 될 몇 가지 중요한 일에 대해 보고 드리겠습니다."

30여개의 슬라이드를 신속히 보여주며 르완다의 낙후성을 유럽,

동아시아와 비교 설명했다. 남은 시간은 5분. 미리 준비한 핵심과제가 화면에 떠올랐다.

"르완다는 네 가지 방향 4-ward으로 전진해야 합니다. 첫째, 미래지향forward입니다. 대학살의 아픔과 과거사를 곱씹고만 있으면 발전이 없습니다. 국민전체가 미래설계에 함께 동참하는 정책을 펼쳐야 합니다. 둘째, 대외지향outward입니다. 부존자원이 없는 나라일수록 외국으로 인력을 송출하고 수출을 해야 합니다. 셋째, 하향지향downward입니다. 절대빈곤에 처한 대다수 국민들을 향한 정책이 마련되어야 합니다. 대통령께서는 이렇듯 검소한 공간에서 집무하는데 키갈리에 즐비한 대저택과 외제 고급차량은 웬 말입니까? 넷째, 동향eastward입니다. 서구 유럽 국가들을 바라보고 그들의 지원만 기다리다가는 영원히 홀로 일어설 수 없습니다. 21세기의 경제개발은 서구형이 아닌 동아시아형입니다. 르완다에게 적합한 경제개발의 모델은 한국과 싱가폴의 중간형입니다."

15분이 경과하였다. 앞으로도 보여주고 싶은 슬라이드는 20장 이상이 남아 있었다. 일단 강의를 마치고 "더 드릴 말씀은 많으나 대통령님의 바쁜 일정상 여기서 발표를 마치고 질문에 답하도록 하겠습니다." 마무리 발언을 하였다. 카가미 대통령이 빙긋이 웃으시며 차분한 어조로 "이거 재미있는데요. 좀 더 말씀해 주시죠." 음, 됐다 싶어 남은 슬라이드를 보여주며 좀 더 상세한 정책대안을 설명하였다. 30분 경과. 대통령이 박수를 치자 배석자들 모두 따라서 박수를 친다. 몇 가지 질의응답을 나눈 후 대통령이 "이 강의는 국무위원과 여러 기관에서 들어야 하는데, 황 교수님은 언제 귀국하시죠?"하고 질문한다. "이틀 후입니다.", "귀국을 연기할 수 없습니까?" 난감했다. "제가 2학기 강의를 1주일 남겨놓은 시점이라 출국 할 수밖에 없습니다.", "흠, 우리가 초청하면 르완다에 다시 한 번 와주실 수 있습니까?" 거절할 수 없는 제안이었다. 나의 르완다 정책자문 제1라운드는 이렇게 마무리되었다.

르완다의 한국인 VIP

2006년 가을학기는 멍하게 보냈다. 아프리카의 잔상이 그토록 오랫동안 눈앞에 어른거리고 가슴에 징하게 남아 있으리라곤 미처 생각을 못했다. 현지에서 도움을 준 몇몇 가정들이 굶어 죽지 않았나 걱정이 되어 꼭 다시 가 봐야 할 것만 같았다. 옛 그리스 고전에서 '아프리카를 벗어나면 항상 무언가 새롭다Ex Africa semper aliquid novi'라고 했다던데 내 가슴을 지배한 것은 한국의 발전상보다는 아프리카의 참담함이었다.

2007년 초 힘바라 박사에게서 초청장이 왔다. 르완다 정부의 전액지원 하에 초청하니 속히 응해 달라는 내용이다. 수당이 우리나라 국제협력단에서 제공했던 금액의 세 배이고 비행기편도 이코노미가 아닌 비즈니스 클래스이다. 그 가난한 나라의 국비를 받는 게 내키지 않아서 내가 우리나라 국제협력단에 요청해서 우리 경비로 가겠노라고 답변했다. 그리고 국제협력단 측과 협의하는 과정에서 겨울방학이 다 지났다. 힘바라 박사는 우리 돈 있으니 걱정 말고 들어와 달라고 재촉한다. 몇 달이 지나도록 국제협력단의 의사결정 과정은 지지부진했다. 한 학기를 더 지내고 2007년 여름방학이 시작되자마자 르완다로 향했다.

   또다시 머언 길을 돌아서 7월 초 키갈리 공항에 도착했다. 이번엔 익숙한 여정이라 두려움도 덜했다. 공항엔 힘바라 박사의 비서인 셀린 양이 활짝 웃으며 맞아주었다. 공항 귀빈실을 거쳐 밖으로 나오니 고급 승용차가 대기하고 있다. 언제든지 사용하라는데 기쁘기도 하고 부담스럽기도 했다. 사무실과 협의하여 딱 1주일만 24시간 쓰고 이후에는 필요할 때만 요청해서 쓰기로 하였다. 당초 르완다에서 번 돈을 한국으로 갖고 올 생각은 전혀 없었으니까.

   대통령실에 집무실이 마련되었다. 방에 비교적 깔끔한 화장실과 샤워실도 있어서 참 편리했다. 건물 위로 엄청나게 큰 나무가 드리우고 있어 늘 시원했다. 맞바람이라도 불 양이면 서늘하게 느껴진다. 그 전해 통상산업부에서 작은 방을 현지인과 나누어 쓰던 시절과 비교하면 천양지차이다.

힘바라 씨는 르완다의 경제정책 결정과정과 거시경제정책, 그리고 국가기획기능 전반에 대해 보고서를 준비해 달라고 부탁하였다. 요청한 주제가 너무나 광범위하여 고심도 많았다. 르완다 엘리트 인사들을 두루 찾아다니며 의견을 교환하였다. 정말 방향감각이 없는 관료들도 있었지만 참 괜찮은 인사도 많았다. 그중에서도 장 프랑스와란 재정경제부 장관 특별고문역이 눈에 띄었다. 아버지가 르완다 출신 미국인으로 스탠포드대학교에서 경제학 박사학위를 따고 IMF에서 근무하다가 아버지의 나라를 위해 자원한 사람이다. 성격은 온화하고 겸손한데다, 토론할 때면 정연하고 근거 있는 논지를 설파하였다. 르완다 각계각층의 고위직 인사들의 얘기를 듣고 기존의 국제기구 보고서를 독파하면서 내 나름으로 보고서를 작성해 갔다.

나는야 아프리카의 DVD Salesman

가장 중요한 임무는 역시 대통령 보고였다. 귀국하기 일주일 전에 보고 일정이 잡혔다. 이번에는 대통령 집무실 바로 옆에 있는 작은 방에서 보고회가 열렸다. 구면인 대통령은 웃으며 맞아 주었다. "지난 해 보고가 '르완다가 어디로 가야되는가'에 대해 말씀드렸다면 이번에는 '무엇을 해야만 하는가'에 대해 말씀드리겠습니다." 경제정책 전반에 대한 나의 견해와 이를 집행하기 위한 제도개편 방향을 설파하였다.

르완다는 대학살 이후 소수민족이 다수민족을 지배하고 있는 사회이다 보니 사회 안정이 국가의 최우선 과제이다. 최빈국임에도 불구하고 경제개발은 국가 우선순위에서 항상 뒤로 밀려나 있다. 군사

혁명의 주역들이 아직도 큰 힘을 발휘하고 있고, 군인도 경제규모에 비해 많은 편이라서 국방비 지출이 큰 부담이 되고 있는 나라이다. 국민들이 영양실조와 빈곤, 말라리아로 죽어가고 있지만 적은 예산에서도 경제개발 지출에 집중할 수 없는 구조이다. 정확하게 말하자면 오히려 그런 마인드가 없다고 보는 편이 옳다. 나는 대통령께 강조했다.

"르완다의 정책은 우선 순위가 뒤바뀌어 있습니다. 사회통합과 화해만 강조하시면 영원히 경제개발을 못합니다. 그러나 경제개발을 하면 사회가 저절로 안정됩니다. 경제개발을 위한 국가역량을 총동원하기 위해 현재 수상과 재경부 장관이 분담하고 있는 경제개발 관련 의사결정을 대통령실로 집중하고 대통령께서 직접 주관하셔야 합니다. 르완다에서 경제개발은 단순히 노력해야만 하는 것이 아닙니다. 이것은 정권뿐 아니라 국가공동체 전체의 생존을 위한 시대적 소명입니다. 목숨 걸고 반드시 이루어야 합니다."

덧붙여 몇 가지 제도개편 방안을 제시했다. 또한 사회 전반의 개발의지를 북돋우기 위한 방안도 제안했다. 이번 강의는 한 시간 이상 계속되었다. 대통령이 주문했다.

"황 교수께서 우리 국무위원 전원과 지방정부 고위간부들에게 강의 해주시오."

대통령 보고 이후 국무회의 및 각급 기관 강의계획이 황급히 마련되었다. 아무래도 모든 일정을 소화하려면 귀국일자를 늦출 수밖에 없었다. 대통령 비서실장이 연장 체류분에 대한 경비를 승인해 주었다. 아직 쓰지 못한 돈이 많은데 또 돈이 들어 왔다. 일주일 동안 전국 각지에서 9번의 강의 일정이 마련되었다. 맨 먼저 수상이 주관하는 국무회의에서 약 두 시간의 강의 및 토론이 주선되었다. 조그마한 나라가 국무위원은 30명이 넘는다. 카가미 대통령의 사진이 굽어보는 국무회의실에 수상을 포함하여 24명의 국무위원이 출석하였다. 지난 해 대통령실 기획관리실장들 강의와 금년의 대통령 보고 내용을 묶어 강연을 하였다. 겉으론 경제개발 방안이지만 내심 설정한 주제는 '희망심기'이다.

"여러분들이 똑바로 나라를 운영하면 르완다가 동아프리카의 선도국이 될 수 있다. 함께 지혜를 모아 열심히 노력해 보자. 르완다는 반드시 이룰 수 있다."

가장 큰 문제 중 하나는 인구증가와 도시 인구집중 현상이다. 눈에 보이는 결과인데도 정부가 사전적 대책을 세울 형편이 안 되니 짐짓 이 문제 자체를 안건으로 논의하지 않는 암묵적 합의가 국무회의장을 지배하고 있었다. 내가 인구증가율 억제를 강력히 촉구하니 어느 국무위원이 어떻게 했으면 좋겠냐고 심각하게 질문을 던진다.

"우선 즉효를 거둘 수 있는 방안은 간단합니다. 농촌마을에 밤늦도록 전기를 공급해 주면 아기 출산율이 현저히 낮아질 것입니다." 다들 웃음이 터진다. 물론 가구별 전기 공급이 7%에 불과한 르완다 입장에서는 해결할 수 없는 과제이지만 그래도 웃음은 분위기를 고양시킨다. 강연에 이어 활발한 토론이 뒤따랐다. 강연은 화기애애하게 끝났다. 몇몇 장관이 식사에 초대했다. 특히 교육부 장관과 새로 바뀐 외교부 장관 두 여성이 적극적으로 날짜까지 제시하자 초대에 응할 수밖에 없었다.

다음 날은 상하원 합동 강연이었다. 상원에서 40여명의 의원들이 참석하여 약 세 시간동안 열띤 강연과 토론을 하였다. 그 다음은 각 지방정부를 순회하며 강연을 했다. 대통령실에서 마련한 최신형 랜드크루저 차량에 수행원을 대동하여 지방순회강연에 나섰다. 지엄하신 대통령의 지시가 있었으니 각 주지사는 관내 기관장, 유력인사들을 적게는 7~80명에서 많게는 수백 명까지 동원했다. 지방소재 군 사령관, 경찰 고위직까지 총동원되었다. 지방의 공무원들은 불어는 능통해도 영어가 짧아서 순차통역을 하는 경우도 있었다. 그러나 순회강연은 성공적이었다. 지방공무원들에게 중앙정부의 거시경제정책을 설파할 필요는 없지만 경제개발의 희망을 심어준 것만으로도 소기의 목적을 달성한 셈이다. 이 밖에도 르완다 경제인연합회, 르완다 국립대학교 등에서 강연을 하였다. 그야말로 나는 DVD $^{Dream\ and\ Vision\ of\ Development}$ 세일즈맨이 되었다.

"한국을 스승의 나라로 섬기겠습니다" 대통령의 방한

2007년의 르완다 방문은 성공적으로 마무리되었다. 이때쯤에는 르완다가 안전한 곳이라는 인식이 널리 퍼져 KOICA에서 사무소도 개설하고 자원봉사자들도 파견하기 시작하였다. 첫 협력 사업으로 르완다 국립대학교에 도서관 및 정보센터를 설립하기 위한 사업이 모색되었다. 나는 어느새 르완다 편이 되어 한국 정부의 지원방안을 강구하는 사람이 되어 있었다.

르완다 외교부와 대통령 비서실장은 나를 주한 명예총영사로 임명할 것을 대통령에게 보고했다. 나는 사실상 명예총영사의 임무를 수행했다. 그 중 한 가지가 대통령의 방한이었다. 2007년 대통령 보고 시 나는 카가미 대통령께 한국을 공식방문해 주기를 강력히 촉구했다.

2008년 5월 카가미 대통령 일행이 싱가폴, 일본을 거쳐서 한국에 공식 방문했다. 방한 전부터 나는 일본에 있는 르완다 대사와 긴밀히 연락을 하면서 우리나라 외교부 측과 구체적인 일정을 준비하였다. 5월 28일 남아공 항공사에서 임차한 소형 비행기가 카가미 대통령 일행을 태우고 성남 군비행장에 착륙하였다. 나도 현장에서 열린 영접행사에 참석하였다. 우리 정부는 나름대로 최선을 다해 의전을 제공해 주었다. 그러나 카가미 대통령의 방한 일정이 이명박 대통령의 중국방문 일정과 중복되어 자칫하면 정상회담이 성사되지 못할 뻔했다. 우리 외교부는 그냥 금요일 저녁 국무총리 초청 만찬으로 대신하려 했다. 나는 르완다 대사에게 강력하게 정상회담 촉구를 주문했다. 다행히 이명박 대통령이 중국에서 귀국하자마자 토요일임에도 불구하고 정상회담과 오찬을 베풀기로 결정하셨다. 나는 외교부 장관과 협의하여 르완다 대통령의 방한 목적을 '한국 배우기'로 설정하고, 정상회담에서 공식적으로 한국이 르완다를 지도 mentoring 해 줄 것을 부탁하기로 했다.

청와대 본관에서 열린 정상회담과 상춘재에서 열린 이명박 대통령 초청 오찬에 나도 배석하였다. 우리 정부의 의전은 잘 지켜졌다. 그러나 외교적 관행으로 형식적으로만 대접하고 있다는 느낌을 지울 수 없었다. 르완다 대통령이 한국을 경제개발의 '스승의 나라'로 지칭하는 대목이 전혀 부각되지 않을 뿐만 아니라 진지한 검토도 없이 넘어가는 분위기였다. 안타까웠다. 이것은 언뜻 보면 단순한 용어 같아 보이지만 외교관행상 한 주권국가가 다른 나라를 향해 취할 수 있는 최고의 예우이다. 우리 역사상, 어느 나라가 한국을 '스승의 나라'라고 지칭한 적이 있었는가? 그러나 그들이 표현한 최고의 헌사에 비해 우리 정부의 태도는 현재까지 아주 미온적이다. 르완다의 한국을 향한 간절한 도움의 손길을 하찮게 여기고 있는 셈이다. 외교부 장관이나 힘바라 씨가 강조하듯이 르완다가 바라는 것은 돈도 원조도 아니다. 한국을 배우고 한국을 통해 희망을 발견하고자 하는 르완다의 간절한 염원일 뿐이다. 우리가 그들의 순수한 갈망을 충족시켜 주지 못한다는 점이 안타깝다.

외교부장관을 통해 대통령이 방한 중 한국 기업계 인사를 초청하여 저녁만찬을 베풀고 싶으니 모임을 주선해 달라는 요청이 왔다. 시간이 촉박해 대기업 임원급, 중소기업 사장, 개발협력 구호 전문가들, 기독교계 등의 인사들을 초청해 만찬을 준비했다. 남산 하이야트 호텔 2층에서 내려다보는 서울의 야경은 화려했다. 키갈리 언덕에서 보이는 낮게 깔린 가정집 전기불이 촛불이라면 서울의 고층 아파트와 큰 빌딩이 밀집된 공간에서 뿜어져 나오는 전기불과 네온의 조화는 장작불 같았다. 카가미 대통령은 우리 기업인을 향해 르완다에 투자해 줄 것을 간절히 호소했다. 가난한 나라에서 부자나라 기업인들을 위해 이 비싼 만찬을 사면서 애원하는 모습이 정말 안쓰러웠다. 1960년대 독일을 방문한 박정희 대통령이 저러했으리라. 지금 창밖으로 보이는 저 휘황찬란한 불빛을 30년 후 키갈리에서도 볼 수 있기를 기원하고 그렇게 될 수 있으리라 믿는다.

르완다 경제의 종합진단

2008년 5월 방한을 계기로 르완다는 한국에 공식 대사관을 개설하겠다고 약속하였고 9월 초대 대리대사를 파견하였다. 본격적으로 한국을 배우고 한국과 협력하기 위한 조치였다. 우리나라 인구 20만 명 도시의 지역총생산보다도 국가총생산이 적은 나라에서 별도의 대사관을 개설하는데 드는 경비를 감안하면 큰 결단인 셈이다. 그러나 우리 정부의 호혜적 조치는 아직까지 이루어지지 않았다. 반면 르완다의 또 다른 모델국가로 내가 추천했던 싱가폴은 르완다의 바람을 매우 명예롭게 생각하고 국가적 차원에서 르완다 지원계획을 세웠다. 몇 개 분야에서 전문가를 장기 파견할 뿐 아니라 대사관 건립도 적극 검토 중이다.

힘바라 씨가 한국국제협력단에 2009년 중 르완다의 경제운용체계 전반에 대한 종합 컨설팅 사업을 신청하였다. 다행히 이 사업이 채택되었다. 아니 다행이라기 보다는 한 나라의 대통령실을 대상으로 국가전반에 대한 종합컨설팅을 하는 사업을 한국이 맡게 되어서 영광이었다. 권력핵심부에서의 종합컨설팅은 과거에도 없었고 앞으로도 흔치 않은 일이 될 것이다.

문제는 '누가 이 사업을 담당하느냐'였다. 나는 학교에서 해외연구년을 맞아 영국의 버밍험 대학교에서 강의요청을 받은 상태였다. 르완다까지 가서 장기적으로 정책자문을 효율적으로 수행할 수 있는 인사가 물색되지 않았다. 그런데 또 하나의 문제점이 발생했다. 당초 힘바라 씨가 요청했던 르완다의 개발정책 운영체계진단이 아닌 5개 산업분야에 대한 정책컨설팅으로 주제가 변경되어 있었다. 할 수 없이 내가 이 일을 맡을 수밖에 없었다. 2008년 2월 1주일동안 르완다를 방문하여 프로젝트 추진에 대한 협의를 마무리하고 왔다. 버밍험 대학에 양해를 구한 후, 가족에게도 선진국이 아닌 최빈국으로 가게 되었음을 알리고 협조를 구했다.

2008년 4월부터 연구진을 섭외하기 시작하였다. 직업훈련 김택득, 농업 허길행, 수출진흥 윤미경, 에너지개발 강승진, 그리고 산업정책이었다. 내가 산업정책을 맡고 전체 프로젝트를 총괄관리하기로 했다. 국내에서 두세 차례 워크숍을 개최하고 내가 수집해 온 르완다 정책자료를 공부하는 시간을 가졌다. 주일 르완다 대사도 초청하여 강연을 듣고 함께 토론을 진행하였다.

2008년 7월 정책자문단원 다섯 명과 한국개발전략연구소 전승훈 원장, 그리고 KOICA 본부 직원이 르완다로 향하였다. 미리 아파트 세 채를 빌려서 함께 숙식을 해결하였다. 일주일에 세 번 한식을 준비해 주느라 김오용 목사 사모님께서 고생이 많으셨다.

전원장과 KOICA 직원이 한국으로 돌아간 후 본격적인 정책자문이 시작되었다. 사무실은 대통령실에 마련하였다. 그 동안 대통령실 전략기획단 SPU의 인원이 많이 늘어나 있음을 보았다. 케냐 출신 박사급 인사들이 초청되었고 젊은 영국인들이 여러 명 일하고 있었다. 바야흐로 르완다 대통령실에서 정책자문 올림픽이 개최된 셈이다. 케냐 전문가들은 영국과 캐나다의 우수한 대학에서 박사학위를 획득했고 국제기구 및 컨설팅업체에 10년 이상 근무한 경험이 있는 베테랑들이었다. 영어도 능숙했고 전문분야에 관한 지식도 풍부했으며 아프리카에 대한 이해도 뛰어났다. 뿐만 아니라 인격적으로도 성숙했다.

   2008년 7월, 8월 두 달 동안 우리 정책자문단은 많은 기관, 공장, 지방시찰을 다녀왔다. 아울러 2주에 한번 꼴로 주말을 이용하여 명승지에서 단원 리트릿 세미나를 개최하였다. 우리 자문단은 공장 시찰 중이든, 경치 좋은 키부호수의 호텔에서든, 어디에서건 르완다의 경제개발을 위한 대안을 찾느라 끊임없이 토론에 토론을 거듭했다.

그러는 가운데 오가는 길에 널려진 빈곤의 현장을 보며 가슴 아파했다. 르완다 농촌마을 아이들이 타는 나무 자전거를 발견하여 시승해 보기도 했다. 둔탁한 나무를 이용하여 만든 자전거이지만 브레이크도 있고 승차감도 생각보다는 무척 편했다. 상업화되지 못했을 뿐 어느 나라고 고유기술은 있는 법이다.

　우리 단원들의 팀워크는 일사불란했다. 르완다를 향한 동정과 개발을 향한 열정이 다른 모든 사소한 불편을 덮을 수 있었다. 가장 연장자인 김택득 박사는 격조 높은 농담으로 분위기를 고양시켜 주셨다. 농업경제 전문가인 허길행 박사는 맡은 업무를 깊이 있게 성찰하고 여러 가지 배려를 아끼지 않으셨다. 에너지 전문가인 강승진 교수는 해박한 지식과 재치로 학구적 호기심을 자극하였다. 홍일점 윤미경 교수는 불평 한마디 없이 열악한 환경 속에 잘 적응해 주었다. 윤 교수는 어려서 개발도상국에 살아 본 경험이 있어서인지 열린 마음으로 현지인들과 좋은 관계를 유지하였다. 훌륭한 분들과 함께 많은 것을 살펴보고, 많은 것을 배우고, 많은 것을 느낀 유익한 체류기간이었다.

　6주 동안의 제1차 현지파견기간을 마치고 정책자문단원들과 함께 귀국 길에 올랐다. 귀국 후에도 중간 보고서를 준비하면서 우리나라 중화학공업 개발의 산 증인인 오원철 전 경제수석을 모시고 워크숍을 개최하였다. 르완다 사정에 대한 우리의 설명을 자세히 귀 기울여 듣고 있는 오원철 전 수석께 내가 질문을 했다. "르완다의 경제개발을 위해 오 수석님께서 조언해 주실 말은 없으신지요?" 오 수석은 한참을 생각하더니 불쑥 대답한다. "희망이 없습니다."

愚老 回想 우로회상

"어리석은 노인의 회상"

大鵬旅路 到黑阿 대붕여로 도흑아

    큰 뜻을 품은 여행길이 검은 아프리카에 다다르니

千山萬笑 樓安茶 천산만소 루안다

    천개의 산과 백만의 미소가 빛나는

    향기로운 차가 있는 누각이로다

麗陵溪谷 飢渴理 여릉계곡 기갈리

    아름다운 언덕과 맑은 골짜기에서

    굶주림과 목마름을 다스리니

愚老歸路* 向何里 우로귀로 향하리

    어리석은 노인이 돌아길 길은 그 어드메뇨?

*우로귀로 Uroguiro: 르완다 대통령 집무실

르완다 경제자문을 마무리하며

2009년 1월, 르완다 정책자문단원들이 제2차 현지연구를 수행하기 위해서 다시 건너왔다. 단원들은 모두 외국체류 경험이 많아서인지 웬만한 환경에서는 잘 견딜 수 있었다.

2009년 초 이집트 주재 한국대사께서 연락을 주었다. 이집트 수상실에서 개최되는 국제회의에 와서 '한국의 지식경제'에 대해 강연을 해달라는 부탁이었다. 원고를 준비하여 밤비행기를 타고 에티오피아-수단을 거쳐 카이로에 도착하였다. 아프리카와 아시아의 수십 개국에서 약 1,000여명이 참석하는 대규모 국제회의였다. 내 순서는 둘째 날 오후에 배치되어 있었다. 구색을 갖추느라 별 기대도 않고 한국인 한 명을 초청했음에 분명했다. 하루 반 동안 다른 연사들의 발표를 유심히 들었다. 말의 성찬이지만 별 내용이 없었다.

거의 밤을 새우면서 파워포인트를 재정리하고 발표연습도 한 뒤 무대에 나섰다. 1950년대의 절대빈곤의 시대부터 현재까지 한국의 발전상을 슬라이드로 소개하면서 간결하면서 압축적인 내용을 발표했다. 반응은 가히 폭발적이었다. 이집트 수상실 연구소를 책임지고 있는 고위급 대사가 나를 수상실로 청빙하겠다고 한국 대사에게 요청했고, UNESCO 본부에서 온 부총재도 파리 본부에서의 강연을 요청했다. 남아공 최고의 경영대학원인 WUTS에서도 초청을 받았다. 2월 중순 WUTS에서 먼저 초청장과 비행기 편이 전달되었다. 약 200여명의 기업계 인사를 모시고 특별초청강연을 실시하였다. 언론에서도 관심을 보여 남아공 최대 TV인 SABC의 국제방송과 아프리카 전역으로 방영되는 SNBC의 생방송 대담에 출연하였다. UNESCO 초청 강연은 르완다 프로젝트를 대통령에게 보고하고 난 후인 6월 하순에야 응할 수 있었다.

2009년 2월초부터 정책자문단원들이 맡은 주제별로 해당 부처에서 워크숍을 시행하였다. 나는 전체 워크숍에 참석하여 인사말을 하고 진행을 돕는 역할을 하였다. 모든 워크숍이 성황리에 마무리되었다. 남은 과제는 여하히 보고서를 잘 마무리하고 이를 르완다 정부 측에 효율적으로 전달하는 문제였다. 나는 르완다 체류 중 우리 단원 전원이 대통령에게 연구결과를 보고하기를 희망했다. 그러나 시점이 좋지 않았다. 대통령의 해외순방이 계속 잡혀 있고 때마침 정부의 고위급 인사 수백 명이 참가하는 국가정책연찬회가 잡혀 있었

다. 대신 2월 5일 우리 팀원 전원이 대통령실 파티에 초대받아 대통령과 환담을 나눌 수 있었다. 대통령 보고 일정은 추후 별도로 마련하기로 힘바라 씨와 약속하였다.

이제 르완다에서 철수할 시점이 다가왔다. 정책자문단 전원과 우리 가족, 르완다에 와 계신 KOICA 봉사단원 중 연세 많으신 두 분과 함께 차를 빌려 아카게라 국립공원에 다녀왔다. 마침 우기라서 그 공원에서 볼 수 있는 동물들은 다 보고 올 수 있었다. 멀리서 기린 떼가 도열하듯 우리를 경계하고 그 앞으로 얼룩말들이 풀을 뜯고 있는 장면은 마치 우리 일행을 위해 열병을 하는 군인들 같았다. 아카게라 국립공원은 동물의 개체 수는 많지 않지만 구릉과 호수가 많아서 아프리카의 사파리 공원 중에 가장 경치가 좋은 곳으로 명성이 있는 곳이다. 돌아오는 길에는 무하지 호수를 들러 빅토리아 호수에서 잡아온 잘 구워진 큰 민물생선 tilapia 요리와 맥주를 곁들여 마셨다. 마지막 여정은 재미있게 마무리되었다. 그리고 수일 후 우리 정책자문단원들은 귀국길에 올랐다.

나도 2월말 경 르완다를 출국하여 벨기에 브뤼셀로 거처를 옮겼다. 한 달쯤 후에 대통령 일정이 잡히리라 예상했다. 브뤼셀 구 시가지의 중심부 그랑프라스의 첨탑이 손에 잡힐 듯 보이는 자그만 아파트를 빌려 최종보고서 집필에 착수했다. 시간이 흘러 4월이 되었음에도 보고 일정이 잡히지 않았다. 4월 중순, 한국에 들러 사업발주처인 KOICA에서 최종보고서 발표회를 갖고 몇 가지 지적된 사안에 대해 보완을 했다. 대통령 최종보고회가 6월 18일로 확정되었다. 당시 나는 유럽여행 중 르완다로 향하고 한국에서는 KOICA 및 사업시행기관의 대표가 참석하였다. 보고서는 예쁘게 책으로 만들어졌다. 우선 대통령실에서 비서실장 및 수석비서관 전원이 참석한 가운데 약 두 시간에 걸쳐 보고서 발표회를 가졌다. 열띤 토론이 개진되었다. 2~3일 동안 관련 부처를 순회하면서 장관들에게 보고서를 증정하였다. 서가에 그득 쌓인 수많은 보고서 중 또 하나의 보고서가 되지 않기를 기원했다.

  6월 18일 대통령을 접견하러 집무실로 들어갔다. 이번 기회에 르완다에 있는 한국인들을 대통령에게 소개하고 우리의 활약상을 알리기 위해 분야 별로 몇 분을 초청하여 함께 보고장에 들어갔다. 약 30분 동안 대통령과 환담을 나누고 보고서와 선물을 증정한 후 기념촬영을 하고 면담을 마무리하였다.

  이번에는 보고서 내용을 대통령에게 직접 설명하지 못한 것이 아쉬웠지만 그래도 몇 마디 핵심적인 메시지는 전할 수 있었다.

  "대통령 각하, 이번 보고서는 제가 지난 3년 전에 한 약속을 이행하는 것입니다. 첫해는 어디로 갈 것인가Whither to Go?였고, 둘째해가 무엇을 할 것인가What to Do?였다면 금년의 보고서는 어떻게 할 것인가How to Do?를 다루고 있는 것입니다. 이 보고서에 제시된 대로 주변국가와 차별화된 전략을 수립하셔서 후발발전이 아닌 지름길turnpike로 달리는 전략을 추진하셔야 합니다. 르완다는 대통령의 지도 하에 경제발전을 이룩할 수 있다고 확신합니다. 성공과 행운을 빕니다."

이틀 후 런던으로 향하는 비행 편에 올랐다. 4년에 걸친 르완다와의 끈질긴 인연이 일단락 짓고 있었다. 밤비행기는 키갈리의 희미한 불빛을 떨치고 큰 원을 그리며 솟아올랐다.

 안녕, 르완다. 가난한 나라, 불쌍한 국민들이여, 그러나 열대의 꽃처럼 아름다운 당신들이여. 그대들의 발전을 진심으로 염원합니다.

In Honor of Adam Smith

Won-Gyu HWANG

While some say it is development, we call it is dependency.
While they moil for a bracelet of diamond,
    we toil for a jerry-can of water.
While they appreciate sipping the fragrance of Burbon coffee,
    we appreciate tipping a penny of ruffled note.

For them, life is too short to enjoy,
    and death is the dreary end of a joyful play.
For us, life is too long to suffer,
    and death is the beginning of a new play.
Drink, dance and spend. The end is near.
    Crawl, pawn and swindle. The beginning is near.

Buy! Prosperity comes with consumption.
    Spend! Lavishness pulls production.
Forget the word patriotism!
    Imports are the commendable attitude of global optimization.
Forget the word distribution!
    Someday in the long run you all will be paid-off.

Amidst the fragrance of Burbon coffee,
    Nakumatt is on around-the-clock.

아담 스미스를 위하여

황 원 규

혹자는 이것을 개발이라 일컫지만, 우리는 종속이라 부른다.
그들은 다이아몬드 팔찌를 위해 애쓰지만,
      우리는 한통의 마실 물을 위해 땀흘린다.
그들은 버번 커피의 향기를 음미하지만,
      우리는 구겨진 지폐 한조각에 감사한다.

그들에게 인생은 즐기기에 너무 짧고,
      죽음은 멋진 연극의 두려운 종말이지만,
우리에게 인생은 고생하기에 너무 길고, 죽음은 새로운 막의 시작이랍니다.
마시고, 춤추고, 써 제껴라. 종장이 다가온다.
      비비고, 굽실거리고, 사기쳐라. 새 막이 올라온다.

사라. 번영은 소비와 함께 오나니.
      써라. 사치는 생산을 이끄나니.
잊어라 애국심은. 수입은 모든 인류를 행복하게 하는 칭송받을 태도이니.
      잊어라 분배는. 언젠가 먼 훗날 우리 모두가 보상 받을지니.

버번 커피의 향기 속에 나쿠마트*는 언제나 열려있다.

*2008년 8월에 개업한 르완다 최초의 근대식 슈퍼마켓. 인도계 케냐 자본의 프랜차이즈 슈퍼마켓으로 24시간 영업하며, 같은 건물 내에 버번Burbon카페라는 현대식 커피 집이 있다.